Rüdiger Kipke (Hrsg.)

Ungarn 1956

Rüdiger Kipke (Hrsg.)

Ungarn 1956

Zur Geschichte
einer gescheiterten
Volkserhebung

VS VERLAG FÜR SOZIALWISSENSCHAFTEN

Bibliografische Information Der Deutschen Nationalbibliothek
Die Deutsche Nationalbibliothek verzeichnet diese Publikation in der
Deutschen Nationalbibliografie; detaillierte bibliografische Daten sind im Internet über
<http://dnb.d-nb.de> abrufbar.

1. Auflage September 2006

Alle Rechte vorbehalten
© VS Verlag für Sozialwissenschaften | GWV Fachverlage GmbH, Wiesbaden 2006

Lektorat: Frank Schindler

Der VS Verlag für Sozialwissenschaften ist ein Unternehmen von Springer Science+Business Media.
www.vs-verlag.de

Umschlaggestaltung: KünkelLopka Medienentwicklung, Heidelberg
Druck und buchbinderische Verarbeitung: Krips b.v., Meppel
Gedruckt auf säurefreiem und chlorfrei gebleichtem Papier
Printed in the Netherlands

ISBN-10 3-531-15290-4
ISBN-13 978-3-531-15290-5

Inhalt

Vorwort

Fünfzig Jahre sind seit der ungarischen Volkserhebung im Herbst 1956 vergangen. In dieser Zeitspanne haben sich grundlegende Veränderungen auf der politischen Weltkarte vollzogen. Der „real existierende Sozialismus" ist in Europa zusammengebrochen, der Ost-West-Konflikt und damit die Spaltung Europas sind überwunden. Die früheren europäischen Volksdemokratien haben sich nach einem schwierigen Prozess der Systemtransformation konsolidiert und sind heute entweder – wie die Republik Ungarn – Mitglied der Europäischen Union oder werden es in naher Zukunft sein.

Trotz der stürmischen Entwicklungen der jüngsten Vergangenheit haben die Ereignisse von 1956 ihre Bedeutung für die ungarische Nation behalten. Haften geblieben sind sie als der Versuch, den Status eines Satelliten der Sowjetunion abzuschütteln und Souveränität über das eigene Land zu erlangen, seine politischen Geschicke selbst in die Hand zu nehmen und bei aller Unterschiedlichkeit der politischen Konzepte und Vorstellungen tief greifende Veränderungen durchzuführen. Mit ihrem Forderungskatalog vom Vorabend des Ausbruchs der Volkserhebung hatten die Studenten bewusst den Bezug zur ungarischen Revolution und zum Freiheitskampf von 1848/49 gesucht.

Im öffentlichen Bewusstsein präsent geblieben sind nicht zuletzt auch die vielen Toten und Verwundeten der tagelangen Kämpfe und die große Zahl von Menschen, die nach der Niederschlagung der Volkserhebung politischen Repressionsmaßnahmen – mit allen ihren Folgen für manche Biographie – zum Opfer fielen.

Allen in Ost und West wurde in diesem Herbst des Jahres 1956 klar, dass die Nachkriegsordnung von Jalta nicht zur Disposition stand. Die von vielen Ungarn in diesen Tagen erhoffte und erwartete Hilfe der Westmächte – politisch, wirtschaftlich oder gar militärisch – blieb aus. Viel zu groß schien die Gefahr einer militärischen Konfrontation, die in einen Dritten Weltkrieg hätte münden können. Der Westen beschränkte sich auf anti-sowjetische und anti-kommunistische Propaganda. Das politische Verhältnis zwischen den USA und der Sowjetunion wurde nicht ernsthaft tangiert; noch während die Sowjettruppen in Ungarn dabei waren, die Volkserhebung im zweiten Anlauf zu liquidieren, übten die beiden Weltmächte – freilich aus unterschiedlichen politischen Motiven – Druck auf Frankreich und Großbritannien aus, um sie zum Rückzug ihrer Truppen aus der Suez-Kanalzone zu zwingen.

Die ungarische Volkserhebung war der erste und letzte „Krieg" zwischen sozialistischen „Bruderländern" in Europa. Von seinem Ergebnis ging die unmissverständliche Botschaft an die anderen volksdemokratischen Länder aus: Die voraus gegangenen Veränderungen in Polen hatten die Grenzen des Möglichen aufgezeigt. Jeder weitergehende Versuch bedeutete eine Verletzung der grundlegenden politischen Interessen und ideologischen Positionen der Sowjets und würde mit militärischen Mitteln erstickt werden. Diese Lehre hat die Tschechen und Slowaken im Sommer 1968 davon abgehalten, der Invasion sowjetischer Truppen mit der Waffe in der Hand zu begegnen, und sie hat die polnische Führung Ende des Jahres 1981 genötigt, nach dem Erstarken der Gewerkschaftsorganisation Solidarność das Kriegsrecht auszurufen. Erst als die im Zusammenhang mit dem sowjetischen Einmarsch in die Tschechoslowakei formulierte Brežnew-Doktrin, der zum Völkerrecht erhobene Anspruch der Sowjetunion auf militärisches Eingreifen bei den verbündeten Nachbarn „zum Schutz der sozialistischen Errungenschaften", gegen Ende der 1980er Jahre von Gorbačev politisch verbindlich aufgegeben worden war, war der Weg für tief greifende Veränderungen frei, und die Mauern durch Europa konnten fallen. Und es war Ungarn, das als erstes Land des Warschauer Paktes die Grenze zum Westen öffnete.

Als Autoren für den vorliegenden Band konnten namhafte Wissenschaftler gewonnen werden, die durch einschlägige Forschungsarbeiten hervorgetreten sind. Das Buch behandelt einzelne Aspekte der Volkserhebung von 1956 und mit ihr zusammenhängende Fragen. Es enthält überdies einen Beitrag zu ihrer Vorgeschichte sowie einen zur Nachgeschichte, zum politischen System des Kádárismus. Wichtige Probleme, etwa die internationalen Zusammenhänge des Konflikts, mussten aus Gründen der Finanzierbarkeit unbearbeitet bleiben. Eine kommentierte Bibliographie zum Stand der Forschung über den Volksaufstand soll auf wesentliche Literaturbeiträge hinweisen.

Der Aufsatz von Éva Standeisky über die Ideen und Ideale der Revolution sowie die Beiträge von Csaba Békés, Sándor Kiss und István Vida sind von Andreas Schmidt-Schweizer aus dem Ungarischen übersetzt worden, der zudem durch erläuternde Anmerkungen für die deutsche Leserschaft manches besser nachvollziehbar gemacht hat. Den Text von Éva Standeisky über Antisemitismus in Ungarn hat der Herausgeber bearbeitet.

Ein besonderer Dank gilt dem Fachbereich 1 der Universität Siegen, der durch seine finanzielle Unterstützung die Voraussetzungen für das Gelingen des Buchprojekts geschaffen hat.

Rüdiger Kipke   Bonn, im Juli 2006

István Vida

Vorgeschichte der ungarischen Revolution und des Freiheitskampfes von 1956

Die Vorgeschichte der Ereignisse in Ungarn vom Oktober/ November 1956 geht auf das Frühjahr und den Frühsommer 1953 zurück. Am 5. März 1953 starb Josef W. Stalin. Die neue sowjetische Parteiführung, die sowohl auf dem Gebiet der Außenpolitik als auch der Innenpolitik eine riesige Konkursmasse erbte, betrachtete es als ihre dringendste Aufgabe, die Ost-West-Spannungen zu verringern, die Situation in den so genannten Volksdemokratien zu konsolidieren und ihre Beziehungen zu den osteuropäischen Ländern neu zu ordnen. In Moskau war man sich im Klaren darüber, dass nicht nur in Ostdeutschland, in der Tschechoslowakei und in Polen eine schwierige Situation entstanden war, sondern auch in Ungarn. Mátyás Rákosi, Generalsekretär der Partei der Ungarischen Werktätigen (Magyar Dolgozók Pártja, MDP), der zu diesem Zeitpunkt auch das Amt des Ministerpräsidenten innehielt, wurde Ende Mai 1953 nach Moskau bestellt und darauf aufmerksam gemacht, dass die katastrophale Politik der ungarischen Parteiführung das Land in die Krise stürzen könne. Kaum zwei Wochen später reiste „auf Einladung" des Präsidiums der KPdSU eine hochrangige ungarische Partei- und Regierungsdelegation, deren Zusammensetzung zuvor zwischen beiden Seiten abgestimmt worden war, in die Hauptstadt der Sowjetunion. Delegationsmitglieder waren neben Rákosi – unter anderen – Ernő Gerő, Imre Nagy, András Hegedüs und der ehemalige Politiker der Kleinlandwirtepartei und Vorsitzende des Präsidialrats István Dobi. Bei den „Konsultationen", die vom 13. bis 16. Juni 1953 stattfanden, übten die sowjetischen Führer – Nikita S. Chruschtschow, Georgi M. Malenkow, Wjatscheslaw M. Molotow, Anastas I. Mikojan, Kliment J. Woroschilow und insbesondere Lawrenti P. Berija, Stalins einstige rechte Hand – zur großen Überraschung der Gäste scharfe Kritik an der Politik der ungarischen Kommunisten. Für die begangenen Fehler machten sie die Führung der MDP, also Rákosi, Gerő sowie József Révai und Mihály Farkas, verantwortlich. Es wurde ihnen ins Gesicht gesagt, sie hätten sich die Macht angeeignet und monopolisiert. Außerdem kritisierten die sowjetischen Führer die forcierte, nationale Aspekte nicht berücksichtigende Industrialisierung Ungarns, die gewaltsame Kollektivierung der Landwirtschaft, den übermäßigen Ausbau der Armee und der Rüstungsindustrie sowie die Vernachlässigung der Entwicklung des Lebensstandards der Bevölkerung. Rákosi wurde wegen des massenhaften Terrors verwarnt und auch deshalb, weil er in Angelegenheiten der Staatssicherheit (Államvédelmi Hatóság; ÁVH) und des Innenministeriums eingegriffen hatte und direkte Anweisungen zu Verhaftungen und zu physischer Gewaltanwendung gegen Personen gegeben hatte. Mehrmals kehrten sie auch auf Fragen der Kaderpolitik zurück und beanstandeten die politische Zurückdrängung der Führer der Nationalitäten in Ungarn. Im Namen des ZK-Präsidiums der KPdSU schlug Chruschtschow vor, die Funktion des Ministerpräsidenten und des Generalsekretärs der Partei zu trennen, und bestand auf den Rücktritt von Rákosi als Regierungschef und auf die Ernennung von Imre Nagy. Die Wahl fiel deshalb auf Nagy, weil er – auch wenn er nicht zum Führungskreis der ungarischen kommunistischen Emigration gehört hatte – von 1930 bis zum Herbst 1944 als überzeugter Kommunist in der Sowjetunion gelebt hatte. Er verfügte über gründliche volkswirtschaftliche Kenntnisse und war in Fragen der Agrarwirtschaft bewandert. Außerdem hatte er es 1948/1949 gewagt, sich den Mitgliedern des „Vierergespanns" (Rákosi, Gerő, Révai und Farkas), die sich die Führungspositionen in Staat und Partei verschafft hatten, in der Frage der gewaltsamen Kollektivierung entgegenzustellen. Ein letzter, nicht unwesentlicher Punkt für die Auswahl von Nagy war die Tatsache, dass er nicht jüdischer Herkunft war. Im Frühjahr 1953 war Nagy Mitglied des Politbüros der MDP, stellvertretender Ministerpräsident und Leiter der Verwaltungsabteilung der Partei. Die Mitglieder der ungarischen Delegation akzeptierten schließlich selbstkritisch und ohne wesentliche Einwände den „Rat" der sowjetischen Parteiführung und nahmen die Forderung des Rücktritts von Rákosi bzw. der Ernennung von Nagy zum Ministerpräsidenten zur Kenntnis.[1]

Die Zentrale Führung (Zentralkomitee) der MDP wurde daraufhin am 27./28. Juni 1953 einberufen. Rákosi informierte die Führungsmitglieder über die Moskauer Verhandlungen und Nagy stellte den Entwurf eines ZK-Beschlusses vor und kommentierte ihn. Hierbei betonte er nicht nur die Verantwortung von Rákosi für die Situation des Landes, sondern nachdrücklich auch diejenige von Gerő, Farkas und Révai. Der angenommene, ungewöhnlich offene Beschluss hielt – in Übereinstimmung mit der sowjetischen Kritik – folgende Aufgaben fest: Das Tempo der Industrialisierung muss verringert werden. Die Entwicklung der schwerindustriellen Produktion muss zugunsten der Leicht- und Lebensmittelindustrie reduziert werden, wobei allerdings am Prinzip, die Produktion von Produktionsmitteln schneller zu entwickeln als die der Konsumartikel, festgehalten wird. In der Landwirtschaft müssen mehr Investitionen durchgeführt, die

---

[1] Siehe Jegyzőkönyv a szovjet és a magyar párt- és állami vezetők tárgyalásairól (1953. június 13-16) [Protokoll über die Verhandlungen zwischen der sowjetischen und der ungarischen Partei- und Staatsführung (13.-16. Juni 1953)], in: Múltunk 37 (1992), H. 2-3, S. 234-270.

Produktion und der Durchschnittsertrag gesteigert sowie die Bildung neuer Produktionsgenossenschaften verlangsamt werden. Die Privatbauern müssen beträchtliche Produktionshilfen erhalten, um ihre Betriebe entwickeln zu können. Die Produktionsgenossenschaften stellen auch weiterhin das entscheidende Element für den sozialistischen Aufbau des Dorfes dar. Die nächste Aufgabe ist die wirtschaftliche Kräftigung der bestehenden Genossenschaften. Zur konsequenten Gewährleistung der Freiwilligkeit des genossenschaftlichen Zusammenschlusses muss es möglich gemacht werden, dass jeder, der es wünscht, zum Ende des Wirtschaftsjahres aus der Produktionsgenossenschaft austreten kann. Und dort, wo die Mehrzahl der Mitglieder austreten will, muss auch die Auflösung der Genossenschaft genehmigt werden. Die Schulden der Produktionsgenossenschaften und der individuell wirtschaftenden Bauern gegenüber dem Staat sind zu überprüfen. Ab 1954 ist ein neues Abgabesystem einzuführen, bei dem die verpflichtend abzuführenden Produktmengen sich über mehrere Jahre hindurch nicht verändern. Die Versorgung vor allem der Arbeiterschaft, aber auch der Bauernschaft und der Bevölkerung im Allgemeinen mit materiellen Gütern muss wesentlich verbessert werden. Es muss erreicht werden, dass im Jahre 1954 mit staatlicher Unterstützung 40.000 neue Wohnungen gebaut werden. Die Präsenzstärke der Armee und der Umfang des – übermäßig aufgeblähten – Staatsapparats muss verringert werden. In allen Bereichen und mit allen Mitteln ist die Gesetzlichkeit wiederherzustellen. Dem Parlament muss ein Gesetzentwurf über eine Amnestie vorgelegt werden und es müssen die Internierungslager aufgelöst werden. Nach der Annahme dieses umfangreichen Maßnahmenkatalogs hob die Zentrale Führung die Funktion des Generalsekretärs auf, wählte dann Mátyás Rákosi zum „Ersten Sekretär" der MDP und designierte Imre Nagy für den Posten des Ministerpräsidenten.[2]

Das Parlament, das anderthalb Monate früher, am 17. Mai 1953 gewählt worden war, wählte auf seiner ersten Sitzung am 4. Juli 1953 ohne wesentliche Diskussion und ohne Gegenstimme die neue Regierung. Regierungschef wurde Imre Nagy, erster Stellvertreter des Ministerpräsidenten wurde der junge, von Rákosi protegierte András Hegedüs. Gerő behielt sein Amt als Stellvertreter des Ministerpräsidenten und übernahm zudem das – machtpolitisch gesehen – wichtige Innenressort. In Intellektuellenkreisen sorgte Nagy für eine Sensation, weil József Révai, führender Ideologe der Partei und Herr über das kulturelle Leben, keinen Posten in der neuen Regierung erhielt, ebenso wie Mihály Farkas, der das

---

[2] Vgl. Lajos Izsák u.a. (Hrsg.), A Magyar Dolgozók Pártja határozatai 1948-1956 [Beschlüsse der Partei der Ungarischen Werktätigen 1948-1956], Budapest 1998, S. 188-207. Der ZK-Beschluss wurde, da er auf die jüdische Herkunft der ungarischen kommunistischen Führer verweist, auf Vorschlag von Rákosi nicht veröffentlicht. Seine Publikation erfolgte erst 1986, also mit 33-jähriger Verspätung in der Zeitschrift „Propagandista".

Verteidigungsressort innegehalten hatte und der – neben Rákosi – besondere Verantwortung für die Gesetzesverletzungen Anfang der fünfziger Jahre trug. In die Regierung traten lediglich zwei neue – mäßig befähigte – Mitglieder ein, nämlich István Bata als Verteidigungsminister und János Boldoczki als Außenminister. Die Nagy-Regierung bestand so fast ausnahmslos aus Männern, die Anhänger der Parteiführung um Rákosi waren.

Imre Nagy gab am 4. Juli auch das Programm seiner Regierung bekannt, das inhaltlich mit dem Beschluss der Zentralen Führung vom 27./28. Juni 1953 übereinstimmte, natürlich aber „milder" formuliert war. Seine Rede wurde vom Ungarischen Radio unmittelbar übertragen. Die angekündigten Maßnahmen, die neuartige Diktion sowie die „gewürzten" ungarisch-nationalen Worte erregten große Aufmerksamkeit und lösten eine positive Reaktion in nahezu allen Schichten der ungarischen Gesellschaft aus. Die Erwartungen wurden allerdings gedämpft und es entstand Verwirrung im Kreise der Parteimitglieder und im Parteiapparat, als Rákosi in seiner Rede auf der Budapester Parteiaktivisten-Konferenz am 11. Juli 1953 den Korrekturen, die der Beschluss der Zentralen Führung vorsah, nur scheinbar zustimmte, sich in Wirklichkeit aber – verhüllt – für die Fortsetzung der alten Wirtschafts- und Bauernpolitik der Jahre vor dem Juni 1953 aussprach. Dieses Verhalten des „ersten Mannes" der Partei ist nicht nur mit einem Mangel an Flexibilität sowie mit seiner Unfähigkeit, die eigene Politik zu überdenken und sich der neuen Situation anzupassen, zu erklären, sondern auch damit, dass am 10. Juli 1953 die Verhaftung von Berija in Moskau bekannt gegeben wurde. Mit diesem Schritt, der der ungarischen Führung bereits früher bekannt gegeben worden war, verschwand derjenige sowjetische Funktionär von der Bühne der Politik, der einen Monat zuvor in Moskau Rákosi am heftigsten kritisiert hatte. All dies ließ erahnen, dass in der obersten Parteiführung von Anfang an Gegensätze hinsichtlich der Umsetzung der neuen Politik, die man damals als „Juniweg" oder als „neuen Kurs" bezeichnete, existierten. Diese Differenzen traten wenig später auch hervor. Imre Nagy hatte die Kritik des sowjetischen Parteipräsidiums nicht aus reiner Loyalität gegenüber Moskau akzeptiert, sondern vielmehr deshalb, weil auch er selbst davon überzeugt war, dass die Rákosi-Führung Ungarn in eine katastrophale Situation gestürzt hatte. Dementsprechend wollte er die neue Partei- und Regierungspolitik konsequent verwirklichen. Demgegenüber versuchte Rákosi, den Juni-Beschluss zu revidieren. Der politische Kampf, der zwischen den beiden Politikern und den zwei Leitlinien entbrannte, erschwerte schließlich Fortschritte bei der Verwirklichung der progressiven Juni-Beschlüsse.[3] Die Kräfteverhältnisse innerhalb von Partei und Staat waren für Rákosi von Vorteil: Im Politbüro, in der Zentralen Führung

---

[3] Siehe hierzu János M. Rainer, Nagy Imre. Politikai életrajz [Imre Nagy. Politische Biographie], Bd. 1: 1896-1953, Budapest 1996, S. 531-542.

und in der Regierung waren seine Anhänger in der Mehrheit. Zudem konnte er auch mit der Unterstützung des Parteiapparates, der nicht hinter dem Regierungsprogramm stand, rechnen. Der Regierungschef hatte so kaum eigene Leute, auf die er sich hätte stützen können, in der ersten Phase genoss er aber das Vertrauen und die Unterstützung der obersten sowjetischen Führung. Er beging allerdings den Fehler, den zuvor auch von Moskau kritisierten Mihály Farkas auf sowjetischen Druck hin ins Politbüro zurückzuberufen und ihn zum Sekretär der Zentralen Führung zu ernennen. Farkas selbst versicherte Nagy heuchlerisch, er werde die neue „Politik der Korrektur" unterstützen.

Während der Ministerpräsidentschaft von Imre Nagy (4. Juli 1953 bis 18. April 1955) erfolgten im staatlich-politischen Leben, in der Wirtschaft und im Alltag bedeutende Kurskorrekturen. Gemäß den sowjetischen Intentionen beendete der Ministerrat am 17. Juli 1953 – mit einer geheimen Verordnung – die Selbständigkeit der Staatssicherheitbehörde ÁVH. Diese hatte früher unter der direkten Leitung von Rákosi als Generalsekretär der Partei gestanden und wurde nun in das Innenministerium integriert. Die Abteilungen der Staatssicherheit behielten allerdings im Innenministerium mehr oder weniger ihre Sonderstellung bei und auch die Ränge der Staatssicherheit blieben erhalten. Am 23. Juli beendete die Regierung die Aufsicht des Innenministeriums über die örtlichen Räte (Lokalverwaltungen) und übertrug die Leitung ihrer Aktivitäten dem Ministerrat. Am 30. Juli wurde – aufgrund einer Präsidialrats-Verordnung mit Gesetzeskraft – nach sowjetischem Muster eine Oberste Staatsanwaltschaft eingerichtet, die selbständig, unabhängig von Regierung und Parlament, die Einhaltung der Legalität überwachen sollte. Zudem wurde verordnet, die staatsanwaltschaftliche Organisation landesweit aufzubauen. Darüber hinaus wurde die Anzahl der Regierungsressorts von 29 auf 20 verringert und es wurde damit begonnen, den aufgrund der bürokratischen Lenkung durch die Partei außerordentlich aufgeblähten Staatsapparat zu verkleinern. Der streng geheime Verteidigungsrat, der 1952 ins Leben gerufen worden war und in Fragen der Verteidigung und der Rüstungsindustrie über einen besonderen Kompetenzbereich verfügte, blieb bestehen. Seine Leitung wurde allerdings von Rákosi auf Nagy übertragen (Während der Ministerpräsidentschaft von Nagy trat dieses Gremium kaum zusammen.).[4]

Die Regierung hatte bereits im Juli 1953 damit begonnen, die Legalität und die Rechtsordnung wiederherzustellen bzw. zu festigen und die begangenen Rechtsverletzungen wieder gut zu machen. Am 24. Juli 1953 wurde der zum Lager der ungarischen Kommunisten zählende Jurist Erik Molnár zum Präsiden-

---

[4] Näheres siehe Pál Germuska/ Tamás Nagy, Az MDP Államvédelmi Bizottsága, Honvédelmi Bizottsága és a honvédelmi Tanács [Der Ausschuss für Staatssicherheit, der Verteidigungsausschuss und der Verteidigungsrat der MDP], in: Múltunk 49 (2004), H. 1, S. 180-211.

ten des Obersten Gerichts ernannt. Am 25. Juli erließ der Präsidialrat mittels einer Verordnung mit Gesetzeskraft eine allgemeine Amnestie für alle Personen, die zu einer maximal zweijährigen Gefängnisstrafe verurteilt worden waren. Entsprechende Maßnahmen wurden von den zuständigen Behörden bis Ende Oktober auch durchgeführt. Am folgenden Tag ließ die Regierung die Internierungslager auflösen, hob die Wohnortbindung für die aus der Hauptstadt und den Provinzstädten ausgesiedelten „klassenfeindlichen" Personen auf, beendete die polizeibehördliche Haft und strich die Institution der Polizeigerichtsbarkeit. Am 10. März 1954 beendete zudem eine Verordnung des Ministerrats auch das Standrecht.

Im Zuge der Durchführung der Amnestie und der Auflösung der Internierungslager kamen viele Menschen, die unschuldig verurteilt oder gar ohne Gerichtsurteil gefangen gehalten worden waren, frei und konnten nach Hause zurückkehren und ihre Arbeit wieder aufnehmen. Im Juni 1953 betrug die Zahl der verhafteten und internierten Personen 41.639. Die zivilen und Militärgefängnisse konnten 15.761 Menschen verlassen. Unter ihnen befanden sich allerdings keine Personen, die man aus politischen Gründen verurteilt hatte. Die Internierungslager verließen 4.000 Personen und die Zahl der Personen, die rechtswidrig umgesiedelt worden waren und nun an ihre Wohnorte zurückkehren konnten, erreichte 15.000. Im November 1953 konnten auch 1.500 Personen, die wegen politischer Vergehen verurteilt und in die Sowjetunion verschleppt worden waren, wieder nach Hause zurückkehren. Die Gerichte für Ordnungswidrigkeiten, die zusammen mit der Polizei tätig waren, stellten 640.000 Verfahren ein. Die Generalamnestie von 1953 betraf insgesamt etwa 748.000 Personen. Weiteren 400.000 Personen wurde eine Geldstrafe erlassen.[5] Die Partei- und Regierungskreise lehnten allerdings jedes Vorhaben ab, die unrechtmäßig verurteilten, internierten und umgesiedelten Personen irgendwie für ihr erlittenes Unrecht zu entschädigen.

Im Frühjahr 1954 war Ungarn das erste Land des so genannten sozialistischen Lagers, in dem – wenn auch langsam und auf sowjetische Initiative hin – damit begonnen wurde, die politischen Prozesse zu überprüfen. Aufgrund eines Beschlusses des Politbüros der MDP vom 19. Mai 1954 wurde ein so genannter Rehabilitationsausschuss unter Leitung von Mátyás Rákosi und unter Beteiligung von Imre Nagy und Ernő Gerő eingerichtet, der über die Reihenfolge der Untersuchungen entschied. Das Verfahren selbst wurde vom Innenministerium und von der Obersten Staatsanwaltschaft abgewickelt, und ein Ausschuss unter

---

[5] Siehe hierzu János M. Rainer, Nagy Imre. Politikai életrajz [Imre Nagy. Politische Biographie], Bd. 2: 1953-1958, Budapest 1999, S. 24f; Valéria Révai (Hrsg.), Törvénytelen szocializmus. A Tényfeltáró Bizottság jelentése [Gesetzloser Sozialismus. Bericht des Ausschusses für Faktenrecherche], Budapest 1991, S. 131-184.

Leitung des Vorsitzenden des Obersten Gerichts Erik Molnár traf die letzte Entscheidung. Im Laufe dieses Jahres wurden zahlreiche Führer der kommunistischen Bewegung Ungarns, darunter am 22. Juli 1954 auch János Kádár[6], rehabilitiert. Mit dem Prozess gegen László Rajk[7] befasste man sich hingegen nicht. Von den Sozialdemokraten wurde lediglich eine Person, nämlich Anna Kéthly (im November 1954) frei gelassen. Von den Personen, die aus politischen Gründen und ohne rechtliche Grundlage verurteilt worden waren, blieb der Großteil allerdings auch weiterhin in Haft. Obwohl es in den Führungskreisen der MDP bereits Ende 1953/Anfang 1954 ein offenes Geheimnis war, dass Rákosi die Hauptverantwortung für die Schauprozesse trug, war die sowjetische Führung – um das Ansehen des Ersten Sekretärs zu schützen – darum bemüht, die Verantwortung für die Gesetzlosigkeiten auf die ehemaligen Leiter der Staatssicherheit abzuschieben. Gábor Péter, der mächtige Mann der Staatssicherheit, wurde Mitte Januar 1954 zu lebenslanger Haft verurteilt; andere Mitglieder der Führungsriege wurden allerdings nicht verhaftet. Während der Ministerpräsidentschaft von Imre Nagy gelang es nicht, diese hochrangigen Offizieren, die Verdächtige geschlagen und gefoltert hatten, ebenfalls vor Gericht zu stellen.[8]

Auch in der Wirtschaftspolitik erfolgten wesentliche Korrekturen. Die Planvorgaben für die Investitionen wurden von 16,8 Milliarden Forint im Jahre 1953 auf 11,8 Milliarden Forint gesenkt und zugleich auch die Investitionsstruktur verändert. Während der Anteil der Investitionen in der Industrie, vor allem in der Schwerindustrie, um 10 Prozent gesenkt wurde, hob man diejenigen für die Landwirtschaft um 11 Prozent an und gab auch mehr für die Produktion von Konsumartikeln aus. Ein Teil der herausragenden Großinvestitionen, darunter der Bau der Budapester Metro, wurde gestrichen. Der Landwirtschaft wurde wegen der besonderen Spannungen und Probleme, die sich dort aufgestaut bzw. angesammelt hatten, besondere Aufmerksamkeit gewidmet. Innerhalb weniger Monate wurden hier zahlreiche Maßnahmen ergriffen. Bereits Mitte Juli 1953 senkte man die Abgabepflicht der Landwirtschaftlichen Produktionsgenossenschaften um 10 Prozent, im September 1953 dann die der Privatbauern. Mit so-

---

[6] Kádár, 1949/1950 ungarischer Innenminister, war 1951 aufgrund falscher Anschuldigungen verhaftet und inhaftiert worden (Anm. d. Übers.).

[7] Rajk, nach 1945 ein führender kommunistischer Funktionär und von 1946 bis 1948 ungarischer Innenminister, war bereits 1949 aufgrund falscher Beschuldigungen verhaftet, in einem Schauprozess zum Tode verurteilt und hingerichtet worden (Anm. d. Übers.).

[8] Vgl. Révai (Hrsg.), Törvénytelen szocializmus, S. 169ff.; Magdolna Baráth, Az ÁVH és az 1950-es évek rehabilitációs eljárásai [Die ÁVH und die Rehabilitierungsverfahren in den 1950er Jahren], in: György Gyarmati (Hrsg.), Államvédelem a Rákosi-korszakban. Tanulmányok és dokumentumok a politikai rendőrség második világháború utáni tevékenységéről [Staatssicherheit in der Ära Rákosi. Studien und Dokumente über die Tätigkeit der politischen Polizei nach dem Zweiten Weltkrieg], Budapest 2000, S. 187ff.

fortiger Wirkung wurden zudem die Entschädigungsforderungen, die den Privatbauern und Genossenschaften wegen Versäumnissen bei der Abgabe auferlegt
worden waren, gestrichen. Auch erließ man den Genossenschaften ihre kurzfristigen Kreditverpflichtungen und den Privatbauern die Hälfte ihrer – etwa eine
Milliarde Forint betragenden – Steuerschulden. Darüber hinaus wurde die Nutzung der unbestellten Böden, der so genannten Reserveböden, genehmigt, ja
sogar gefördert, und der Boden, den die LPG-Mitglieder zur Befriedigung ihrer
eigenen Bedürfnisse bestellen durften („Hofland"), auf ein Joch (0,6 ha) erhöht.
Mitte Dezember 1953 wurde eine neue Ablieferungsverordnung veröffentlicht,
die die Abgabepflicht für die nächsten drei Jahre im Voraus festsetzte und die
Abgabequote pro Grundeinheit weiter senkte. Gleichzeitig wurden die staatlichen Aufkaufpreise erhöht. Unter dem Gesichtspunkt der Stimmung bei den
Bauern war es besonders wichtig, dass infolge einer Verordnung des Landwirt-
schaftsministers von Ende September 1953 der Austritt aus einer LPG und die
Auflösung einer Genossenschaft erleichtert wurde. Aufgrund dieses Schrittes
sank die Zahl der Genossenschaften von 1953 bis 1955 um 719 bzw. um 16
Prozent. 1955 existierten so von den ursprünglich 5.100 LPG nur mehr 4.381.
Die Zahl der LPG-Mitglieder nahm gar um 140.000 bzw. 39 Prozent ab. Zu einer
Verteilung des Genossenschaftsvermögens kam es allerdings nur selten. Und
schließlich wurde auch die so genannte „Kulakenliste", die Einschränkungen für
reiche Bauern bestimmt hatte, abgeschafft.

Im Bereich der industriellen Wirtschaft kam es zu zahlreichen Maßnahmen,
die die auffallenden Disproportionen im Preis- und Lohnsystem korrigierten. Die
Löhne der Arbeiter und Angestellten wurden durchschnittlich um 15 Prozent
angehoben und gleichzeitig eine Rentenerhöhung durchgeführt. Bis Frühjahr
1954 wurde außerdem der Preis von rund 10.000 Konsumartikeln gesenkt, darunter befanden sich vor allem Bekleidungsartikel, Fleisch, Fett, Milch und andere tierische Produkte. Auch die Preise der Dienstleistungen wurden gesenkt.[9] Das
allgemeine Lebensniveau stieg aufgrund dieser Politik – bei den Bauern etwas
stärker als bei der Arbeiterschaft. Positive Wirkung zeigte auch, dass die Regierung ein neues Wohnungsbauprogramm einleitete und Maßnahmen traf, um die
beiden Wirtschaftsbereiche, die zuvor weitgehend zugrundegerichtet worden
waren, nämlich das Handwerk und den Kleinhandel, wieder aufzurichten.

Die Anstrengungen der Regierung bzw. die allmähliche Verbesserung der
Lage der Gesellschaft erhöhten die Popularität von Imre Nagy, mit dessen Na-
men die beginnenden Veränderungen verbunden waren. Die Erfolge der neuen
Politik verschärften im Sommer/Herbst 1954 allerdings die Gegensätze innerhalb

---

[9] Siehe hierzu Péter Gunszt, Magyarország gazdaságtörténete. 1944-1989 [Wirtschaftsgeschichte
Ungarns], Budapest 1996, S. 142-146; Ignác Romsics, Magyarország története a XX. században
[Geschichte Ungarns im 20. Jahrhundert], Budapest 1999, S. 373-379.

der Parteiführung. Das Verhältnis zwischen Rákosi und Nagy verschlechterte sich weiter, auch wenn dies in der Öffentlichkeit bzw. am Verhalten der beiden Führer nicht sichtbar wurde. Gerő bemühte sich währenddessen, Distanz zu beiden Politikern zu halten und machte gegenüber den Sowjets Bemerkungen, mit denen er beide kritisierte. Farkas intrigierte vor allem gegen Gerő, er versuchte aber auch, den „ersten Mann" der MDP und den Ministerpräsidenten gegeneinander auszuspielen. Rákosi und Farkas hatten in diesen Monaten besonders angespannte Nerven. Dies war darauf zurückzuführen, dass sie befürchteten, im Zuge der Überprüfung der Schauprozesse könnte ihre wahre Rolle bei den Gesetzesbrüchen aufgedeckt werden und an die Öffentlichkeit gelangen. Ihnen schwebte das Schicksal von Berija vor Augen, der am 23. Dezember 1953 hingerichtet worden war, und sie wussten, dass Imre Nagy entschlossen war, die Gesetzwidrigkeiten zu beenden und darin auch von Moskau unterstützt wurde. Zudem blieben auch die Meinungsverschiedenheiten hinsichtlich der wirtschaftspolitischen Fragen weiter bestehen. Gerő wollte als Vorsitzender des im Juni 1954 vom Politbüro der MDP ins Leben gerufenen Wirtschaftspolitischen Ausschusses die wirtschaftlichen Probleme und die wachsende Verschuldung nach dem „alten Rezept", also zu Lasten der Landwirtschaft und des Lebensniveaus, beheben. Nagy trat dagegen entschieden auf. Auch politische Fragen wie die Neuorganisation der Volksfront, die der Regierungschef aufwarf, gaben Grund zu Diskussionen.

Auf dem III. Parteitag der MDP, der vom 24. bis 30. Mai 1954 stattfand, kam von der angespannten Situation innerhalb der Führung nur wenig an die Öffentlichkeit. Entgegen der bisherigen Gewohnheit traf das ranghöchste Gremium der Partei diesmal keinen Beschluss, stimmte aber der Politik von Partei und Regierung zu. Rákosi blieb Erster Sekretär der MDP und es wurde ein neunköpfiges Politbüro, ein fünfköpfiges Sekretariat und die 71 Mitglieder umfassende Zentrale Führung gewählt. Die personelle Zusammensetzung der Führungsgremien zeigte, dass sich die parteiinternen Kräfteverhältnisse nicht verändert hatten, d.h. die Mitglieder der alten Parteiführung um Rákosi in der Mehrheit blieben.[10] Dies hing wahrscheinlich auch damit zusammen, dass bei der neuerlichen „Konsultation" in Moskau, die bereits vor dem MDP-Parteitag am 5. Mai stattgefunden hatte, Chruschtschow – der zwar sowohl Rákosi als auch Nagy wegen der mangelhaften Übereinstimmung kritisierte und auf eine Überwindung der Probleme drängte – keine Schiedsrichterrolle spielen wollte.[11]

---

[10] Vgl. Szabad Nép, 28. Mai 1954, 30. Mai 1954.
[11] Siehe hierzu Konzultációk. Dokumentumok a magyar és szovjet pártvezetők két moszkvai találkozójáról. 1954-1955-ben [Konsultationen. Dokumente über die beiden Moskauer Treffen der ungarischen und sowjetischen Parteiführer. 1954/1955], in: Múltunk 37 (1992), H. 4, S. 124-148.

Der Durchbruch erfolgte auf der Sitzung der Zentralen Führung der MDP vom 1. bis 3. Oktober 1954. In den wirtschaftspolitischen Angelegenheiten stellte sich das Parteiforum auf die Seite von Imre Nagy und verwarf die alte, stalinistische Konzeption. Diese hatte den Schwerpunkt in der Volkswirtschaft auf die Industrie, insbesondere auf die Schwerindustrie, gesetzt und danach gestrebt, die Lasten auf die Landwirtschaft und auf die Bevölkerung, vor allem auf die Bauernschaft, abzuwälzen. Mehrere der Führungsmitglieder thematisierten nun – erstmals offen – die Verantwortlichkeit von Gerő für die Fehler in der Wirtschaftspolitik und kritisierten auch die Tätigkeit des Politbüros. Rákosi, der den Stimmungsumschwung in der Zentralen Führung spürte, berief sich auf die Notwendigkeit der Einheit der Partei und sprach sich dementsprechend für den Parteibeschluss vom Juni 1953 aus. Und auch Mihály Farkas unterstützte bei seiner Rede den Regierungschef. Nagy erzielte so einen seiner größten Erfolge. Allerdings hatten Gerő, der krank war, sowie der stellvertretende Ministerpräsident András Hegedüs, der sich an der Spitze einer Regierungsdelegation in China aufhielt, nicht an der Sitzung der Zentralen Führung teilgenommen. Nach der Sitzung wurde die Regierung umgebildet, wobei mehrere Minister, die die „alte Linie" unterstützten, aus dem Gremium ausschieden. Minister für Landwirtschaft wurde Ferenc Erdei, Justizminister Erik Molnár. An die Spitze des Staatlichen Planungsamts gelangte Andor Berei. Alle drei standen Imre Nagy nahe. Zugleich wurde der Wirtschaftspolitische Ausschuss unter Gerő aufgelöst.[12]

In der Ausgabe von Szabad Nép vom 20. Oktober 1954 schrieb der Regierungschef – ohne Zustimmung des Politbüros – einen Artikel. In diesem richtete er – erstmals vor der Öffentlichkeit – einen scharfen Angriff auf all jene, die der Verwirklichung des Regierungsprogramms und der Politik des „neuen Kurses" im Weg standen. Er verwies darauf, dass nicht nur innerhalb der Parteiführung, sondern auch in der Staatsverwaltung und im Wirtschaftsleben viele versuchen würden, die Durchführung des Regierungsprogramms zu hintertreiben. Neuerlich verurteilte er die vor 1953 begangenen Gesetzesverletzungen und drängte darauf, die Rehabilitierung der unschuldig verurteilten Personen zu beschleunigen. Allgemeines Aufsehen rief hervor, dass er – zwar ohne Namensnennung, aber in offensichtlicher Anspielung auf Rákosi und Farkas – in seinem Artikel hervorhob, es gäbe Parteiführer, die „in der Vergangenheit keine Fehler, sondern Verbrechen" begangen hätten.

Die Patriotische Volksfront (Hazafias Népfront) hielt am 23./24. Oktober 1954 ihren Gründungskongress ab. Die Initiative zur Neuorganisation der Volksfront hatte Imre Nagy bereits im Frühjahr 1954 ergriffen und darin ein Element zur vorsichtigen Demokratisierung des politischen Systems bzw. zum Abbau der

---

[12] Vgl. Miklós Vásárhelyi, Az első meghiusított reformkísérlet [Der erste gescheiterte Reformversuch], in: Ders. (Hrsg.), Ellenzékben [In Opposition], Budapest 1989, S. 287f.

Willkürherrschaft gesehen. Ursprünglich wollte er die Organisation nicht als soziale Bewegung wiedererstehen lassen, sondern als selbständige Organisation mit individueller Mitgliedschaft. In dieser sollten weder die MDP noch die Koalitionsparteien der Nachkriegszeit (Unabhängige Kleinlandwirtepartei, Nationale Bauernpartei, Sozialdemokratische Partei) vertreten sein. Es gelang Nagy allerdings nicht, seinen Standpunkt innerhalb der engeren Parteiführung durchzusetzen. Der Beschluss der Zentralen Führung der MDP von Ende August 1954 zeugte vom Sieg der Kräfte um Rákosi. In dem Beschluss stellte das Gremium folgendes fest: Die Volksfront muss als eine Organisation reorganisiert werden, die die gesamte Gesellschaft umfasst. An ihr dürfen sich nur gesellschaftliche und Massenorganisationen sowie Interessenvertretungen beteiligen. Eine individuelle Mitgliedschaft ist ausgeschlossen. Die neue Volksfront ist keine Koalition der Parteien. Nur die MDP kann sich ihr anschließen und die Entscheidungspositionen müssen von Kommunisten besetzt werden. Dennoch brachte der Parteitag einen großen Erfolg für Imre Nagy. Seine in pathetischem Ton gehaltene Rede, die an die nationalen Gefühle der Menschen appellierte und sie zur Verwirklichung des Regierungsprogramms aufrief, stieß auf starken Widerhall. Auch Nagy selbst glaubte, mit der Unterstützung der Masse der Parteilosen rechnen zu können.[13] Vorsitzender der Volksfront wurde der Schriftsteller Pál Szabó, Generalsekretär der Schwiegersohn des Ministerpräsidenten Ferenc Jánosi. Der Sieg von Imre Nagy sollte sich allerdings als Pyrrhus-Sieg erweisen.

Im Frühjahr 1955 kam es in der Politik der MDP zu einem für die Öffentlichkeit überraschenden Richtungswechsel. Die Linkswende stand vor allem in Zusammenhang mit den Veränderungen in der Sowjetunion. Am 8. Februar 1955 war dort Georgi M. Malenkow, der eine vorsichtige Reformpolitik betrieben hatte, von Marschall Nikolai A. Bulganin als Ministerpräsident abgelöst worden. Aufgrund der vor kurzem publizierten Aufzeichnungen über die Sitzungen des Präsidiums der KPdSU erscheint es so, dass für seine Ablösung die enge Freundschaft, die ihn mit dem hingerichteten Berija verband, seine Rolle bei den Schauprozessen sowie der Vorwurf des Machtmissbrauchs die Hauptgründe waren.[14] Zugleich ist es auch eine Tatsache, dass man in Moskau befürchtete, der geplante NATO-Beitritt der Bundesrepublik Deutschland, der am 9. Mai 1955 tatsächlich erfolgte, werde den deutschen Militarismus aufleben lassen. Dementsprechend schrieb man in der Sowjetunion erneut der Entwicklung der Schwerindustrie und der Armee besondere Bedeutung zu. In Zusammenhang mit der

---

[13] Siehe hierzu Rainer, Nagy Imre, Bd. 2, S. 80-96.
[14] Prezidium CK KPSS 1954-1964. Tom 1. Černovyje protokolnyje zapisi zasedanij. Stenogrammy. Glavnyj redaktor A.A. Fursenko [Präsidium des ZK der KPdSU 1954-1964. Band 1. Vorläufige Protokollniederschriften der Sitzungen. Stenogramme. Chefredakteur A.A. Fursenko]. Rospen, Moskva 2003, S. 37-38.

Organisation des Gegenangriffs gegen Imre Nagy ist auch die Tatsache nicht zu vernachlässigen, dass Rákosi im Oktober/November 1954 eine Kur in der sowjetischen Hauptstadt gemacht und bei dieser Gelegenheit die sowjetische Parteiführung einseitig über die Situation in Ungarn unterrichtet hatte.

Am 30. November 1954 teilte Rákosi, nachdem er aus der Sowjetunion zurückgekehrt war, den übrigen Führern der MDP eine Botschaft des Präsidiums der KPdSU mit. Diese enthielt unter anderem den Hinweis, dass in Ungarn die „rechte" Gefahr stark zunehme. Hierfür wurde Imre Nagy verantwortlich gemacht – wegen seiner besonderen Unterstützung der Bauernschaft und der privaten Landwirtschaft, der Ausweitung des privaten Handels, seiner Ablehnung der energischen Durchführung der Kollektivierung und der Übernahme der diesbezüglichen sowjetischen Erfahrungen sowie – vor allem – wegen seiner Auffassungen hinsichtlich der Volksfront. Auf der Politbüro-Sitzung am 9. Dezember 1954 wurde der Vorschlag von Imre Nagy abgelehnt, die Zentrale Führung einzuberufen und dort die strittigen Fragen zu diskutieren. In der Stellungnahme der engeren Parteiführung vom 15. Dezember 1954 wurde für die Probleme bei der Durchführung des Parteibeschlusses vom Juni 1953 und des Regierungsprogramms sowie für die wirtschaftlichen Schwierigkeiten nicht nur der Widerstand der orthodoxen Stalinisten verantwortlich gemacht, sondern – zum ersten Mal – auch die „rechte" Gefahr angesprochen. Für diese wurde Imre Nagy persönlich verantwortlich gemacht.[15] Der Ministerpräsident selbst wies die Anschuldigungen zurück.

Das Präsidium der KPdSU bestellte – auf Initiative von Rákosi – die ungarischen Parteiführer, darunter Rákosi selbst, Imre Nagy und Mihály Farkas am 8. Januar 1955 erneut nach Moskau. Während der Unterredungen kritisierte die sowjetische Führung – auf der Grundlage der Informationen von Rákosi – Imre Nagy in grobem Ton und beschuldigte ihn, selbstzufriedene, undisziplinierte, falsche und „parteifeindliche" Ansichten zu vertreten. Besonders beanstandet wurde der Artikel in Szabad Nép vom 20. Oktober 1954, der die inneren Probleme der Partei vor die Öffentlichkeit gebracht hatte. Imre Nagy steckte nun aber nicht zurück, diskutierte und erklärte unter anderem sogar, er könne nicht mit Rákosi zusammenarbeiten, und bot seinen Rücktritt an. Das Präsidium der KPdSU beschloss nun, im Gegensatz zu seiner Entscheidung vor anderthalb Jahren, Rákosi zu unterstützen. Molotow ging gar soweit, folgendes zu erklären: „Sie haben erklärt, Sie könnten nicht mit Genossen Rákosi zusammenarbeiten. Es gibt keinen besseren Führer in Ungarn als Genossen Rákosi". Chruschtschow

---

[15] Vgl. Az MDP PB határozata a KV 1954. október 1-3-i ülése után kialakult helyzetről. 1954. december 15 [Beschluss des Politbüros der MDP über die Situation nach der Sitzung der Zentralen Führung vom 1. bis 3. Oktober 1954. 15. Dezember 1954], in: Az MDP határozatai 1948-1956, S. 316-323.

ging nicht auf das Rücktrittsangebot des Ministerpräsidenten ein, forderte aber, seine Fehler zu korrigieren und Selbstkritik zu üben.[16] Nach der Moskaureise wollte das Politbüro und insbesondere Mátyás Rákosi Imre Nagy dazu bringen, Selbstkritik zu üben. Nagy war hierzu aber nicht bereit.

Am 1. Februar 1955 erlitt der Regierungschef einen leichten Herzinfarkt. Rákosi und seine Umgebung versuchten hierauf, Nagy in den politischen Hintergrund zu drängen und ihn schließlich aus der Politik herauszudrängen. Sie gingen nicht auf seine Bitte ein, in der Zentralen Führung oder im Politbüro seine Meinung bezüglich der gegen ihn erhobenen Vorwürfe zum Ausdruck zu bringen. Auf seine Eingaben erhielt er keine sachdienliche Antwort. Der auf der Sitzung der Zentralen Führung vom 2. bis 4. März 1955 verabschiedete Beschluss bezeichnete nicht den Stalinismus, nicht die linke Sektiererei als Hauptgefahr im politisch-ideologischen Leben, sondern die „rechte" Abweichung von der Politik der Partei. Für letzteres wurde Imre Nagy verantwortlich gemacht.[17]

Die Ablösung von Imre Nagy als Ministerpräsident und seine Abberufung aus dem Politbüro bzw. der Zentralen Führung wurden auf der Sitzung der Zentralen Führung der MDP am 14. April 1955 beschlossen. Die Zentrale Führung versuchte zudem, ihre Entscheidung – auch als „Begründung" für die „Märzwende" – mit neuen Anschuldigungen zu untermauern: Imre Nagy habe politische Vorstellungen vertreten, die in scharfem Gegensatz zu den allgemeinen Grundlinien der Partei stünden; er habe danach gestrebt, den „Motor" des Aufbaus des Sozialismus, die sozialistische Industrialisierung und insbesondere die Entwicklung der Schwerindustrie, zu bremsen; auf dem Lande sei es seine Absicht gewesen, die Entwicklung der Genossenschaftsbewegung zu verlangsamen. Die Zentrale Führung versuchte darüber hinaus Nagy damit anzuschwärzen, dass er versucht habe, die Partei in den Hintergrund zu drängen, ihre führende Rolle einzuschränken sowie die staatlichen Organe und zum Teil auch die Volksfront gegen die Partei auszuspielen. Der einstige Regierungschef wurde nicht nur damit diffamiert, dass er sich zu antimarxistischen und nationalistischen Ansichten bekenne, sondern auch damit, dass er gegen die Partei gerichtete, auf ihre Fraktionierung gerichtete Methoden angewandt habe. Dies zähle in der kommunistischen Bewegung als besonderes Verbrechen.

Am 18. April 1955, vier Tage nach der Sitzung der Zentralen Führung der MDP, enthob das Parlament Imre Nagy seiner Position als Ministerpräsident und

---

[16] Vgl. Konzultációk 1954-1955-ben, S. 141-148.
[17] Vgl. Az MDP KV határozata a politikai helyzetről és párt feladatairól. 1955. március 2-4. [Beschluss der Zentralen Führung der MDF über die politische Lage und die Aufgaben der Partei. 2.-4. März 1955], in: Az MDP határozatai 1948-1956, S. 331-343.

wählte András Hegedüs zum neuen Regierungschef. Ernő Gerő behielt das Amt des Stellvertretenden Ministerpräsidenten.[18]

Imre Nagy wurden auch seine übrigen öffentlichen Ämter genommen: Er verlor sein Parlamentsmandat, musste seinen Posten im Landesvorstand der Patriotischen Volksfront abgeben und wurde aus dem Rehabilitationsausschuss ausgeschlossen. Er wurde zudem seiner Stellung als Universitätslehrer enthoben und verlor seine Mitgliedschaft in der Ungarischen Akademie der Wissenschaften. Am 3. Dezember 1955 wurde er schließlich von der Zentralen Kontrollkommission der MDP auch aus der Partei ausgeschlossen.

Die Auswirkungen der Machtübernahme von Rákosi und seiner alten Garnitur machte sich bald bemerkbar: Sie kehrten schnell zu ihren früheren Machtpraktiken zurück und erhöhten zudem die Investitionen in der Industrie. Auch versuchten sie, mittels der Vorgabe von Quoten die Produktivität der Industrie zu erhöhen. Letzteres löste im Kreise der Arbeiterschaft wachsende Unzufriedenheit aus. Im Juni 1955 fasste die Zentrale Führung der MDP einen Beschluss zur erneuten Ingangsetzung der Kollektivierung bzw. der Organisation von landwirtschaftlichen Produktionsgenossenschaften. Gleichzeitig verboten sie den Austritt aus den LPGs. Ergebnis dieser Politik war, dass sich 1955/1956 mehr als 600 neue Genossenschaften bildeten. Ihre Zahl überstieg nun 5.000 Betriebe und die Zahl ihrer Mitglieder stieg von 230.000 auf 306.000 an. Sie verschärften außerdem das Abgabesystem und erhöhten die Steuern, was mit einer Verschlechterung der Lage der Privatbauern einherging. Die Verringerung der Löhne und Einkommen sowie die Einschränkung des Verbrauchs führten zu einer Stagnation des Lebensstandards. Die gewaltsame Steigerung des Wirtschaftswachstums und die strenge Überwachung der Produktion erwiesen sich scheinbar als Erfolg. Die industrielle Produktion wuchs und das Nationaleinkommen erhöhte sich 1955 und 1956 um jeweils neun Prozent gegenüber dem Vorjahr.

Auch auf dem Gebiet der Politik kehrte die Rákosi-Gruppe zu ihren alten Methoden zurück. Ende 1955 gingen sie scharf gegen jene Schriftsteller vor, die im Oktober gewagt hatten, in einem Memorandum an die Parteiführung die Kulturpolitik der MDP scharf zu verurteilen. Auch die Rehabilitierung der Opfer von Schauprozessen verlangsamte sich und es wurden „Säuberungen" in der Redaktion des Parteiblatts Szabad Nép durchgeführt. Es kam zudem erneut zu Verhaftungen, wenn auch nicht in dem Ausmaß, wie es vor 1953 geschehen war. Im November 1955 waren insgesamt 37.000 Personen inhaftiert.[19]

---

[18] Siehe Rainer, Nagy Imre, Bd. 2, S. 112-115.
[19] Siehe Lajos Izsák, Rendszerváltástól rendszerváltásig. Magyarország története 1944-1990 [Vom Systemwechsel zum Systemwechsel. Geschichte Ungarns 1944-1990], Budapest 1997, S. 126-133; Révai (Hrsg.), Törvénytelen szocializmus, S. 278-279.

Nach dem XX. Parteitag der KPdSU vom Februar 1956, der auf internationaler Ebene großes Aufsehen erregt hatte, entstand auch in Ungarn eine neue Situation. Die ungarische Parteiführung passte sich der neuen Grundlinie der Entstalinisierung der KPdSU bzw. der internationalen Arbeiterbewegung sowie der friedlicheren internationalen Atmosphäre allerdings nur sehr langsam an. Rákosi zeigte sich auch weiterhin unfähig, eine politische Erneuerung durchzuführen, und konnte bzw. wollte sich nicht von der Einpersonenherrschaft und von den Methoden der Willkürherrschaft trennen. Seine Anhänger waren auch weiterhin in der Mehrzahl, sowohl in der Zentralen Führung und im Politbüro als auch in der Regierung und in den anderen staatlichen Führungsgremien. Im Frühjahr 1956 kam es zwar auf der Regierungsebene zu einer Reihe von positiven Maßnahmen, zu einer Entspannung der innenpolitischen Atmosphäre und zu ersten Anzeichen einer Normalisierung des gespannten ungarisch-österreichischen und ungarisch-jugoslawischen Verhältnisses, wesentliche politische und ökonomische Aufgaben wurden von der Parteiführung aber nicht in Angriff genommen. Rákosi machte sich zudem politisch und moralisch völlig unmöglich, als er im März 1956 auf einer Parteiaktivistenkonferenz in Eger gezwungen war einzugestehen, dass der Rajk-Prozess 1949 auf einer politischen Provokation beruht hatte, und schließlich auf der Budapester Parteikonferenz am 18. Mai 1956 eingestand, dass ihn persönliche Verantwortung für den Tod von László Rajk treffe. All dies führte zu einem weiteren Ansehensverlust der MDP und zur Isolierung der Parteiführung bzw. der Rákosi-Gruppe sowie schließlich zur politischen Krise.

In dieser politischen Atmosphäre begann sich die so genannte Parteiopposition im Herbst 1955 und Frühjahr 1956 als Protestbewegung gegen die stalinistische Restauration zu organisieren. Sie setzte sich aus verschiedenen Gruppierungen zusammen, teils aus Parteimitgliedern, teils aus Personen, die aus der Partei ausgeschlossen worden waren. Ihre Basis bildeten Intellektuelle sowie Angestellte aus dem Partei- und Staatsapparat. Die dominierende, einzig fest organisierte und über eine innere Kohäsion verfügende Gruppe der etwa 250 bis 300 Personen umfassenden Gemeinschaft war der Imre-Nagy-Kreis. Zu diesem gehörten seit Frühjahr 1956 unter anderen Ferenc Donáth, einst politischer Staatssekretär im Landwirtschaftsministerium, der Schriftsteller und Redakteur Sándor Haraszti, von 1948 bis 1951 Leiter des Sekretariats von Rákosi, der Journalist Géza Losonczy und Imre Mező, Sekretär des Budapester Parteiausschusses der MDP (Donáth, Haraszti und Losonczy waren Anfang der 1950er Jahre aufgrund fiktiver Anschuldigungen inhaftiert gewesen.). Innerhalb der Parteiführung und im Parteiapparat selbst existierte ebenfalls eine Gruppe von „Unzufriedenen". Zu diesen waren Politiker zu zählen, die – von der Linie der Parteiführung – abweichende Ansichten vertraten und von Rákosi ins politische „Abseits" gestellt worden waren oder selbst von ungesetzlichen Schritten betroffen waren. Ein herausragender Repräsentant dieser Gruppe war János Kádár.

Der Teil der Parteiopposition, der radikalere Veränderungen anstrebte, betrachtete Imre Nagy als politischen und geistigen Führer. Er las und verbreitete dessen im Lauf der Zeit verfassten, längeren oder kürzeren Schriften, die die Politik der MDP scharf verurteilten, sowie dessen an die Parteiführung gerichteten Memoranden. Dabei machte er auch die Ansichten Nagys zur Außen- und Innenpolitik bekannt. Das politische Ideal von Imre Nagy war zu dieser Zeit bereits die Schaffung eines – nach jugoslawischem Muster – unabhängigen, blockfreien, neutralen, aber sozialistischen Ungarn. Diese Parteiopposition betrachtete die Ablösung Rákosis von der Spitze der MDP, die Entfernung der diskreditierten stalinistischen Elemente aus der Parteiführung und dann den grundlegenden Wandel der Parteipolitik für die dringlichsten Aufgaben. Der gemäßigtere Flügel der Parteiopposition, der von János Kádár repräsentiert wurde, wollte am sowjetischen Modell des Sozialismus in Ungarn strukturell nur wenig verändern. Ihm ging es vor allem darum, die politische Praxis und die politischen Normen zu verändern sowie die politischen Fehler und „Verzerrungen" zu beheben. Auch er verurteilte die Politik der MDP-Führung und wollte die Ablösung von Rákosi und seiner „Garnitur" erreichen.[20]

Im Frühjahr/Sommer 1956 nahm der Einfluss der Parteiopposition im Schriftstellerverband, in intellektuellen Kreisen in der MDP, im Journalistenverband, an den Universitäten und Forschungsinstituten sowie in Intellektuellenkreisen außerhalb der Partei, aber auch im Parteiapparat selbst von Tag zu Tag zu. Ihr Einfluss wurde auch bei Presse und Radio, die unter der Kontrolle der Partei standen, immer spürbarer. Ihr zentrales Forum war der so genannte Petőfi-Kreis des kommunistischen Jugendverbandes DISZ (Verband der Werktätigen Jugend; Dolgozó Ifjúsági Szövetség), auf dessen Aktivitäten die Anhänger von Imre Nagy bedeutenden Einfluss ausübten. Der Diskussionsklub der Jugend hielt – selbstverständlich mit Genehmigung der Parteizentrale – zahlreiche öffentliche Veranstaltungen zur Erörterung von aktuellen politischen, wirtschaftlichen und theoretischen Fragen ab. Die erfolgreichste von diesen, die größtes politisches Aufsehen erregte, war die so genannte „Pressediskussion". Bei dieser Veranstaltung, die am 27. Juni 1956 stattfand, waren mehr als 6.000 Personen anwesend. Bei dieser Gelegenheit wurden nicht nur fachliche Angelegenheiten des Journalismus behandelt, sondern auch politische Fragen aufgeworfen. Mehrere Teilnehmer kritisierten – was bisher unüblich war – namentlich einzelne Mitgliedern

---

[20] Näheres siehe Rainer, Nagy Imre, Bd. 2, S. 156-185; György Litván, A Nagy Imre-csoport kialakulása és tevékenysége 1955. április-1956. július. [Entstehung und Aktivitäten der Imre-Nagy-Gruppe, April 1955-Juni 1956], in: Társadalmi Szemle 47 (1992), H. 6, S. 89-95; Vásárhelyi, Ellenzékben, S. 106-164.

der Parteiführung und plädierten für die Einführung demokratischer Reformen. Auch die Forderung nach einer Rehabilitierung von Imre Nagy wurde laut.[21] Die wichtigste Erkenntnis formulierte der Schriftsteller Tibor Déry: „Ich glaube, die Quelle unserer Probleme ist der Mangel an Freiheit."[22]

Die sowjetische Diplomatie begann im Laufe April/Mai 1956 erneut, die sich wandelnde allgemeine Stimmung in Ungarn und den wachsenden Ansehensverlust der MDP unter Beobachtung zu nehmen. Das Präsidium der KPdSU war etwas beunruhigt und schickte Anfang Juni 1956 Michail A. Suslow, Sekretär des ZK der KPdSU, nach Ungarn. Dieser beurteilte die politische und wirtschaftliche Lage des Landes nicht als beängstigend und versicherte Rákosi und der Politik der MDP die volle Unterstützung des Präsidiums der KPdSU.[23] Kaum einen Monat später änderte sich allerdings die Meinung in Moskau. Die sowjetische Führung, die durch den Arbeiteraufstand Ende Juni 1956 in Posen in Schrecken versetzt worden war und befürchtete, dass die innenpolitische Situation auch in Ungarn umschlagen könnte, entsandte das KPdSU-Präsidiumsmitglied Anastas I. Mikojan, der in den ungarischen Angelegenheiten bewandert war, mit dem Ziel nach Budapest, die Absetzung von Rákosi zu initiieren.

Der sowjetische Politiker, der am 13. Juli in Budapest ankam, konnte nach mehrtägigen Konsultationen mit den Mitgliedern des Politbüros und der Zentralen Parteiführung relativ leicht erreichen, dass der Parteichef, der auch für seine Anhänger unbequem geworden war, auf der – sorgfältig vorbereiteten – Sitzung der Zentralen Führung am 18. Juli 1956 von seiner Funktion als Erster Sekretär entbunden und zudem aus dem Politbüro ausgeschlossen wurde. Obwohl Chruschtschow eigentlich die ungarische Parteiführung verjüngen wollte, akzeptierte er schließlich doch den Vorschlag der ungarischen Parteiführer, Ernő Gerő zum Nachfolger Rákosis zu machen. Diese Entscheidung bereitete ihm auch deshalb keine Sorgen, weil die Sowjets Gerő immer als „ihren Mann" betrachtet hatten und ihm vertrauten. Diese personelle Veränderung an der Spitze der Partei erwies sich allerdings, wie sich schnell zeigen sollte, als schwerer Fehler.[24]

---

[21] Näheres siehe Rainer, Nagy Imre, Bd. 2, S. 184-202.

[22] Déry zitiert in András B. Hegedüs/ János M. Rainer (Hrsg.), A Petőfi Kör vitái hiteles jegyzőkönyvek alapján [Die Diskussionen des Petőfi-Kreises anhand der authentischen Protokolle], Bd. 4, Budapest 1991, S. 97.

[23] Vgl. Szuszlov jelentése az SZKP KB-nak, 1956. június 13 [Bericht von Suslow an das ZK der KPdSU, 13. Juni 1956], in: Hiányzó Lapok 1956 történetéből. Dokumentumok a volt SZKP KB levéltárából [Fehlende Blätter aus der Geschichte von 1956. Dokumente aus dem einstigen Archiv des ZK der KPdSU], Budapest 1993, S. 21-25.

[24] Näheres siehe Rainer, Nagy Imre, Bd. 2, S. 202-215; Hiányzó Lapok, S. 40-48; Újabb részletek Rákosi Mátyás lemondásáról (Dokumentumok) [Neue Einzelheiten zum Rücktritt von Mátyás Rákosi (Dokumente)], in: Társadalmi Szemle 51 (1996), H. 3, S. 76-94; Andropov és Gerő két beszélgetése [Zwei Gespräche zwischen Gerő und Antropow], in: Tekintet 6 (1994), H. 3/4, S. 212-128; Vjacseszlav Szereda/ János M. Rainer (Hrsg.), Döntés a Kremlben, 1956. A szovjet pártelnökség vitái Magya-

Auf der Sitzung erfolgten auch noch weitere Veränderungen in der Zusammensetzung der Parteiführung. So wurde János Kádár nicht nur zum Politbüro-Mitglied gewählt, sondern auch zum Zweiten Sekretär der Zentralen Führung. In das Politbüro gelangten zudem auch György Marosán und Sándor Rónai sowie József Révai, der sich mit Rákosi überworfen hatte. Im Politbüro und in der Zentralen Führung blieben aber auch so die Mitglieder der Rákosi-Gruppe in der Mehrheit. Die Parteiopposition wurde nur von einigen wenigen Politikern vertreten. Mihály Farkas, den der Rákosi-Zirkel bereits im April 1955 wegen „Verrats" und der Unterstützung von Imre Nagy aus dem Politbüro und dem Sekretariat ausgeschlossen hatte, wurde auf der Sitzung nicht nur aus der Zentralen Führung ausgeschlossen, sondern auch aus der Partei. Die Zusammensetzung der neuen Parteiführung änderte sich, da die Zentrale Führung bis zum 23. Oktober 1956 nicht mehr einberufen wurde, in den folgenden Wochen und Monaten nicht mehr. Aufgrund ihrer inneren politischen Zerrissenheit und wegen der persönlichen Differenzen war sie immer weniger in der Lage, die politische und gesellschaftliche Krise in den Griff zu bekommen.

Die Unzufriedenheit fast aller Schichten der Gesellschaft, das allgemeine Verlangen nach Reformen und Veränderungen sowie die Handlungsunfähigkeit und Lähmung der Parteispitze führten am 23. Oktober 1956 zum Ausbruch des bewaffneten Aufstandes und zur Revolution.[25]

---

rországról [Entscheidung im Kreml, 1956. Diskussionen des sowjetischen Parteipräsidiums über Ungarn], Budapest 1996, S. 19ff.

[25] Ausführlich zu den obigen Ausführungen siehe auch István Vida, Die Sowjetunion und die ungarischen Revolution im Herbst 1956, in: Jan Foitzik (Hrsg.), Entstalinisierungskrise in Ostmitteleuropa 1953-1956: Vom 17. Juni bis zum ungarischen Volksaufstand. Politische, militärische, soziale und nationale Dimensionen, Paderborn 2001, S. 79-113.

Rüdiger Kipke

Die Volkserhebung: Zur Chronologie der Ereignisse

Über den tatsächlichen Verlauf der ungarischen Volkserhebung im Herbst 1956 hat es jahrzehntelang viele Unklarheiten gegeben, manche Einzelheiten sind lange Zeit umstritten geblieben. Die politischen Verhältnisse versperrten der Wissenschaft den Zugang zu den Quellen. Von politischen Interessen geleitete Publikationen ersetzten nicht selten seriöse Information und Analyse. Nach dem politischen Umbruch von 1989/ 90, unter veränderten Arbeitsbedingungen, hat sich die Forschung bemüht, die Defizite auszuräumen. Heute verfügt sie weitgehend über gesicherte Erkenntnisse. Sie kann Auskunft darüber geben, was der unmittelbare Auslöser für die Erhebung war, was den sprichwörtlichen Funken überspringen ließ und welchen Verlauf die Ereignisse in den folgenden Wochen und Monaten nahmen.

Die Stunden vor der Volkserhebung

In einem direkten Zusammenhang mit der Volkserhebung standen die Demonstrationen vom Nachmittag und Abend des 23. Oktober 1956 in Budapest. Es lag an diesem Tag eine gewisse Spannung über der Stadt. Aber konkrete, spürbare Anzeichen dafür, dass gewaltsame Auseinandersetzungen zwischen Demonstranten und der Staatsmacht kurz bevorstanden, hat es nicht gegeben. In den letzten Wochen war Unzufriedenheit unter den Intellektuellen und bei der akademischen Jugend Ungarns zu verspüren gewesen. In Versammlungen und einigen Veröffentlichungen hatte es Kritik am politischen Kurs der regierenden kommunistischen Partei, der Partei der Ungarischen Werktätigen, MDP (Magyar Dolgozók Pártja), gegeben und waren Freiheitsrechte eingefordert worden. In Polen war die politische Krise evident, auch in der Tschechoslowakei kriselte es. Das alles schien der ungarischen Partei- und Staatsführung kein Anlass zu sonderlicher Beunruhigung; sie war erst am Vormittag des 23. Oktober von einer mehrtägigen Staatsvisite in Jugoslawien zurückgekehrt.

Am frühen Nachmittag dieses Tages zogen von Studenten organisierte Demonstrationszüge – der Innenminister hatte sie zunächst verboten, das Verbot dann wieder aufgehoben – zum Bem-Platz in Budapest, zum Denkmal des durch den ungarischen Freiheitskampf 1848/49 berühmt gewordenen polnischen Generals Józef Bem. Auf dem Wege dorthin schlossen sich noch zahlreiche Personen den Demonstranten an, so dass am Ende vielleicht 50.000 Menschen auf dem Platz versammelt waren. Eine politische Großkundgebung, die nicht unter der Regie der Kommunistischen Partei stand, war ein völlig neues Erlebnis.

Mit der Veranstaltung wollte man zum einen die Solidarität der Ungarn mit den polnischen Reformern[1] dokumentieren und diese damit als vorbildlich für das eigene Land darstellen. Ihr vorrangiger Anlass waren jedoch die politischen Forderungen, die am Abend zuvor auf einer Studentenversammlung in der Technischen Universität formuliert worden waren und nun in die Öffentlichkeit getragen werden sollten. Verlangt wurden eine neue Regierung mit Imre Nagy als Ministerpräsidenten und einige systemimmanente Reformen (etwa die Revidierung von Arbeitsnormen). Zum Katalog der Forderungen gehörten aber auch solche, die für die spätstalinistische Führung in Budapest eine offene Provokation darstellen mussten. Dazu zählten das Verlangen nach bürgerlichen Freiheiten, Pressefreiheit und freien Wahlen, nach Wiedereinführung der alten ungarischen Nationalfeiertage und Staatssymbole und nicht zuletzt nach Abzug der sowjetischen Truppen aus Ungarn.

Mit dem Namen Imre Nagy verbanden viele die Hoffnung, dass es wirklich zu politischen Veränderungen im Lande kommen würde. Er war schon einmal Ministerpräsident in der Zeit von Juli 1953 bis April 1955 gewesen und hatte sich in seiner Amtszeit für die Abschaffung der sicherheitspolizeilichen Willkür, die Öffnung der Internierungslager und andere innenpolitische „Liberalisierungen" sowie für den Anspruch auf Achtung der nationalen ungarischen Souveränität stark gemacht (vgl. den Beitrag von Vida in diesem Band). Im November 1955 hatte man ihn aus der MDP ausgeschlossen und erst wenige Tage zuvor, am 13. Oktober 1956 wieder in die Partei aufgenommen. Nagy sollte nun als eine Art „ungarischer Gomułka" erneut Regierungschef werden.

Am Abend dieses Tages demonstrierten dann an die 200.000 Menschen auf dem Platz vor dem Parlamentsgebäude in Budapest, und auch an anderen Stellen

---

[1] Im polnischen Poznań (Posen) war es im Juni 1956 zu Streiks wegen der schlechten Versorgungslage der Bevölkerung gekommen. Sie entwickelten sich zu einem politischen Konflikt, der von der Staatsmacht mit Waffengewalt erstickt wurde. Nun wurde im ganzen Land, getragen von breiten Bevölkerungsschichten, die Forderung nach grundlegenden politischen Reformen laut. In der kommunistischen Führung konnten sich die reformorientierten Kräfte durchsetzen. Der frühere Erste Parteisekretär der polnischen Kommunisten, Władysław Gomułka, nach seiner Entmachtung 1948 für einige Jahre in Haft gehalten, wurde am 20. Oktober 1956 erneut in dieses Amt gewählt. Die Sowjetunion musste die Entscheidung hinnehmen. Sein Name stand für mehr Selbständigkeit gegenüber der Politik der Sowjetunion und für einen „polnischen Weg zum Sozialismus". In einer programmatischen Rede am Tag seiner Wiederwahl hat Gomułka verschiedene Reformmaßnahmen angekündigt, dazu gehörten Modernisierungen im System der Planwirtschaft und Maßnahmen zur Entbürokratisierung, die Schaffung von materiellen Anreizen für die Arbeiter und die Erweiterung demokratischer Mitsprache.

30

der Stadt gab es zu dieser Stunde Demonstrationen. Vor dem Parlament riefen sie nach Imre Nagy. Zunächst aber war um 20 Uhr die Stimme des kommunistischen Parteichefs und bekennenden Altstalinisten Ernő Gerő über den Rundfunk zu hören. Er verurteilte die Demonstrationen, sprach u.a. davon, dass die demokratische Freiheit im Lande für Kundgebungen nationalistischen Charakters ausgenutzt werde, und machte deutlich, dass man den bisherigen politischen Weg ohne Einschränkung und unbeirrt fortzusetzen gedenke. Es war klar, dass er die Demonstranten und die große Masse der Bevölkerung damit nicht erreichen konnte.

Einige Zeit danach wandte sich dann endlich Imre Nagy von einem Balkon des Parlaments aus an die versammelte Menge. Doch was er sagte, war politisch inhaltslos und sollte offenkundig nur der Beruhigung der Lage dienen (vgl. Gosztony 1966: 146f.). Unter den Demonstrierenden machte sich Enttäuschung breit, auf ihre Forderungen war er nicht eingegangen. Wenig später kam es am Rande des Stadtwäldchens in Budapest zu einer symbolträchtigen Aktion. Demonstranten stürzten das mächtige Stalin-Denkmal nieder und schleiften die bronzene Statue über den Boden.

Das entscheidende Ereignis dieses Abends aber nahm bereits an anderer Stelle seinen Lauf. Seit dem späten Nachmittag hatten sich Demonstranten vor dem Gebäude des staatlichen Rundfunks in Budapest versammelt. Sie versuchten vergeblich, die Verbreitung der von den Studenten erhobenen Forderungen über den Sender durchzusetzen. Nachdem es schon zu physischer Gewalt zwischen den Demonstrierenden und der Staatsmacht gekommen war, wurden um 21 Uhr herum von Angehörigen des dem Innenminister unterstellten Staatssicherheitsdienstes ÁVH (Államvédelmi Hatóság) die ersten Schüsse auf die Menge vor dem Gebäude abgefeuert (vgl. Litván/ Bak 1994: 70).

Die Ungarn erheben sich

Der Waffeneinsatz der ÁVH-Leute war Ausgangspunkt des nun beginnenden Aufstands[2]. Zahlreiche Demonstranten griffen ihrerseits zu den Waffen, die sie etwa von sympathisierenden, eigentlich zur Verstärkung der Staatsgewalt an den

---

[2] In diesem Beitrag ist die Rede von (Volks-) Aufstand oder (Volks-) Erhebung in Zusammenhang mit den ungarischen Ereignissen in den Oktober- und November-Tagen des Jahres 1956. In zahlreichen Publikationen gerade ungarischer Autoren wird (auch) von Revolution (forradalom) und/ oder Freiheitskampf (szabadságharc) gesprochen. Die Regierung Nagy sah nur in ihren ersten Tagen die Vorgänge als Konterrevolution (ellenforradalom) an. Unter dem Kádár-Regime und ebenso in den realsozialistischen „Bruderländern" war und blieb das die offizielle Bezeichnung. Mit Fragen der „richtigen" Begrifflichkeit befassen sich Gaál, Litván und Gottas in Mack 1995 und Alföldy 1997: 77ff.

Ort des Geschehens beorderten Armeesoldaten bekamen oder sich aus den Beständen nahe liegender Depots beschafften. Nach stundenlangem Kampf um das Rundfunkgebäude wurde es schließlich von den zu Aufständischen gewordenen Demonstranten besetzt. Die Geschehnisse beruhten auf keiner Planung, sondern hatten sich ganz offenbar spontan entwickelt. Die Verlautbarungen des späteren Kádár-Regimes, es habe sich um den Beginn eines von westlich-imperialistischen Kreisen von langer Hand vorbereiteten Versuchs einer Konterrevolution gehandelt, gehören in das Reich der schlichten Propaganda.

Parteichef Gerő hatte sich seit dem Nachmittag des 23. Oktober angesichts der Entwicklungen auf den Budapester Straßen in mehreren Telefonaten an den sowjetischen Botschafter in Ungarn Jurij W. Andropow und direkt an die Moskauer Parteiführung mit der Bitte um militärische Hilfe zur Wiederherstellung von Ruhe und Ordnung gewandt. Erst am Abend, wohl beunruhigt durch die kritische Lagebeurteilung Andropows, war die sowjetische Führung bereit, dem Einsatz ihrer Truppen zuzustimmen. Die Bereitschaft wurde allerdings unter die Bedingung gestellt, dass die ungarische Regierung schriftlich um militärische Hilfe ersucht. Die Sowjets warteten den Eingang des entsprechenden Dokuments jedoch gar nicht erst ab, sondern setzten noch am selben Abend mehrere Verbände ihrer in Ungarn stationierten Soldaten in Richtung Budapest in Marsch. Die politische Führung seines Landes hat Gerő um diese Zeit über sein Vorgehen informiert (vgl. Vida 2001: 86f.).

Vor dem Hintergrund der dramatischen Vorgänge wurden in der Nacht auf den 24. Oktober von der zentralen Parteileitung der MDP wichtige Personalentscheidungen getroffen. Sie hat in ihren eigenen Reihen Veränderungen vorgenommen und damit die innerparteiliche Opposition gestärkt. Imre Nagy wurde in die engere Parteiführung aufgenommen und – ganz im Sinne der Demonstranten – das Amt des Ministerpräsidenten übertragen. Er löste den jungen András Hegedüs ab, ein Gefolgsmann der alten stalinistischen Garde (der später zum System-Kritiker wurde). Nagy hat seine Regierung in den folgenden Tagen mehrmals umgebildet, ab dem 27. Oktober gehörten ihr auch Politiker aus dem nichtkommunistischen Lager an. Ein wichtiger Vorgang war überdies die Neubesetzung der Parteispitze am 25. Oktober; Ernő Gerő wurde – nicht ohne sowjetischen Druck – als Erster Sekretär der MDP abgelöst und durch János Kádár, ein Täter und Opfer der stalinistischen Vergangenheit zugleich, ersetzt.

Nagy sollte als Ministerpräsident sogleich in heftige Konflikte verwickelt werden. Er weigerte sich, das schriftliche Hilfeersuchen an die Sowjetunion mit seiner Unterschrift zu versehen. Schließlich wurde es vom Vorgänger im Amt, von Hegedüs am 27. Oktober unterschrieben – rückdatiert auf den 24. Oktober[3] –, so dass es erst mit einiger Verspätung in Moskau ankam (vgl. Vida 2001: 87).

In den ersten Stunden des 24. Oktober bezogen die sowjetischen Truppen Stellung in der ungarischen Hauptstadt. Zu ihrer Ausrüstung gehörten Hunderte von Panzern und gepanzerten Fahrzeugen sowie eine große Zahl von Artilleriegeschützen. Offenbar gingen die Verantwortlichen davon aus, dass allein schon der Aufmarsch geballter militärischer Macht abschreckend wirken und die Ruhe auf den Straßen wieder herstellen würde (vgl. Horváth 2001: 122); die Erfahrung hatte man im Juni 1953 bei den Unruhen in Ost-Berlin gemacht. Tatsächlich aber formierten sich in Budapest rasch bewaffnete Gruppen, die sich den Interventionstruppen entgegen stellten. Mit ihrem schweren Gerät waren die sowjetischen Soldaten für den Kampfeinsatz in den Straßen einer europäischen Millionenstadt nicht gut gerüstet.

Gewissermaßen im Gefolge ihrer Soldaten kamen Anastas I. Mikojan und Michail A. Suslow, beide führende Mitglieder der Kommunistischen Partei der Sowjetunion (KPdSU), für eine Woche nach Budapest. Ihr vorrangiges Ziel musste es sein, die politische Krise in Ungarn im Sinne ihrer Partei zu lösen. Sie nahmen aktiv an der politischen Willensbildung der ungarischen Genossen teil und erstatteten der eigenen Partei Bericht über die Entwicklung.

Den Budapestern wurden am Morgen des 24. Oktober durch den Rundfunk drastische Maßnahmen verkündet. Die Regierung hatte ein Ausgangs- und Versammlungsverbot verhängt, das sie allerdings kurze Zeit später wieder aufhob. Danach wurde allen Aufständischen das Standrecht angedroht. Gegen Mittag erklärte Imre Nagy einschränkend, dass alle diejenigen, die bis 14 Uhr des 24. Oktober ihre Waffen abgeben – die Frist wurde noch mehrfach verlängert –, kein standgerichtliches Verfahren zu befürchten brauchten. Die ungarische Partei- und Staatsführung (samt der sowjetischen Spitzenpolitiker vor Ort) war offenkundig verunsichert. Ihr fehlte angesichts der Krise ein klares, von einer breiten Mehrheit ihrer Mitglieder getragenes Konzept oder zumindest ein entsprechender Handlungswille.

Zweifellos war das militärische Eingreifen der Sowjetunion ausschlaggebend dafür, dass der Konflikt zu einer gesamtnationalen Angelegenheit wurde und die Erhebung sich auf das ganze Land ausbreitete. In der Hauptstadt und in der Provinz begann an diesem Tag ein Generalstreik, der das öffentliche Leben stark beeinträchtigte.

Budapest war das Zentrum des Aufstands; hier entflammten in diesen Tagen heftige Kämpfe. Die bewaffneten Aufständischen waren an zahlreichen Stellen

---

[3] Hegedüs unterschrieb als „Präsident des Ministerrates der Volksrepublik Ungarn" (vgl. Vida 2001: 87). Das Amt hatte er am 24. Oktober nur noch in den ganz frühen Morgenstunden inne. Nagy hat nach seiner nächtlichen Wahl am Vormittag des 24. Oktober die Amtsgeschäfte aufgenommen.

der Stadt präsent, an manchen bildeten sie richtige Widerstandsnester. Insgesamt handelte es sich wohl um einige Tausend Kämpfer (vgl. Litván/ Bak 1994: 78). Viele von ihnen leisteten zähen Widerstand, auch wenn sie gar keine militärische Ausbildung hatten. Ihre Bewaffnung bestand im wesentlichen aus Handfeuerwaffen und selbstgefertigten „Molotow-Cocktails" (mit brennbarer Flüssigkeit gefüllte Flaschen).

Am Vormittag des 25. Oktober ereignete sich vor dem Parlamentsgebäude ein schwerwiegender Zwischenfall, der Hass und Verbitterung noch einmal steigern sollte. Dort hatte sich eine friedlich demonstrierende Menschenmenge versammelt, auf die plötzlich ÁVH-Angehörige von den umliegenden Häusern aus das Feuer eröffneten. Über Hundert Tote und Verletzte waren am Ende zu beklagen.

In den Städten und Gemeinden wurden die Funktionsträger des Regimes entmachtet, der Prozess verlief zügig und meistens unblutig. Zur Wahrnehmung der lokalen öffentlichen Aufgaben wurden Komitees (mit der Bezeichnung Nationalkomitee, Revolutionsrat o.ä.) gebildet, ihre Mitglieder sind entweder delegiert oder – in kleineren Gemeinden – direkt gewählt worden. Landesweit wurden in den Fabriken und Betrieben gewählte Arbeiterräte ins Leben gerufen, die Leitungsfunktionen übernahmen. Die Komitees und Arbeiterräte bekannten sich zu den Zielen der Volkserhebung. Sie blieben der Nagy-Regierung gegenüber einige Zeit zurückhaltend und misstrauisch (vgl. Litván/ Bak 1994: 83), die ihrerseits zunächst nur auf die Zurückdrängung der Konterrevolution und die Wiederherstellung der öffentlichen Ordnung bedacht war.

Die bewaffneten Einheiten des ungarischen Staatssicherheitsdienstes kamen in der Hauptstadt und im ganzen Land gegen die aufbegehrende Bevölkerung zum Einsatz; sie waren an zahlreichen Gewaltakten beteiligt. Auf diese Truppe hatte sich der Volkszorn in besonderer Weise gerichtet, waren die ÁVH-Mitarbeiter doch mit den Exzessen des stalinistischen Regimes eng verstrickt, und machten sie nun rücksichtslos von der Waffe Gebrauch. Außerdem wurden in diesen Oktober-Tagen Verbände der regulären Ungarischen Volksarmee für den Einsatz außerhalb von Budapest in Marsch gesetzt, wenngleich in geringerem Umfang. Ihre massive Einbeziehung in die Auseinandersetzung mit den eigenen Landsleuten mussten die politische und die militärische Führung scheuen, konnten sie doch nicht sicher sein, inwieweit die Soldaten mit den Aufständischen sympathisierten und den Befehlen überhaupt Folge leisten würden. Die Entwicklung sollte den Verantwortlichen in ihrer Skepsis Recht geben. Es gab zahlreiche ungarische Soldaten, die sich dem Aufstand anschlossen. Darüber hinaus solidarisierten sich auch Sowjetsoldaten vereinzelt mit den Aufständischen (vgl. Alföldy 1997: 25).

In Esztergom, Győr, Kecskemét, Miskolc und in anderen Orten wurde von ungarischen Sicherheitskräften auf Demonstranten geschossen, dabei gab es zahlreiche Opfer. Besonders schwerwiegende Folgen hatten die Schüsse in der Kleinstadt Mosonmagyaróvár im Nordwesten des Landes, die an die Hundert Tote und Verletzte forderten. Verschiedentlich wurde in diesen Tagen Rache an den uniformierten Tätern geübt, einige aus ihren Reihen hat eine aufgebrachte Menge gelyncht. Mitunter fielen auch Unbeteiligte einem rasenden Mob zum Opfer (vgl. den Beitrag von Standeisky zum Antisemitismus in diesem Band).

Die (vermeintliche) Wende

Der Widerstand in der Hauptstadt dauerte trotz des Einsatzes militärischer Mittel an, als es am 28. Oktober zu einer politischen Wende kam. In den Mittagsstunden verkündete die ungarische Regierung eine Waffenruhe für das ganze Land. Den Streitkräften wurde befohlen, nur noch zur Selbstverteidigung von der Waffe Gebrauch zu machen. Wenig später folgte eine Rundfunkansprache von Imre Nagy. Zu den wesentlichen Passagen der Rede gehörte, dass er die Ereignisse der letzten Tage nicht mehr als Konterrevolution bezeichnete, sondern von einer Volksbewegung sprach, deren Anliegen die nationale Unabhängigkeit sowie die Demokratisierung des gesellschaftlichen und politischen Lebens sei. Er versicherte, dass die Regierung den gerechten Forderungen des Volkes umgehend nachkommen wolle. Zur Gewährleistung der öffentlichen Sicherheit und Ordnung kündigte er die sofortige Bildung einer Nationalgarde als neue ungarische Sicherheitskräfte an, bestehend aus Einheiten der Armee, der Polizei und bewaffneten Aufständischen. Er versprach zudem die Auflösung der bisherigen Staatssicherheitsbehörde ÁVH. Schließlich teilte Nagy der Bevölkerung mit, dass die sowjetischen Truppen aus Budapest abziehen und mit der Sowjetunion Verhandlungen über den vollständigen Abzug ihrer Soldaten aus Ungarn aufgenommen würden (vgl. Gosztony 1966: 261ff.). Diese Erklärung hatte in der Nacht zuvor die mehrheitliche Zustimmung der ungarischen Partei- und Staatsführung gefunden und war auch mit der sowjetischen Seite abgesprochen.[4] Exponierte Vertreter des stalinistischen Parteiflügels, unter ihnen Ernő Gerő und András Hegedüs, verließen das Land in Richtung Sowjetunion.

Die Aufständischen, so schien es, hatten einen großen politischen Erfolg errungen. Die Regierung hatte in wichtigen Punkten eingelenkt. Die Kampfhandlungen wurden zwar nicht abrupt beendet, sie gingen aber deutlich zurück. Zu

---

[4] Nagy hatte schon am 25. Oktober in einer Rundfunkrede Verhandlungen über den Abzug der sowjetischen Truppen aus Ungarn in Aussicht gestellt – zu dem Zeitpunkt noch gegen den entschiedenen Widerspruch von Mikojan und Suslow (vgl. den Beitrag von Békés in diesem Band).

einer folgenschweren Auseinandersetzung kam es noch am 30. Oktober vor und in der Budapester Parteizentrale der MDP. Nach mehrstündigen Kämpfen mit Angehörigen der Wachmannschaft des Gebäudes wurden einige von ihnen, nachdem sie sich ergeben hatten, von Aufständischen bestialisch ermordet und die Leichen verstümmelt. Dieses Vorgehen musste auch in den eigenen Reihen auf scharfen Widerspruch stoßen. Das spätere Kádár-Regime hat diese Ereignisse propagandistisch auszuschlachten gewusst.

Nagy kündigte am selben Tag über den Rundfunk die Einführung eines Mehrparteiensystems und die Rückkehr zu einer Regierungsform an, die auf der Zusammenarbeit von Koalitionsparteien beruht (vgl. Gosztony 1966: 284). Es blieb offen, welche Vorstellungen von einer zukünftigen politischen Ordnung in Ungarn er damit verband. Jedenfalls hat der Ministerpräsident nicht von der Einführung einer parlamentarischen Demokratie mit freien Wahlen gesprochen. Zudem wurden nun die autonomen demokratischen Institutionen, die im Zuge der Volkserhebung entstanden waren, staatlicherseits anerkannt und um Unterstützung der Regierung gebeten. Als Zeichen des Wandels und der Erneuerung löste sich die bisherige Staatspartei, die MDP, auf. An ihre Stelle trat tags darauf, am 31. Oktober eine neu gegründete Partei, die Ungarische Sozialistische Arbeiterpartei, MSZMP (Magyar Szocialista Munkáspárt), in deren Führung neben Imre Nagy andere Vertreter des Reformflügels der alten Partei gewählt wurden.

In diesen Tagen öffneten sich die Gefängnistore für viele, die in Strafhaft saßen - es waren jedoch nicht nur politische Gefangene, denen die Freiheit gegeben wurde. Zu einer Art Triumphzug geriet die Rückkehr des freigelassenen Primas der Katholischen Kirche József Kardinal Mindszenty, eskortiert von einer ungarischen Armeeeinheit, am 31. Oktober nach Budapest. Er war im Februar 1949 wegen staatsfeindlicher Tätigkeit zu lebenslanger Haft verurteilt worden.

Alle gemachten Zugeständnisse und positiven Ankündigungen seitens der Regierung reichten aber offenbar nicht (mehr) aus, um die politische Lage wirklich zu befrieden. Immer lauter war in der Hauptstadt und im ganzen Land die Forderung nach sofortigem und vollständigem Abzug der Sowjettruppen sowie nach Austritt aus dem Warschauer Pakt und Neutralität Ungarns zu hören (vgl. Litván/ Bak 1994: 89f.).

Die zweite sowjetische Intervention

Bis zum Mittag des 31. Oktober war der angekündigte Abzug der sowjetischen Truppen aus Budapest abgeschlossen. Ihr Weg führte sie allerdings nicht weit; rund 20 Kilometer außerhalb der Stadtgrenze bezogen sie neue Bereitstellungsräume. Gleichzeitig wurden zusätzliche Sowjetsoldaten aus den grenznahen

Gebieten der Sowjetunion und aus Rumänien herangeführt. Der ungarischen Regierung konnten diese Entwicklungen natürlich nicht verborgen bleiben. Aber ihre Proteste und ihr Verlangen nach Erklärung waren erfolglos; die sowjetische Seite gab keine zufriedenstellende Antwort und lehnte Verhandlungen zur Klärung der Situation ab (vgl. Horváth 2001: 131). Nun trat Imre Nagy die „Flucht nach vorn" an. Er verkündete am 1. November den Austritt Ungarns aus dem Warschauer Pakt und die Neutralität des Landes. Es handelte sich um den verzweifelten, zum Scheitern verurteilten Versuch, den Konflikt zu internationalisieren, die Westmächte einzubeziehen und womöglich einen anerkannten Neutralitäts-Status nach der Art zu erlangen, wie ihn der Nachbar Österreich ein Jahr zuvor erhalten hatte.[5]

Der sowjetische Parteichef Nikita S. Chruschtschow und weitere hochrangige Vertreter der KPdSU hatten in den ersten Novembertagen mit den Verbündeten des Warschauer Vertrages sowie mit der kommunistischen Führung der Volksrepublik China und Jugoslawiens Gespräche geführt, um von diesen Rückendeckung für ein militärisches und politisches Eingreifen der Sowjetunion in Ungarn zu erhalten. Zumindest die polnischen Genossen hatten gewisse Vorbehalte formuliert, widersetzten sich aber nicht den Vorstellungen Moskaus. Jedenfalls konnte Chruschtschow am 3. November gegenüber dem Präsidium seiner Partei feststellen, dass die Mehrheit der sozialistischen Länder für ein schnelles und entschiedenes Vorgehen in Ungarn sei (vgl. Vida 2001: 107).

Die Würfel waren gefallen. Nur zur Tarnung ihrer wahren Absichten bot die sowjetische Seite noch Verhandlungen über den Abzug ihrer Truppen aus Ungarn an. Während eine ungarische Regierungsdelegation zu diesem Zweck im sowjetischen Hauptquartier in Tököl nahe Budapest weilte, wurden ihre Mitglieder, unter ihnen Verteidigungsminister Pál Maléter, am späten Abend des 3.

---

[5] Eine solche Strategie konnte nicht erfolgreich sein, hätte ihre Umsetzung doch eine Verletzung fundamentaler Interessen der Sowjetunion bedeutet.

Die Voraussetzungen für den österreichischen Staatsvertrag von 1955 waren andere. Allenfalls war die Sowjetunion zeitweise zu einer Art „Finnlandisierung" Ungarns im Rahmen bilateraler Vereinbarung bereit (vgl. Alföldy 1997: 28).

Die ganzen Ereignisse in Ungarn waren für die USA und ihre Verbündeten auch nicht Anlass, den status-quo in Europa in Frage zu stellen (wenngleich manche Rundfunksendung aus dem Westen den Ungarn anderes suggerierte). Jenseits aller Sympathiebekundungen für die ungarische Sache und der scharfen Kritik an der Sowjetunion wurde das in zahlreichen Erklärungen westlicher Politiker deutlich. So hat US-Außenminister John Foster Dulles in einer Rede am 27. Oktober 1956 klar gemacht, dass sein Land an einer Verschiebung der Machtverhältnisse im östlichen Mitteleuropa nicht interessiert sei (vgl. Horváth 2001: 131). Eine darauf gerichtete Politik des Westens hätte die Gefahr eines Weltkrieges heraufbeschworen. Ohnehin konzentrierte sich die Aufmerksamkeit des Westens in dieser Zeit vorrangig auf einen anderen Konfliktherd, auf den Nahen Osten: Israel hatte am 29. Oktober 1956 Ägypten angegriffen, und wenige Tage später waren britische und französische Truppen am Suez-Kanal gelandet. Erst nach amerikanischem und sowjetischem Druck traten die ausländischen Truppen den Rückzug an.

November verhaftet. In den frühen Morgenstunden des 4. November erhielten die sowjetischen Soldaten den Angriffsbefehl. Von verschiedenen Seiten kommend drangen sie in die Hauptstadt ein und begannen, das übrige Land zu besetzen. Imre Nagy und eine Reihe seiner Anhänger flüchteten an diesem Tag mit ihren Familienangehörigen in die jugoslawische Botschaft. Die Jugoslawen hatten ihnen Asyl angeboten, dabei war sich der kommunistische Partei- und Regierungschef in Belgrad, Josip Tito, mit den sowjetischen Spitzengenossen allerdings einig, dass Nagy entmachtet werden sollte.

Im Mittelpunkt der Kämpfe stand wiederum Budapest. Nach massivem Militäreinsatz der Sowjets waren die Aufständischen in der Hauptstadt am 7. November weitgehend ausgeschaltet. Im übrigen Land war die Situation nicht anders, nach wenigen Tagen hatten es die ausländischen Truppen unter ihre Kontrolle gebracht. Mit der Niederwerfung des Aufstands im Budapester Arbeiterviertel Csepel und in der sozialistischen Industriestadt, die ausgerechnet zu Ehren Stalins den Namen Sztálinváros (Stalinstadt) trug, das heutige Dunaújváros, war am 11. November der organisierte bewaffnete Widerstand beendet. Danach kam es nur noch zu vereinzelten Kampfhandlungen, die militärisch ohne nennenswerte Bedeutung waren.

An den November-Kämpfen haben in Budapest noch mehr Aufständische teilgenommen als zuvor, ihre Zahl wird auf 10 bis 15.000 geschätzt (vgl. Litván/ Bak 1994: 121). Die entsprechenden Zahlen aus dem übrigen Land sind kaum seriös zu schätzen. Die Ungarische Volksarmee hat in der Regel keinen Widerstand geleistet, es gab auch keinen entsprechenden Befehl ihrer militärischen Führung; angesichts der erdrückenden Übermacht der Angreifer wären die Soldaten chancenlos gewesen. Die Sowjetsoldaten haben ihre Verbündeten von gestern einfach entwaffnet. Wenige kleine Verbände setzten sich an einigen Stellen der Hauptstadt zur Wehr, und auch im Lande gab es nur vereinzelt Zusammenstöße zwischen der Volksarmee und Sowjettruppen. Lediglich in Sztálinváros hatte sich am 6. November eine ernstere Auseinandersetzung entwickelt, die sich bis in den Morgen des nächsten Tages hinziehen sollte, ehe die ungarischen Soldaten aufgeben mussten. Unterstützt wurden die Sowjettruppen wiederum von Einheiten des ungarischen Staatssicherheitsdienstes.

Die Kämpfe haben vor allem auf ungarischer Seite zu hohen Verlusten geführt – die Angaben über Opferzahlen sind in der Literatur recht unterschiedlich. Man kann heute davon ausgehen, dass zwischen dem 23. Oktober und 11. November 1956 bei Kampfhandlungen insgesamt um die 2.700 Ungarn getötet und viele Tausend verletzt worden sind. Bei den sowjetischen Truppen gab es bis zum 11. November rund 720 Tote und etwa 1.540 Verwundete (vgl. Litván/ Bak 1994: 123; Gosztony 1999: 501).

Moskau etabliert das Kádár-Regime

Die neuerliche militärische Intervention war nun auch mit einem klaren politischen Konzept verbunden. Die sowjetische Führung war entschlossen, in Ungarn eine neue Regierung zu etablieren, die ihren Vorstellungen entsprach. Über die Frage der Zusammensetzung des Kabinetts und des Regierungsprogramms sollte unter Mitwirkung einiger ungarischer Genossen, auf deren Loyalität man setzte, in Moskau entschieden werden.

Am Abend des 1. November begaben sich der Erste Sekretär der MSZMP János Kádár und Ferenc Münnich, beide seit kurzem Mitglied der Nagy-Regierung, in die sowjetische Botschaft in Budapest. Der Botschafter hatte zuvor zu beiden Kontakt aufgenommen und wissen lassen, dass sie vom Präsidium der sowjetischen KP in Moskau erwartet würden. Dort kamen sie am nächsten Tag mit dem Flugzeug an. Vier weitere ungarische Politiker von Rang begaben sich in den ersten beiden Novembertagen nach Tököl in die Obhut der sowjetischen Streitkräfte und warteten dort die Entwicklung der nächsten Tage ab.

Die entscheidenden Gespräche über die politische Zukunft Ungarns zwischen der sowjetischen Führung und der ungarischen Seite – neben Kádár und Münnich waren noch zwei Mitglieder der letzten ungarischen Regierung vor dem Machtantritt Nagys beteiligt – fanden am Abend des 3. November statt. Kádár erkannte in dieser Sitzung die Notwendigkeit einer weiteren sowjetischen Militärintervention in Ungarn an und sprach davon, dass eine zukünftige ungarische Regierung die Konterrevolution niederschlagen und die sozialistischen Errungenschaften verteidigen sowie die ungarisch-sowjetischen Beziehungen im Sinne der Freundschaft mit der Sowjetunion neu regeln müsse. Sein Verhalten war aber durchaus nicht (nur) kleinlaut und botmäßig. Er übte auch Kritik an der sowjetischen Politik der letzten Jahre gegenüber der ungarischen Bruderpartei, stellte sich teilweise vor Nagy, der in den Augen seiner Gesprächspartner zum Verräter geworden war, und verwies auf die verletzten Gefühle der Ungarn.

Kádár muss einen überzeugenden Eindruck hinterlassen haben. Jedenfalls benannte ihn die Runde als zukünftigen Ministerpräsidenten, die sich außerdem auf eine Reihe weiterer Regierungsmitglieder verständigte. Das Kabinett sollte dann später in Budapest noch vervollständigt werden. Das Programm für die neue Regierung stellte in der Wirtschaftspolitik Veränderungen in Aussicht, freilich auf der Basis der sozialistischen Ordnung sowjetischer Prägung. Auf sozialem Gebiet ist manches von der Programmatik der Regierung Nagy und von den Forderungen der Volkserhebung übernommen worden. Entscheidend aber waren die außen- und blockpolitischen Passagen. Darin wurden die Mitgliedschaft Ungarns im Warschauer Pakt und die prosowjetische Orientierung seiner Außenpolitik festgeschrieben. Zur Legitimation der neuerlichen gewaltsamen

Intervention wurde wieder ein Dokument von ungarischer Seite – nunmehr von Kádár – unterschrieben, in dem um sowjetische Militärhilfe zur Niederschlagung der Konterrevolution gebeten wird. Er hat sich später in der Heimat öffentlich zu seiner Verantwortung bezüglich des zweiten Hilfeersuchens bekannt (vgl. Vida 2001: 106ff.).

Am Nachmittag des 4. November landete der designierte Regierungschef mit seiner Mannschaft im ungarischen Szolnok. Zur Begleitung gehörten mit Georgij M. Malenkow, Michail A. Suslow und Awerkij B. Aristow drei führende Moskauer Genossen, denen die Funktion der unmittelbaren politischen Kontrolle zugedacht war. In der Provinzstadt wurde noch am gleichen Tag die Bildung einer Gegenregierung, der „Revolutionären Arbeiter- und Bauernregierung", bekannt gegeben. Am Morgen des 7. November begab sie sich in die rund 100 Kilometer entfernte Hauptstadt, ihre Mitglieder legten noch am selben Tag den Amtseid ab.

Die neue Regierung stieß in der Bevölkerung auf verbreitete Ablehnung und Verachtung. Es gab Protestbekundungen, Demonstrationen und auch politischen Widerstand überall im Land. Es fanden landesweit Streiks unter der Führung der Arbeiterräte statt. Budapest erlebte zum Gedenken an den Beginn der Volkserhebung am 23. November eine Schweigestunde, in der jedes öffentliche Leben zum Stillstand kam, und wenige Tage später einen eindrucksvollen Marsch Tausender schwarzgekleideter Frauen. Die Arbeiterräte konnten jetzt, nach der gewaltsamen Liquidierung der Volkserhebung, in der Auseinandersetzung mit dem neuen Regime eher an Bedeutung gewinnen. In ihrer politischen Haltung blieben sie standfest. Die Forderungen aus ihren Reihen – etwa nach Abzug der sowjetischen Truppen, Straffreiheit für die an den Kämpfen beteiligten Ungarn, Einbeziehung von Imre Nagy in die neue Regierung, aber auch nach Ausbau der Arbeiterselbstverwaltung – entsprachen ganz dem Geist der Volkserhebung.

Der erst am 12. November gegründete Zentrale Arbeiterrat von Budapest hatte in diesen Tagen eine herausragende Position. Er stellte schon eine Art Gegenmacht dar und wurde von der Kádár-Regierung auch zunächst als Verhandlungspartner anerkannt. Am 9. Dezember erfolgte dann das Verbot des Zentralen Arbeiterrates (und gleichzeitig der auf bezirklicher Ebene entstandenen Arbeiterräte), nachdem er zu einem zweitägigen Generalstreik aus Protest gegen die Ereignisse im nordungarischen Salgótarján aufgerufen hatten, wo zuvor weit über 100 Teilnehmer einer Demonstration von ungarischen Sicherheitskräften und sowjetischen Soldaten erschossen worden waren. Die Arbeiterräte auf Betriebsebene wurden im Januar 1957 aufgelöst. Die Komitees und andere Institutionen sowie Organisationen, die aus der Volkserhebung heraus entstanden waren, wurden ebenfalls zügig verboten.

Die Zeit arbeitete für das neue Regime. Es konnte, gestützt auf das sowjetische Militär, mehr und mehr die Kontrolle im ganzen Land übernehmen. Die Entwicklung veranlasste viele Ungarn zur Flucht nach Österreich oder Jugoslawien. In den ersten Wochen nach der militärischen Niederschlagung der Volkserhebung drohte den Flüchtenden kaum eine Gefahr. Die Grenzen zu diesen Ländern waren offen. Es gab faktisch keine Grenzkontrollen mehr, und die Minenfelder waren zuvor schon großflächig geräumt worden. An die 200.000 Menschen haben bis zum Jahresende 1956 auf diesem Weg ihr Heimatland verlassen. Ein Teil von ihnen kehrte bald darauf nach Ungarn zurück; ein Amnestie-Versprechen aus Budapest mag manchen zu diesem Schritt bewogen haben. Die meisten aber suchten eine neue Lebensperspektive im Westen.

Die neuen Machthaber üben Vergeltung

Die Gruppe um Imre Nagy blieb über zwei Wochen in der jugoslawischen Botschaft. Nagy verweigerte sich beharrlich der Aufforderung der neuen Machthaber, vom Amt des Ministerpräsidenten zurückzutreten und die Kádár-Regierung anzuerkennen. Er und seine politischen Gesinnungsgenossen bestanden vielmehr auf ihren Positionen: Abzug der sowjetischen Truppen aus Ungarn, Neutralität, Mehrparteiensystem etc. Am 22. November verließen sie die Botschaft. Ihnen war zuvor von Kádár schriftlich freies Geleit zugesichert worden. Entgegen der Zusicherung wurden sie jedoch sofort vom sowjetischen Geheimdienst in Gewahrsam genommen, am Tag darauf nach Rumänien ausgeflogen und nahe Bukarest gefangen gehalten.

Kaum auf ungarischem Boden gelandet hatte Kádár am 4. November versichert, dass die „sehr vielen ehrlichen Werktätigen" und die jungen Menschen, die an der Volkserhebung beteiligt waren, keiner Strafverfolgung ausgesetzt würden (vgl. Alföldy 1997: 118). Auch hier brach er sein Wort. In mehreren Wellen wurden umfangreiche Verhaftungen im ganzen Land vorgenommen. Auch viele von denen, die zunächst ins Ausland geflohen und im Vertrauen auf die zugesagte Amnestie zurückgekehrt waren, wurden inhaftiert. Der neuen Führung in Budapest und ihren sowjetischen Genossen war offenkundig doch an einer Politik der Vergeltung und Abschreckung gelegen.

Rund 26.000 Personen wurden wegen ihrer Teilnahme an der Volkserhebung ins Gefängnis gebracht, davon etwa 22.000 von den Gerichten zu teilweise drakonischen Strafen verurteilt. Ungefähr 13.000 „gemeingefährliche Personen" verschwanden ohne gerichtliches Verfahren in ungarischen Internierungslagern. Anfangs wurden auch ungarische Staatsbürger in die Sowjetunion verschleppt, ihr Aufenthalt dort war aber offenbar nur von kurzer Dauer. Rund 250 Menschen dürften hingerichtet worden sein, teils aus völlig nichtigen Gründen oder aufgrund erpresster Aussagen. Die genannten Zahlen sind notgedrungen vage – die Angaben in der Literatur variieren auch hier (vgl. Litván/ Bak 1994: 156ff.; Alföldy 1997: 39, 133f.). Zahlreiche Berichte über die Vernehmungen im Zuge der Ermittlungsverfahren und über die Situation in der Gefangenschaft zeugen von Willkür, Brutalität und Folter, der die Menschen vielfach ausgeliefert waren.

Die prominentesten Opfer der Strafjustiz waren Imre Nagy und seine engsten Mitstreiter. Das neue Regime in Budapest hatte sich im Einvernehmen mit der sowjetischen Führung entschlossen, die „Verräter" vor Gericht zu stellen. Im April 1957 wurden sie nach Budapest zurückgebracht. Die Durchführung des geheimen Prozesses ist auf Wunsch der Moskauer Genossen aus Gründen außenpolitischer Rücksichtnahme zweimal verschoben worden. Im Juni 1958 fand das Verfahren dann endlich statt. Imre Nagy hat sich als Opfer eines schweren Irrtums, eines Justizirrtums gesehen; folgerichtig sagte er in seinem Schlusswort zu den Richtern: „Kegyelmet nem kérek" – Ich bitte nicht um Gnade. Er, Pál Maléter und ein weiterer Angeklagter wurden (u.a.) wegen Verschwörung mit dem Ziel des gewaltsamen Umsturzes zum Tode verurteilt und gleich darauf am 16. Juni hingerichtet, die übrigen Angeklagten erhielten hohe Haftstrafen. Die physische Liquidierung politischer Gegner war ein klarer Rückfall in stalinistische Praktiken.

In den Jahren 1959 und 1960 hat man Teilamnestien durchgeführt, die vor allem Inhaftierten mit geringem Strafmaß die Freiheit brachten. Die Internierungslager wurden im Frühjahr 1960 aufgelöst. Allen diesen Maßnahmen lag in erster Linie der Wunsch Kádárs und seiner Genossen zugrunde, das internationale Ansehen der Volksrepublik aufzubessern; denn noch immer waren die Niederschlagung des Volksaufstands und die ihr folgende Entwicklung in Ungarn Gegenstand heftiger Kritik des Westens an der Sowjetunion und an den Machthabern in Budapest auf der internationalen Bühne.

In den folgenden Jahren fanden nur noch wenige Prozesse wegen konterrevolutionärer Straftaten statt. Im März 1963 wurde dann eine Generalamnestie für Strafgefangene erlassen, die diese Bezeichnung nicht ganz verdiente. Von ihr blieben diejenigen ausgenommen, die von den Gerichten wegen Mordes oder Landesverrats verurteilt oder als rückfällig eingestuft worden waren. Die Amnestie war das Ergebnis von Geheimverhandlungen zwischen den USA und Ungarn. Als „Gegenleistung" hatte die UNO bereits im Dezember 1962 auf amerikanischen Vorschlag beschlossen, die Ungarn-Frage dauerhaft von der Tagesordnung zu nehmen.

Literaturangaben:

Alföldy, Géza: Ungarn 1956. Aufstand, Revolution, Freiheitskampf, Heidelberg 1997.

Anderson, Andy: Die Ungarische Revolution 1956, Hamburg 1977.

Germuska, Pál/ Hegedűs, András B./ Lux, Zoltán (Hrsg.): 1956 enciklopédiája [Enzyklopädie von 1956] (CD-Rom), Budapest 1999.

Gosztony, Peter (Hrsg.): Der Ungarische Volksaufstand in Augenzeugenberichten, Düsseldorf 1966.

Gosztony, Peter: Die langfristigen Auswirkungen des ungarischen Volksaufstandes und aktuelle Reflexionen darüber, in: Heinemann, Winfried/ Wiggershaus, Norbert (Hrsg.), Das internationale Krisenjahr 1956. Polen, Ungarn, Suez, München 1999, S. 501-513.

Heller, Agnes/ Fehér, Ferenc: Ungarn '56. Geschichte einer antistalinistischen Revolution, Hamburg 1982.

Horváth, Miklós: Die Ungarische Volksarmee und die Revolution von 1956, in: Foitzig, Jan (Hrsg.), Entstalinisierungskrise in Ostmitteleuropa 1953-1956. Vom 17. Juni bis zum ungarischen Volksaufstand. Politische, militärische, soziale und nationale Dimensionen, Paderborn u.a. 2001, S. 113-137.

Litván, György/ Bak, János M. (Hrsg.): Die Ungarische Revolution 1956. Reform – Aufstand – Vergeltung, Wien 1994.

Lomax, Bill: Hungary 1956, London 1976.

Mack, Karlheinz (Hrsg.): Revolutionen in Ostmitteleuropa 1789 – 1989. Schwerpunkt Ungarn, Wien, München 1995.

Ripp, Zoltán: 1956. Forradalom és szabadságharc Magyarországon [1956. Revolution und Freiheitskampf in Ungarn], Budapest 2002.

Szakolczai, Attila: Az 1956-os forradalom és szabadságharc [Die Revolution und der Freiheitskampf von 1956], Budapest 2001.

Szakolczai, Attila/ Lux, Zoltán/ Germuska, Pál (Hrsg.): Az 1956-os forradalom története [Geschichte der Revolution von 1956], in: http://www.rev.hu/sulinet56/online/ naviga/index.htm

UN-Bericht über den ungarischen Volksaufstand, in: Ost-Probleme, 9. Jahrgang, Bad Godesberg 1957, S. 706-719.

Vida, István: Die Sowjetunion und die ungarischen Ereignisse im Herbst 1956, in: Foitzig, Jan (Hrsg.), Entstalinisierungskrise in Ostmitteleuropa 1953-1956. Vom 17. Juni bis zum ungarischen Volksaufstand. Politische, militärische, soziale und nationale Dimensionen, Paderborn u.a. 2001, S. 79-111.

Tibor Dömötörfi

Akteure des Aufstandes

Zur Soziologie der ungarischen Revolution und des Freiheitskampfes von 1956

„Wer waren sie, was wollten sie?" – So lautet der Titel eines Buches, das von einem ehemaligen Offizier der Staatssicherheit verfasst und in der Ära Kádár in hoher, mehrfacher Auflage herausgegeben wurde.[1] Diese Propagandaschrift diente, ähnlich den anderen, ebenfalls wenig „wissenschaftlichen" Publikationen, die in der Volksrepublik Ungarn zum Thema der „Konterrevolution" von 1956 erschienen, naturgemäß der politisch-ideologischen Legitimation des Regimes und hatte mit einer sozialwissenschaftlich fundierten Darstellung der Ereignisse im „ungarischen Herbst" wenig zu tun. Dieses Forschungsthema war im sozialistischen Ungarn streng tabuisiert.

Nach der demokratischen Wende nahm die bis dato nur im Westen betriebene – und selbstverständlich kaum auf Originalquellen basierende – Forschung zu 1956 bekanntlich einen explosionsartigen Aufschwung. Nach den bahnbrechenden – bereits Mitte der 1980er Jahre illegal durchgeführten – archivarischen Untersuchungen von János M. Rainer, die sich in erster Linie auf die objektive Feststellung des Ausmaßes der kommunistischen Vergeltung gegenüber der Bevölkerung nach der Niederschlagung der Revolution konzentrierten,[2] wäre eigentlich eine intensivere soziologisch orientierte Erforschung der Ereignisse des Jahres 1956 und der Zeit danach zu erwarten gewesen. Diese steht aber – bis zum heutigen Tage – weitgehend aus. Die politische Ereignisgeschichte sowie die ideengeschichtlichen und außenpolitischen Hintergründe der Revolution sind mittlerweile sehr gut erforscht. Auch Biographien bzw. die Lebensgeschichten(-erzählungen) vieler namhafter und „unbekannter" Teilnehmer dieser Epoche wurden publiziert bzw. gesammelt.[3] Relativ wenige Forscher haben sich bislang

---

[1] Ervin Hollós, Kik voltak, mit akartak? [Wer waren sie, was wollten sie?], Budapest 1967 (1. Auflage).

[2] Vgl. János M. Rainer (= Elek Fényes), Adatok az 1956-os forradalmat követő megtorláshoz [Daten zur Vergeltung nach der Revolution von 1956], in: János Balassa u.a. (Hrsg.), Halottaink, 1956 [Unsere Toten, 1956], Bd. 2, Budapest 1989, S. 19-54.

[3] Siehe in diesem Band Rüdiger Kipke/ Andreas Schmidt-Schweizer, Zum Stand der Forschung über den ungarischen Volksaufstand 1956. Kommentierte Bibliographie.

der (systematischen) soziologisch-soziographischen Aufarbeitung des Themas 1956 gewidmet. In diesem Zusammenhang sind vor allem die Namen Tibor Valuch[4], Gyula Kozák[5] und László Eörsi[6] zu erwähnen. Die gesellschaftsgeschichtlichen Fragestellungen sind allerdings auch für die spätere Entwicklung Ungarns von Bedeutung. Man denke nur an die Bevölkerungsverluste durch die massenhafte Auswanderung oder an die soziale Marginalisierung der potentiellen Gegenelite zum Kádár-Regime.[7]

Im Folgenden versuchen wir anhand der einschlägigen Ergebnisse der Forschung, das soziologische Profil der Aufständischen von 1956 aufzuzeigen. Einführend stellen wir kurz dar, wie die kommunistische Propaganda die aktiven Teilnehmer an der Revolution als „Konterrevolutionäre" kriminalisierte und diffamierte. Im Hauptteil resümieren wir, was man über die soziale Zusammensetzung der Aufständischen in den – mehr oder minder organisierten – revolutionären Gruppen und Institutionen in Erfahrung bringen kann. Dabei ziehen wir noch zwei größere Typen von Datenbasen heran, nämlich die Auswertungen der juristischen Vergeltungsmaßnahmen nach November 1956 (v.a. die Listen der politischen Angeklagten und Verurteilten), sowie die amtlichen Statistiken über die Toten und Verletzten während der Revolution und des Freiheitskampfes.

In unseren Ausführungen richten wir das Augenmerk auf die „revolutionären Massen", wir beschäftigen uns also weder mit den vorrevolutionären und späteren Formationen der reformkommunistischen Parteielite um Imre Nagy, noch mit den politischen Parteienbildungen während der 13 Tage der Revolution.

---

[4] Vgl. exemplarisch Tibor Valuch, A debreceni munkástanácsok ´1956-ban [Die Arbeiterräte in Debrecen 1956], in: János Bak u.a. (Hrsg.), Évkönyv (1956-os Intézet) [Jahrbuch (1956er Institut)], 1 (1992), Budapest 1992, S. 97-111; Ders., Adalékok Hajdú-Bihar megye forradalmi bizottmányainak történetéhez [Fakten zur Geschichte der revolutionären Komitees im Komitat Hajdú-Bihar], in: János Bak u.a. (Hrsg.), Évkönyv (1956-os Intézet) [Jahrbuch (1956er Institut)] 2 (1993), Budapest 1993, S. 175-194; Ders., „Ötvenhatosok" [Die „Sechsundfünfziger"], Debrecen 1996; Ders., Agrárkérdések és a magyar falu 1956-57-ben [Agrarfragen und das ungarische Dorf, 1956-1957], in: Zsuzsanna Kőrözsi u.a. (Hrsg.), Évkönyv (1956-os Intézet) [Jahrbuch (1956er Institut)] 8 (2000), Budapest 2000, S. 286-302.
[5] Gyula Kozák, Szent csőcselék [Heiliges Gesindel], in: Éva Standeisky/ János M. Rainer (Hrsg.), Évkönyv (1956-os Intézet) [Jahrbuch (1956er Institut)], 7 (1999), Budapest 1999, S. 255-281; Ders., Szervezetek az 1956-os forradalomban [Organisationen in der Revolution von 1956], in: Zsuzsanna Kőrözsi u.a. (Hrsg.), Évkönyv (1956-os Intézet) [Jahrbuch (1956er Institut)] 8 (2000), Budapest 2000, S. 219-237.
[6] Eörsi beschäftigt sich seit Längerem mit der Geschichte der bewaffneten Aufständischengruppen in Budapest (siehe László Eörsi, A Tűzoltó utcai fegyveres csoport a forradalomban [Die bewaffnete Gruppe in der Tűzoltó-Straße während der Revolution], Budapest 1993; Ders., Ferencváros, 1956. A kerület fegyveres csoportjai [Ferencváros], 1956. Die bewaffneten Gruppen des Bezirkes], Budapest 1997; Ders., Corvinisták, 1956. A VIII. kerület fegyveres csoportjai [Die „Corvinisten", 1956. Die bewaffneten Gruppen im 8. Bezirk], o.O. (Budapest) 2001; Ders., A Széna tériek, 1956 [Die Gruppe vom Széna-Platz, 1956], o.O. (Budapest) o.J. (2004).
[7] Vgl. Valuch, „Ötvenhatosok", S. 7.

45

Gewisse Einzelaspekte – z.B. die widersprüchlichen Entwicklungen innerhalb der ungarischen Streitkräfte – mussten wir aufgrund des Quellenmangels außer Acht lassen. Diese Gesichtspunkte erscheinen aber indirekt im allgemeinen Bild.

1. „Konterrevolutionäre"

Nach der Niederschlagung der Revolution mit sowjetischer Hilfe und nach einer gewissen Konsolidierung ihrer Macht traten die leitenden ungarischen Kommunisten unter der Führung von János Kádár vom 2. bis 5. Dezember 1956 zu einer Sitzung zusammen.[8] Das so genannte Provisorische Zentralkomitee der Ungarischen Sozialistischen Arbeiterpartei (MSZMP) nahm dort eine Stellungnahme über die Ereignisse vom Oktober/November 1956 an. Darin werden die Geschehnisse eindeutig als Konterrevolution identifiziert und vier Ursachen für diese Entwicklung genannt: 1) die „sektiererisch-dogmatische" Politik und die schwerwiegenden Fehler der „Clique" um den ehemaligen Parteiführer Mátyás Rákosi, 2) der Verrat der „revisionistischen" Gruppe um Imre Nagy, 3) die „inneren reaktionären Kräfte" und 4) die Rolle des „internationalen Imperialismus".[9] Unter dem für unser Thema relevanten dritten Punkt steht wörtlich folgendes zu lesen: „Bei der Vorbereitung und Entfesselung der Oktoberereignisse war die horthy-faschistische und die ungarische kapitalistisch-großgrundbesitzerische Konterrevolution ein grundlegender Faktor. Wesentliche dieser Kräfte agierten hierzulande illegal, ihre Hauptkräfte aber versammelten und organisierten sich in Westdeutschland. Das Ziel der ungarischen Konterrevolution war die Wiederherstellung des Systems der Kapitalisten und Großgrundbesitzer, die hierauf seit ihrer Niederlage im Jahre 1945 niemals verzichtet haben. Im Gegenteil: Sie haben sich hierauf seitdem permanent vorbereitet und bloß auf einen günstigen Anlass gewartet, um unser volksdemokratisches System anzugreifen und ihre konterrevolutionären Ziele zu verwirklichen."[10] Trotz des offensichtlichen Wahrheitsmangels der Thesen – die ehemaligen politisch-

---

[8] László Varga (Hrsg.), 1956. A forradalom kronológiája és bibliográfiája [1956. Chronologie und Bibliographie der Revolution], Budapest 1990, S. 81.

[9] János Molnár, Harc az 1956-os októberi ellenforradalom leveréséért és a szocialista konszolidációért Magyarországon (1956. július – 1957. június) [Kampf zur Niederschlagung der Konterrevolution vom Oktober 1956 und für die sozialistische Konsolidierung in Ungarn (Juli 1956 – Juni 1957], in: Rózsa Csonka/ István Móró (Hrsg.), A magyar és a nemzetközi munkásmozgalom története, 1945-1963. A marxizmus-leninizmus esti egyetemek tananyaga [Geschichte der ungarischen und internationalen Arbeiterbewegung, 1945-1963. Lehrmaterial der Abenduniversitäten für Marxismus-Leninismus], Budapest 1964/1965, S. 216.

[10] A Magyar Szocialista Munkáspárt határozatai és dokumentumai, 1956-1962 [Beschlüsse und Dokumente der Ungarischen Sozialistischen Arbeiterpartei, 1956-1962], Budapest 1964, S. 13-17, hier S. 15.

wirtschaftlichen Eliten der Zwischenkriegszeit waren nämlich nach der kommunistischen Machtübernahme 1948/49 in Ungarn existentiell vollständig vernichtet, zum Teil auch physisch eliminiert worden – blieb dieser Beschluss praktisch bis zum Ende der 1980er Jahre ein fester Bestandteil des Kádár'schen Legitimationskanons. Es kam damals lediglich – aufgrund innerparteilicher Streitigkeiten – zu gewissen Akzentverschiebungen in der Interpretation von 1956.[11]

Die offiziellen Buchpublikationen und Lehrmaterialien vermittelten in der Kádár-Ära ausnahmslos das Bild der restaurativen Konterrevolution, die ideologisch teils von den „revisionistischen" Verrätern der Partei, teils von ausländischen Agenten und Reaktionären geführt und durch bewaffnete Kriminelle und das Lumpengesindel durchgeführt wurde.[12] Die nicht zu leugnende Teilnahme von Zehntausenden an den revolutionären Aktionen wurde mit der These von der „vorläufigen Irreführung der Massen" erklärt.[13]

Die kommunistische Propaganda behauptete, dass während der Oktoberereignisse „die Anhänger der Volksmacht und des sozialistischen Systems in einer gewaltigen Überzahl gegenüber den Verrätern und den Konterrevolutionären waren".[14] Bereits der ZK-Beschluss vom 5. Dezember 1956 unterstrich, dass sich die Konterrevolution anfänglich gut „tarnte" und an den Oktoberaktionen viele „gutwillige" Menschen teilnahmen, die eine „Korrektur der Fehler" in der Politik wollten.[15] Bei den Demonstrationen am 23. Oktober 1956 seien noch viele Kommunisten mitmarschiert. Allerdings hätten die Revisionisten und die „organisierten bürgerlichen Rechtskräfte" in der Menge schnell die Führung an sich gerissen.[16] Die Thesen der „verräterischen Revisionisten" führten „Arbeiter, Bauern und besonders viele Jugendliche [...] in die Irre, so dass diese lange Zeit eine bedeutende Unterstützung für die Konterrevolution bedeuteten".[17]

---

[11] Vgl. János Molnár, A Magyar Szocialista Munkáspárt 1956-ról [Die Ungarische Sozialistische Arbeiterpartei über 1956], in: História 9 (1987), H. 2, S. 28-31.

[12] Über die „verbrecherische Tätigkeit" der Revolutionäre jeglicher Couleur berichten die berüchtigten propagandistischen „Weißbücher" der Kádár-Regierung, die kurz nach der Niederschlagung des Aufstandes publiziert wurden. Ellenforradalmi erők a magyar októberi eseményekben [Konterrevolutionäre Kräfte in den ungarischen Oktoberereignissen], 4 Bde., Budapest 1957.

[13] Zu den wichtigsten Publikationen, die diese Auffassung widerspiegeln, gehören: Hollós, Kik voltak; János Molnár, Ellenforradalom Magyarországon [Konterrevolution in Ungarn im Jahre 1956], Budapest 1967; János Berecz: Ellenforradalom tollal és fegyverrel [Konterrevolution mit Feder und Waffe], Budapest 1969; Ervin Hollós/ Lajtai Vera, Drámai napok. 1956. október 23 – november 4. [Dramatische Tage. 23. Oktober bis 4. November 1956], Budapest 1986; Sándor Geréb/ Pál Hajdú, Az ellenforradalom utóvédharca, 1956. november – 1957. március [Nachhutgefechte der Konterrevolution, November 1956 – März 1957], Budapest 1986.

[14] Molnár, Harc, S. 209.

[15] Ebenda, S. 216.

[16] Vgl. Sándor Balogh/ Sándor Jakab (Hrsg.), A magyar népi demokrácia története, 1944-1962 [Geschichte der ungarischen Volksdemokratie, 1944-1962], o.O. (Budapest) 1978, S. 277.

[17] Molnár, Harc, S. 205.

Die bekanntlich zahlenmäßig hohe und aktive Teilnahme der Jugend an der Revolution wirkte anscheinend besonders irritierend auf die kommunistische Führung. Selbst die sowjetischen Parteiführer Anastas Mikojan und Michail Suslow, die gleich nach dem Ausbruch des Aufstandes nach Budapest eilten, waren über die an der „Rebellion" beteiligten Jugendlichen, besonders über die Arbeiterjugend, überrascht.[18] Abgesehen davon, dass die Initiative zur Massendemonstration am 23. Oktober von Studenten ausgegangen war, nahmen die Jugendlichen in den bewaffneten Gruppen auf den Straßen von Budapest tatsächlich eine legendäre Rolle ein. Sie waren die berühmten „jungen Kerle von Pest" (*pesti srácok*). Zur „richtigen" Erklärung dieses Phänomens fiel den Kádár'schen Interpreten – neben der These von der Irreführung – einiges Abstruses ein: Mit Hilfe von „reaktionären Elementen des Klerus" und der in den Schulen und Bildungseinrichtungen tätigen „revisionistischen und anderen rechtsgerichteten Gruppen" wurden „mehrere Hunderte Schüler und Auszubildende" in die bewaffneten aufständischen Gruppen eingegliedert.[19] Nach einer anderen Version „erkannten" die Schüler, Studenten und die Arbeiterjugend allmählich die wahre Natur der Konterrevolution und verließen die kämpfenden Gruppen bis zum 30. Oktober.[20]

Als eigentliche Hauptakteure der Konterrevolution wurden „verschiedene bourgeoise und faschistische Gruppen" identifiziert.[21] Im Juni 1957 hielt die MSZMP ihre erste Parteikonferenz nach 1956 ab und befasste sich – in einem verschärften Ton – mit diesem Thema.[22] Gemäß der Stellungnahme der Partei waren „die Vertreter und Helfer der gestürzten Kapitalisten- und Großgrundbesitzerklasse die Anführer der heimischen konterrevolutionären Kräfte und die unmittelbaren Organisatoren und Lenker des bewaffneten Aufstandes. Eine wesentliche Rolle im Aufstand gegen die Volksdemokratie spielten die Vertreter der führenden Kreise der ehemaligen Horthysten,[23] Herzog Esterházy, Graf Takács-Tolvay etc., die klerikale Reaktion, an ihrer Spitze Kardinal Mindszenty[24], die Horthysten, die sich heimtückisch in die Organe der Volksdemokratie einschlichen [...], die rechtsgerichteten Sozialdemokraten und andere ehemalige

---

[18] György Litván, Moszkvai dokumentumok 1956-ból [Moskauer Dokumente aus dem Jahre 1956], in: História 15 (1993), H. 1, S. 25-28, hier: S. 27.

[19] Balogh/Jakab, Magyar népi demokrácia, S. 279.

[20] Molnár, Harc, S. 201; Ervin Hollós in: Kerekasztalbeszélgetés 1956-57-ről [Rundtischgespräch über 1956/57], in: História 4 (1982), H. 6, S. 14.

[21] Molnár, harc, S. 205.

[22] Varga, A forradalom kronológiája, S. 94.

[23] Gemeint ist das ungarische Staatsoberhaupt der Zwischenkriegszeit (1921-1944), Reichsverweser Miklós Horthy (1868-1957).

[24] József Kardinal Mindszenty (1892-1975) lebte zu dieser Zeit (seit dem 4. November 1956) im Asyl in der amerikanischen Botschaft in Budapest.

Rechtsparteien [...]".[25] Das wahre Ziel der „faschistischen, halbfaschistischen und anderen reaktionären Elemente" sei die „Restaurierung der kapitalistischen Ordnung" gewesen.[26]

Der Diskreditierung der Ideale der Revolution diente – neben der vulgärmarxistischen Klassenkampfargumentation – vor allem die kriminalisierende Darstellung der bewaffneten Aufständischengruppen. Bereits in den ersten Tagen des Aufstandes berichtete der damals noch regierungstreue staatliche Rundfunk Rádió Kossuth in Budapest über gefangen genommene Kämpfer, die über ihre Motivation und Ziele befragt wurden. In dieser Berichterstattung zeichnete sich ein Bild von orientierungslosen, kriminell veranlagten Jugendlichen ab.[27] Auch in späteren Darstellungen wurde betont, dass sowohl unter den Mitgliedern als auch unter den Anführern der Gruppen zwei gesellschaftliche Schichten vertreten waren: zum einen Personen mit rechtsgerichteten, rechtsradikalen Ansichten und einer entsprechenden Vergangenheit („Pfeilkreuzler", also einstige ungarische Faschisten, Mitglieder der vormaligen Rechtsparteien, ehemalige deklassierte Beamte, Offiziere, Gendarmen), zum anderen Lumpenelemente und Kriminelle.[28] Besonders gerne wurde in diesem Zusammenhang hervorgehoben, dass nach dem 25. Oktober – sowohl auf dem Lande als auch in der Hauptstadt – viele Gefängnisse geöffnet worden seien und sich viele befreite Häftlinge den bewaffneten Gruppen angeschlossen hätte.[29] Den bewaffneten Aufständischen wurden zahlreiche Diebstähle und Gewaltaktionen zur Last gelegt. Ihre berüchtigtste Aktion war die Eroberung der Budapester Parteizentrale am 30. Oktober 1956, bei der etwa 20 Angehörige des gehassten Staatssicherheitsdienstes Opfer von Lynchjustiz wurden.[30] Der grausame Fall wurde später von der Kádár'schen Propaganda als Beweis für die kriminelle Brutalität der Aufständischen im In- und Ausland ausführlich dargestellt, und zwar als das „wahre Gesicht der Konterrevolution".[31]

---

[25] A Magyar Szocialista Munkáspárt országos értekezletének határozata [Beschluss der Landeskonferenz der Ungarischen Sozialistischen Arbeiterpartei], in: Olvasókönyv a magyar és a nemzetközi munkásmozgalom történetének tanulmányozásához, 1945-1963 [Lesebuch zum Studium der Geschichte der ungarischen und internationalen Arbeiterbewegung, 1945-1963], Budapest 1964, S. 253-254.

[26] Balogh/Jakab, Magyar népi demokrácia, S. 279-280.

[27] Sendung des Kossuth Rádió Budapest am 24. Oktober 1956, zwischen 17.50 und 18.12 Uhr, in: János Gyurgyák (Hrsg.), A forradalom hangja. Magyarországi rádióadások, 1956. október 23 – november 9. [Stimme der Revolution. Hörfunksendungen aus Ungarn, 23. Oktober bis 9. November 1956], Budapest 1989, S. 44.

[28] Vgl. Hollós, Kerekasztal, S. 14.

[29] Molnár, Harc, S. 201, 205-206.

[30] Varga, A forradalom kronológiája, S. 59.

[31] Vgl. Hollós, Kik voltak, S. 94 ff; Hollós/Lajtai, Drámai napok, S. 159 ff.

2. Menschen in der Revolution und im Freiheitskampf

Die Zahl der an der Revolution tatsächlich Beteiligten lässt sich selbstverständlich nicht exakt ermitteln. Schätzungen zufolge nahm etwa ein Fünftel bis ein Viertel der über 15-jährigen Bevölkerung in irgendeiner Form an den Ereignissen der revolutionären Tage aktiv teil; dies bedeutet bei einer Einwohnerzahl von 7 Millionen (1956) etwa 1,4 bis 1,8 Millionen Personen.[32]

Die politische Beteiligung der Gesellschaft erfolgte auf zwei Ebenen: einerseits bei den öffentlichen Massendemonstrationen, die sich von friedlichen Aufmärschen bis zum bewaffneten Widerstand erstreckten, andererseits im Rahmen der politischen Organisationen, die in den Tagen der Revolution spontan entstanden. Hierbei handelte es sich in erster Linie um die nationalen bzw. revolutionären Komitees und die Arbeiterräte. Entsprechend vielfältig waren auch die politischen Aktivitäten der Bevölkerung. Die Skala reichte von der ein- oder mehrmaligen Teilnahme an Demonstrationen über die Mitgliedschaft in einer revolutionären Organisation bis zur Übernahme einer leitenden Position in diesen Gremien.[33]

Am Beispiel einiger sozialer Gruppen bzw. Institutionen lässt sich besonders gut veranschaulichen, wie unterschiedlich bestimmte Teile der Gesellschaft auf die Ereignisse vom Oktober reagierten. Zuerst beschäftigen wir uns mit ausgewählten Bevölkerungsgruppen, die sich politisch *eher passiv* verhielten.

Die Aktivität der Frauen war von Widersprüchlichkeit gekennzeichnet. Sie waren – wie die zahlreichen Fotodokumente belegen – in großer Zahl bei den friedlichen Aufmärschen anwesend.[34] An den bewaffneten Kämpfen nahmen dagegen nur sehr wenige Frauen teil und auch in den revolutionären Organisationen waren sie unterrepräsentiert.[35] Die hier zu Tage tretende Ambivalenz von emanzipierten bzw. von traditionellen, politisch passiven Verhaltensmustern lässt sich vermutlich durch die widersprüchliche soziale Stellung der Frauen zu dieser Zeit erklären. Das überkommene patriarchalische Familienmodell fing grundsätzlich zu bröckeln an, als Ende der 1940er/Anfang der 1950er Jahre Frauen – zur sozialistischen „Modernisierung" der Wirtschaft – planmäßig und in großer Zahl in der Industrie und im Dienstleistungssektor berufstätig wurden. (Im Jahre 1951 sollten nach dem staatlichen Beschäftigungsplan 220.000 neue

---

[32] Tibor Valuch, Magyarország társadalomtörténete a XX. század második felében [Sozialgeschichte Ungarns in der zweiten Hälfte des 20. Jahrhunderts], Budapest 2001, S. 249.

[33] Vgl. Valuch, Magyarország, ebenda.

[34] Nach der Niederschlagung der Revolution erweckte die „Demonstration der Frauen" in Budapest am 4. Dezember 1956 (ein Monat nach dem Einmarsch der sowjetischen Truppen), die gewaltsam aufgelöst wurde, auch große internationale Aufmerksamkeit. Nőtüntetés [Demonstration der Frauen], in: Lajos Izsák (Hrsg.), Krónika 1956 [Chronik 1956], o.O. (Budapest) 2006, S. 199.

[35] Vgl. Valuch, „Ötvenhatosok", S. 34.

Arbeitskräfte eingestellt werden, davon 120.000 Frauen.[36]) Die Berufstätigkeit der Frau ergab sich also aus sozioökonomischen Engpässen und hatte noch wenig mit modernen Emanzipationsprozessen und dem damit einsetzenden Werte- und Normenwandel zu tun. Das traditionelle Frauenbild – besonders in den Städten – war allerdings bereits durch die Mobilitätsprozesse erschüttert worden.[37]

Ein scheinbar brisantes Thema ist die Rolle der Kirchen während der revolutionären Ereignisse.[38] Entgegen der kommunistischen Propaganda lässt sich allgemein sagen, dass kirchliche Würdenträger selten – und meistens nur in kleineren Ortschaften – in diesen Tagen politisch aktiv waren.[39] Wenn man die katholische Kirche betrachtet,[40] war das Verhalten des Klerus – trotz der heftigen Kirchenverfolgungen unter dem kommunistischen Regime – eher passiv, besser gesagt mäßigend.[41] Bereits am 24. Oktober ließ der amtierende Vorsitzende der Katholischen Bischofskonferenz, Erzbischof József Grősz, im staatlichen Rundfunk eine Erklärung verlautbaren, in der er – angesichts der Kämpfe auf den Straßen Budapests – das Morden und die Zerstörungen verurteilte. Er rief die Gläubigen auf, sich an solchen „Umtrieben" nicht zu beteiligen.[42] Die Priester und Ordensleute leisteten in den unruhigen Tagen auch seelsorgerische und karitative Dienste. Oft versuchten sie, eine Eskalation von Gewalttätigkeiten zu unterbinden und versteckten – nicht wenige – verfolgte Mitglieder des kommunistischen Staatsapparates. Wir kennen nur wenige Kirchenmänner, die sich aktiv an revolutionären Handlungen beteiligten.[43] Es handelte sich dabei zumeist um Auftritte bei Demonstrationen, wo sie sich zugunsten der Freiheit des Volkes und

---

[36] Izsák, Krónika, S. 51.

[37] Vgl. Tibor Dömötörfi, Diktatur und soziale Anomie in Ungarn (Diss.), Augsburg 2002, S. 75f.

[38] Wir beschränken uns hier auf die Situation der christlichen Kirchen. Zu den Juden siehe: Viktor Karády, Szociológiai kísérlet a magyar zsidóság 1945 és 1956 közötti helyzetének elemzésére [Soziologischer Versuch einer Analyse der Lage des ungarischen Judentums zwischen 1945 und 1956], in: Zsidóság az 1945 utáni Magyarországon [Judentum in Ungarn nach 1945], Paris 1984; Viktor Karády/ István Vári, Félelem und részvétel: zsidók 1956-ban [Furcht und Beteiligung: Juden 1956], in: Világosság (1989), H. 6, S. 453-458.

[39] Vgl. Valuch, Magyarország, S. 273.

[40] Die politischen Aktivitäten von Kardinal Mindszenty, der am 30. Oktober 1956 aus dem Hausarrest befreit wurde, lassen wir hier außer Acht. Siehe hierzu Jenő Gergely, A katolikus egyház Magyarországon, 1944-1971 [Die katholische Kirche in Ungarn, 1944-1971], Budapest 1985, S. 146 ff.

[41] Hinsichtlich der Bedeutung der katholischen Kirche in Ungarn ist zu berücksichtigen, dass im Jahre 1949 70,5 Prozent der Bevölkerung katholisch war und trotz der aggressiven Kirchenpolitik des Staates das kirchliche Einflusspotenzial – besonders auf dem Lande – noch weitgehend intakt war (vgl. Miklós Tomka, Magyar katolicizmus 1991 [Ungarischer Katholizismus, 1991], Budapest 1991, S. 5ff.).

[42] Gyurgyák, A forradalom hangja, S. 49.

[43] Wie z.B. P. Iréneusz Galambos OSB, der Mitglied des Nationalrates von Transdanubien war, oder P. Vazul Végvári OFM, nach dem wegen der Anführung einer bewaffneten Gruppe auf der Budaer Burg gefahndet wurde (vgl. Konrád Szántó, Az 1956-os forradalom és a katolikus egyház [Die Revolution von 1956 und die Katholische Kirche], Miskolc o.J. (1993), S. 170 ff.).

für die freie Ausübung der Religion aussprachen (z.B. in Győr und Szombathely).[44]

Eine umstrittene Frage war lange Zeit auch das angebliche Auftreten bzw. die Rückkehrversuche von Aristokraten und von anderen führenden Persönlichkeiten der Zwischenkriegszeit während der Revolution.[45] Die angeblich „massenhafte" Rückkehr von Emigranten über die Westgrenze Ungarns wurde schon am 3. November 1956 vom österreichischen Botschafter in Budapest gegenüber Ministerpräsident Imre Nagy dementiert.[46] Die Mitglieder des ehemaligen Hochadels, die in Ungarn geblieben waren, wurden nach 1948/49 derartig deklassiert und verfolgt, dass sie sich wegen ihrer furchtbaren Erfahrungen – bis auf wenige Ausnahmen – von den Ereignissen fern hielten.[47] Die Forschung widerlegt heute kategorisch die gegenteiligen Behauptungen in den kommunistischen Propagandaschriften. Sie weist – paradoxerweise – darauf hin, dass ehemalige Aristokraten in den einigen Fällen gerade dort führende politische Aufgaben übernahmen, wohin sie die kommunistischen Machtinhaber „verbannt" hatten, nämlich in den Betrieben, wo sie – demokratisch – an die Spitze der Arbeiterräte gewählt wurden.[48]

Im Folgenden stellen wir die wichtigsten – mehr oder weniger institutionalisierten – Organisationen der Revolution vor und versuchen dann auf Grund der verfügbaren Informationen Rückschlüsse auf die Charakteristika der *aktiven sozialen Partizipation* in diesen Organisationen zu ziehen.

Wir merken hier an, dass der Aufstand von 1956 in Ungarn bis heute im Allgemeinen mit Budapest in Verbindung gebracht wird. Diese Meinung beruht auf der Tatsache, dass der Schwerpunkt der Ereignisse im politischen und auch militärischen Sinne tatsächlich in der Hauptstadt lag. Auch die Forschung entdeckte ziemlich spät, welche Bedeutung den Geschehnissen außerhalb Budapests, in den größeren und kleineren Städten und in den Dörfern, im Hinblick auf die revolutionäre Mobilisierung der Gesellschaft beigemessen werden muss.[49]

---

[44] Ebenda.
[45] Siehe: Anmerk. 10 und 25; vgl. Hollós, Kik voltak, S. 178 ff.
[46] Varga, A forradalom kronológiája, S. 66.
[47] János Gudenus/ László Szentirmay, Összetört címerek. A magyar arisztokrácia sorsa és az 1945 utáni megpróbáltatások [Zerschlagene Wappen. Das Schicksal der ungarischen Aristokratie und die Heimsuchungen nach 1945], Budapest 1989, S. 116 ff.
[48] Ebenda.
[49] Vgl. György Litván, Vidéki helyzetkép, 1956 [Lagebericht aus der Provinz, 1956], in: História 17 (1995), H. 7, S. 31-34.

2.1 Die bewaffneten Gruppen der Aufständischen

Die ersten bewaffneten Gruppen entstanden gleich nach dem Ausbruch der Revolution. Direkter Auslöser war die Waffenanwendung des Staatssicherheitsdienstes am Abend des 23. Oktober 1956, als vor dem Gebäude des staatlichen Rundfunks auf die friedlichen Demonstranten geschossen wurde. Die Demonstranten besorgten sich schnell Waffen – vom ausgerückten Militär, das die Seite wechselte, aus Polizeistationen und aus Waffenlagern. Es war auch allgemein bekannt, wie von Schusswaffen Gebrauch gemacht werden kann, denn die Gesellschaft war nach sowjetischem Muster stark militarisiert worden (Pflichtwehrübungen, lange Militärdienstzeit). Die Aufständischen schossen zurück und am Morgen des 24. Oktober eroberten sie das Gebäude des Rundfunks. Danach vergrößerte sich die Zahl der bewaffneten Aufständischen in Budapest schnell.[50] (Auf dem Lande blieb eine derartige Entwicklung aus. Der bewaffnete Widerstand spielte hier erst nach dem Einmarsch der sowjetischen Truppen in Budapest eine bedeutende Rolle. Besonders in Nord- und Südungarn kämpften kleinere Verbände auf Partisanenart bis zum 20. November 1956 gegen die sowjetischen Streitkräfte und ihre ungarischen Verbündeten.[51])

Die Zahl der bewaffneten Kämpfer betrug etwa 10.000 bis 15.000 Personen. Damit stellten sie, wie sich in den Kämpfen gegen die sowjetischen Truppen in der ersten Phase des Aufstandes deutlich zeigte, im großstädtischen Guerillakampf auch gegen reguläre Verbände eine bedeutende Kraft dar.[52] Die Gruppen waren nach militärischen Prinzipien organisiert, die Befehlshaber wurden allerdings basisdemokratisch gewählt (oder abgesetzt). Die Nagy-Regierung versuchte Ende Oktober, sie in die Struktur der regulären Ordnungskräfte einzubinden. Zu diesem Zwecke wurde eine so genannte Nationalgarde ins Leben gerufen, in deren Rahmen Polizeikräfte, Aufständische und unbewaffnete Zivilisten zusammenarbeiten sollten. Einheiten dieser „Bürgerwehr" wurden auch in über 1.600 Ortschaften des Landes aufgestellt. Die meisten bewaffneten Gruppen in Budapest operierten allerdings weiterhin selbständig.[53]

Diesen kämpfenden „Verbänden" schlossen sich von Anfang an Menschen aus verschiedenen sozialen Gruppen an, unter ihnen besonders viele Jugendliche. Diese Tatsache spiegelte sich auch in dem berühmten Leitartikel „Getreu der Wahrheit" der Parteizeitung „Szabad Nép" (Freies Volk) vom 28. Oktober wider. Darin wurde der Aufstand zudem als nationale und demokratische Revolution

---

[50] Vgl. Kozák, Szervezetek, S. 226 ff.
[51] Vgl. Izsák, Krónika, S. 184.
[52] Vgl. Attila Szakolczai, Az 1956-os forradalom és szabadságharc [Die Revolution und der Freiheitskampf von 1956], Budapest 2001, S. 43.
[53] Izsák, Krónika, S. 154-155; Szakolczai, Az 1956-os forradalom, S. 409-410.

anerkannt: „[…] Wir dürfen eines nicht aus dem Auge verlieren: Wir können die Arbeiter-, Bauern- und Intellektuellensöhne, die Studenten und die Arbeiterjugend, die die Mehrzahl der Aufständischen ausmachen, nicht als Feinde der Volksdemokratie betrachten".[54]

Über die soziale Zusammensetzung dieser Gruppen lässt sich allgemein sagen, dass sich unter ihren Mitgliedern auffallend viele Jugendliche befanden. Die meisten von ihnen waren zwischen 18 und 30 Jahre alt. Sie entstammten überwiegend armen Familien. Obwohl unter den Bewaffneten Vertreter aller gesellschaftlichen Gruppen zu finden waren, bildeten Arbeiter, besonders Hilfsarbeiter, die Mehrzahl. Ein Teil derjenigen, die sich den Gruppen angeschlossen hatten, lebten am Rande der Gesellschaft (stammten also aus den Reihen des „Lumpenproletariats"), einige waren tatsächlich verurteilte „Kriminelle".[55]

An diesem Punkt müssen wir allerdings bedenken, dass das kommunistische Regime durch die Ausweitung des Strafrechts auf die politische Ebene – eine übliche Verfahrensweise – wesentlich dazu beigetragen hatte, dass die Anzahl der „zivilrechtlich" Verurteilten gewaltig anstieg. Zwischen 1951 und 1953 wurden beispielsweise jährlich 128.000 Personen verurteilt, davon ein Drittel wegen „Gefährdung des Versorgungswesens" und „Preistreiberei"; also wegen Vergehen, die in Zeiten der Lebensmittelknappheit alltägliche „Verbrechen" waren. Die Kriminalisierung des alltäglichen Lebens schwächte sich nur unter der ersten Regierung von Imre Nagy nach 1953 ein wenig ab.[56] Viele Aufständische, die man als gewöhnliche Kriminelle abstempelte, waren also aus politischen Gründen verurteilt worden. (Es ist uns z.B. eine so genannte „Bergbauernbrigade" bekannt. Diese schloss sich nach der Befreiung aus einem Straflager in der Nähe von Budapest einer der größten bewaffneten Gruppe in Buda an. Viele ihrer Mitglieder waren zuvor wegen des Versuchs des „illegalen Grenzübertritts" verurteilt worden.)[57]

Dank der grundlegenden Forschungen von László Eörsi stehen uns soziologisch wertvolle Detailinformationen über die bedeutendsten aufständischen Gruppen aus Budapest zur Verfügung, die das soziologische Profil des „Budapester Aufständischen" weiter verfeinern.[58] Eörsi untersuchte u.a. die wichtigste Gruppe im Stadtteil Buda, die Gruppe vom Széna-Platz (II. Bezirk), und den mächtigsten Gruppenkomplex im Stadtteil Pest, die Gruppe „Corvin" (VIII. Bezirk). Die Gruppe am Széna-Platz umfasste mindestens 800 bis 900 Personen,

---

[54] Der Text wurde an diesem Tag mehrmals über den staatlichen Hörfunk verkündet (vgl. Gyurgyák, A forradalom hangja, S. 124f.).
[55] Izsák, Krónika, S. 118.
[56] Valuch, Magyarország, S. 363.
[57] Gábor Kresalek, Mit akartak a felkelők? [Was wollten die Aufständischen?], in: Világosság 32 (1991), H. 10, S. 734-738.
[58] Siehe: Anmerk. 5.

die Corvin-Gruppe und die ihr angeschlossenen „Verbände" über 5.000 Personen. Die meisten Aufständischen, etwa fünf Sechstel, kamen aus Arbeiter- oder Bauernfamilien. (Auffallend groß – über 10 Prozent – ist die Zahl derjenigen, die ohne eine eigene Familie groß geworden waren.) Neun von zehn Kämpfern waren Arbeiter oder einfache Angestellte. Um die 80 Prozent verfügten nur über einen Grundschulabschluss.[59]

Der Soziologe Gyula Kozák stellte auf Grund der verfügbaren Lebensläufe ein Typisierungsmuster „des Aufständischen" her, wobei er behauptet, das die meisten bewaffneten Freiheitskämpfer eine – im Sinne der Anomietheorie des amerikanischen Klassikers der Soziologie Robert K. Merton – anomische Persönlichkeit hatten.[60] (Mertons Anomiebegriff bezeichnet ein Auseinanderklaffen von gesellschaftlich-kulturell vorgegebenen Zielen und Werten einerseits und den sozial erlaubten Möglichkeiten, diese Ziele und Werte zu erreichen, andererseits.[61]) Vereinfacht ausgedrückt: Das Persönlichkeitsprofil dieser Menschen zeigt viele Anzeichen von Frustration, Unausgewogenheit, mangelnder Qualifikation, Perspektivlosigkeit und weiterer „Verzerrungen".[62]

2.2 Die nationalen und revolutionären Komitees

Nach dem 26. Oktober 1956 wurden landesweit auf Grund von basisdemokratischen Wahlen so genannte nationale oder revolutionäre Komitees gegründet, die die unmittelbaren Verwaltungsarbeiten in den Gemeinden übernahmen. (Am 28. Oktober wurde die Tätigkeit der lokalen Komitees durch die Nagy-Regierung offiziell legitimiert.[63]) Damit reagierten die Menschen auch außerhalb der Hauptstadt auf die revolutionären Entwicklungen in Budapest.[64] Die örtlichen Komitees bestanden in kleineren Ortschaften aus 10 bis 50 Personen, in größeren Ortschaften aus 50 bis 80 Personen. So gerechnet kommt man in ganz Ungarn auf 60.000 bis 80.000 Komiteemitglieder.[65] Bald wurden auch auf den höheren Verwaltungsebenen (Kreise, Bezirke bzw. Komitate) entsprechende Komitees ge-

---

[59] Eörsi, A Széna tériek, S. 9ff.; Eörsi, Corvinisták, S. 13f.

[60] Kozák, Szent csőcselék, S. 259 ff.

[61] Vgl. Robert K. Merton, Social Theory and Social Structure (1949), New York 1968.

[62] Kritisch gegenüber der Auffassung von Kozák: György Forintos, Modell és valóság [Modell und Wirklichkeit], in: Zsuzsanna Kőrösi u.a. (Hrsg.), Évkönyv (1956-os Intézet) [Jahrbuch (1956er Institut)] 8 (2000), Budapest 2000, S. 338-368.

[63] Szakolczai, Az 1956-os forradalom, S. 399.

[64] Kozák, Szervezetek, S. 233 ff; vgl. János M. Rainer, Budapest és vidék 1956-ban [Budapest und die Provinz im Jahre 1956], in: A vidék forradalma [Revolution der Provinz], Debrecen 1992; Valuch, Adalékok, S. 175 ff.

[65] Valuch, Magyarország, S. 249.

gründet, die sich meistens Nationalräte nannten.[66] Neben den territorial organisierten Komitees entstanden – unter verschiedensten Bezeichnungen – in großer Zahl weitere autonome Gruppierungen, die sich auf der Grundlage des gesellschaftlichen Status oder des Berufsstandes ihrer Mitglieder konstituierten (Jugend-, Studenten-, Intellektuellen-, Schriftsteller-, Militärräte und -komitees etc.).[67]

Auf dem Lande wurden die nationalen Komitees mit den aktuellen Problemen und Forderungen der Genossenschafts- und Privatbauern konfrontiert.[68] Bei der dörflichen Bevölkerung standen – neben den allgemeinen, landesweiten politischen Zielsetzungen – die Wiedergutmachung der früheren bauerfeindlichen Maßnahmen und die Aufhebung der Beschränkungen hinsichtlich des selbständigen Wirtschaftens im Mittelpunkt. Diese Forderungen wurden zumeist bereits während der Revolution verwirklicht. Und diese Veränderungen wiederum blieben bis zur zweiten Welle der Kollektivierung (ab 1959) weitgehend bestehen.[69]

Tibor Valuch analysierte im Komitat Hajdú-Bihar (Ostungarn, 6.212 km², 523.000 Einwohner im Jahre 1960)[70] die soziologische Zusammensetzung der nationalen Räte.[71] Er konnte die entsprechenden Daten von 83 Ortschaften des Komitats auswerten. Unter diesen sind die Fakten über 73 Komiteevorsitzende für unsere Untersuchung von Bedeutung. Dies ist eine relativ kleine Untersuchungseinheit. Sie erlaubt jedoch einen exemplarischen Blick in die Auswahlkriterien der örtlichen revolutionären Gemeinschaften.

Die Vorsitzenden waren ohne Ausnahme Männer. Sie gehörten überwiegend zu den älteren Generationen; 54 Prozent von ihnen waren älter als 40 Jahre. Die Mehrheit war verheiratet und hatte 2 bis 3 Kinder. Das allgemeine Bildungsniveau war relativ hoch. Beinahe ein Drittel der Funktionsträger hatte einen Hochschulabschluss. Über die Hälfte der Untersuchten arbeitete als selbständige Bauern. Unter den Vorsitzenden waren nur wenige Vorbestrafte. Zusammenfassend lässt sich feststellen, dass auf der dörflichen Ebene im Jahre 1956 zwei Schichten eine maßgeblich Rolle spielten: die selbstständig wirtschaftenden,

---

[66] Vgl. Nemzeti Tanácsok programjai [Programme der Nationalräte], in: História 10 (1988), H. 6, S. 8-10.

[67] Vgl. Ifjúsági szervezetek programjai, céljai [Programme und Zielsetzungen der Jugendorganisationen], in: História 4 (1982), H. 1, S. 24-27; MEFESZ, MÉFB, MNB, MFIP, in: História 11 (1989), H. 1-2, S. 57-58; Nóra Némethné Dikán u.a. (Hrsg.), Nagy Imre és kora. 3. kötet: Vidéki diákmozgalmak 1956-ban [Imre Nagy und seine Zeit. Band 3: Studenten- und Schülerbewegungen in der Provinz im Jahre 1956], o.O. 2004.

[68] Vgl. Valuch, Agrárkérdések, S. 286 ff; siehe auch Bálint Magyar, 1956 és a magyar falu [1956 und das ungarische Dorf], in: Medvetánc (1988), H. 2-3.

[69] Valuch, Magyarország, S. 195.

[70] Új Magyar Lexikon [Neues Ungarisches Lexikon], Bd. 3, Budapest 1962, S. 170.

[71] Valuch, „Ötvenhatosok", S. 9 ff.

existentiell abgesicherten Bauern sowie die Vertreter der örtlichen Intelligenz, die ein relativ hohes Ansehen in der Bevölkerung genossen.[72]

2.3 Die Arbeiterräte

Seit den ersten Tagen der Revolution wurden – parallel zur Entstehung der nationalen Komitees – in den Betrieben und Fabriken vielerorts basisdemokratische Arbeiterräte gegründet. Bei der Zusammensetzung dieser Selbstverwaltungseinheiten der industriellen Arbeiter und später auch anderer Arbeitnehmer spielten vermutlich ähnliche Organisationen in Jugoslawien eine Vorbildrolle. Über diese wurde in der ungarischen Presse damals oft berichtet.[73] Die Forderungen der Aufständischen spiegelten markant die Veränderungswünsche der Arbeiter wider: die Herabsetzung der hohen Arbeitsnormen, die Kürzung der Arbeitszeiten, die Erhöhung der Löhne, die Verbesserung der Arbeitsbedingungen und sozialen Verhältnisse sowie – nicht zuletzt – die Bildung wahrer Interessenvertretungen.[74]

Beschleunigt wurde der Prozess der Gründung der Arbeiterräte, nachdem sich die kommunistische Partei und der sozialistische Gewerkschaftsbund am 26. Oktober offiziell für die allgemeine Schaffung von Arbeiterräten ausgesprochen hatten. Das KP-Präsidium „empfahl", in jeder Fabrik, jedem Betrieb und jedem Bergbauwerk Arbeiterräte durch alle Arbeiter und Angestellten des jeweiligen Betriebs wählen zu lassen. Abhängig von der Größe des Betriebes sollten die Räte 21 bis 71 Mitglieder umfassen. Darin sollten die Werktätigen aus jedem Arbeitsbereich proportional vertreten werden.[75]

Die Arbeiterräte übernahmen die Leitung der Betriebe. Sie übten gleichzeitig die Rechte des Arbeitgebers und der Interessenvertretungen aus und repräsentierten die politischen Interessen ihrer Mitglieder in den neu entstandenen politischen Organisationen. Die gebündelte Kraft der Arbeiterräte zeigte sich besonders nach dem 4. November 1956, als sie – als einzige funktionsfähig gebliebene revolutionäre Organisationsform – dem Kádár-Regime bis Dezember 1956 trotzten.[76]

Man kann natürlich nicht genau feststellen, wie viele Arbeiterräte im Oktober 1956 entstanden. Es kann aber davon ausgegangen werden, dass sie in irgendeiner Form und unter einem möglicherweise abweichenden Namen praktisch an jedem Arbeitsplatz zustande kamen. Die Arbeiterräte in den kleineren

---

[72] Ebenda, S. 34ff.
[73] Kozák, Szervezetek, S. 230.
[74] Vgl. Valuch, Magyarország, S. 223.
[75] Gyurgyák, A forradalom hangja, S. 86-87.
[76] Vgl. Szakolczai, Az 1956-os forradalom, S. 407 f.

Betrieben, Ämtern und Instituten bestanden in der Regel aus 10 bis 20 Personen, in den größeren Fabriken und Institutionen aus 30 bis 50. Landesweit wurden etwa 80.000 bis 100.000 Menschen in die Arbeiterräte gewählt.[77]

Bei der Auswahl der Arbeiterratsmitglieder spielten selbstverständlich die persönlichen Eigenschaften des jeweiligen Mitarbeiters eine entscheidende Rolle. In der „Arbeitsgemeinschaft" kannte man diejenigen, die in der Zeit vor der Revolution durch ihre fachlichen, menschlichen und politischen Qualitäten das Vertrauen der Kollegen gewonnen hatten. Dadurch ist es verständlich, dass an vielen Arbeitsplätzen die bisherigen Direktoren, Abteilungsleiter und Vorarbeiter in die Räte gewählt wurden. Das gleiche galt auch für integre Parteimitgliedern.[78] Valuch untersuchte die soziologische Zusammensetzung der Arbeiterräte in der ostungarischen Großstadt Debrecen (1960: 129.000 Einwohner[79]). Die Gesamtzahl der Mitglieder der Arbeiterräte betrug dort etwa 450 bis 500 Personen. Davon waren 200 bis 250 Personen auch in politischer Hinsicht aktiv. Der kleinere Teil von ihnen nahm vor 1945, die Mehrzahl zwischen 1945 und 1956 eine Tätigkeit als Arbeiter auf. Überproportional hoch (15 bis 20 Prozent) war die Beteiligung der fachlich geschulten Intelligenz. Unter den führenden Persönlichkeiten der Arbeiterräte befanden sich sowohl Facharbeiter aus traditionellen Arbeiterfamilien, junge Hilfsarbeiter mit Abitur, Arbeiter mit sozialdemokratischem Hintergrund und Produktionsleiter mittleren Alters als auch junge Ingenieure.[80]

3. Die Verurteilten

Die Namenslisten der Personen, die sich wegen ihrer politischen und/oder bewaffneten Aktivitäten nach 1956 vor Gericht verantworten mussten, bilden für die sozialgeschichtliche Forschung unentbehrliche Quellen. Diese Dokumente geben natürlich in erster Linie Aufschluss über die Funktionsweise des Vergeltungsapparates. Im Falle von 1956 wissen wir, dass die Vergeltungsmaßnahmen nach dem Prinzip der „systematischen Willkür"[81] durchgeführt wurden, d.h. dass manchmal wichtige politische Akteure unbeschadet blieben und gleichzeitig unbeteiligte Bürger verurteilt wurden.

Die Vergeltung des Kádár-Regimes war brutal: Es wurden über 200 Menschen hingerichtet, ca. 20.000 Menschen wurden zu Haftstrafen verurteilt und

---

[77] Valuch, Magyarország, S. 249.
[78] Kozák, Szervezetk, S. 229 ff.
[79] Új Magyar Lexikon, Bd. 2, S. 26.
[80] Valuch, A debreceni munkástanácsok, S. 109 f.
[81] Valuch, Magyarország, S. 250.

ebenso viele ließ man zwischen 1957 und 1959 in Lagern internieren. Zahlreiche Arbeitnehmer verloren ihren Arbeitsplatz. Ihre Zahl lässt sich – auch ohne genauere Quellenangaben – mit mehreren zehntausend Personen veranschlagen.[82]

In der Forschung spricht man von drei gesellschaftlichen „Zielgruppen", die von der Kádár'schen Repression besonders betroffen waren. Die erste Gruppe bildeten die jungen städtischen Arbeiter oder Auszubildenden im Alter von 18 bis 25 Jahren, die aktiv an den bewaffneten Kämpfen teilgenommen hatten und zu den härtesten Strafen verurteilt wurden. Die zweite, zahlenmäßig größte Gruppe bestand aus den Mitgliedern und Leitern der nationalen bzw. revolutionären Komitees und der Arbeiterräte. Die Mehrheit von ihnen bildeten Arbeiter, Produktionsleiter, Bauern und Intellektuelle (Lehrer, leitende Angestellte, etc.) im Alter von 28 bis 35 Jahren. Diese Gruppe bildete die politische Elite der Revolution. Und drittens ist die – kleinere – Gruppe der politisch linksgerichteten Intellektuellen (Schriftsteller, Künstler, Journalisten etc.) zu erwähnen, die besonders wegen ihrer Rolle vor und nach den Oktoberereignissen als „Verräter" der kommunistischen Partei verfolgt wurden.[83]

Die genaue Zahl der Angeklagten, Verurteilten und Hingerichteten ist bis heute umstritten. Die Dunkelziffer ist relativ hoch. Man muss nämlich bedenken, dass eine unbekannte Zahl von Aufständischen in den ersten Wochen der Niederschlagung des Freiheitskampfes durch sowjetisches Militär und seine ungarischen Komplizen standrechtlich erschossen oder in die Sowjetunion deportiert wurde.[84] Die gründlichsten Forschungen zum Thema werden am „Institut für die Geschichte der Ungarischen Revolution 1956" (1956er Institut) in Budapest durchgeführt. Nach dessen Angaben wurden zwischen dem 4. November 1956 und dem 1. April 1958 von ungarischen zivilen und Militärgerichten insgesamt 14.378 Personen wegen politischer „Verbrechen" in erster Instanz verurteilt.[85]

János M. Rainer untersuchte auf Grund der Personalakten von 760 Verurteilten die soziologischen Charakteristika dieser Gruppe. (Seine Quellen bezogen sich allerdings in erster Linie auf die Hauptstadt.)[86] Er stellte fest, dass sehr wenige Frauen betroffen waren (unter 10 Prozent).[87] Die Statistik der Verurteilten belegt, dass 1956 tatsächlich in erster Linie eine „Revolution der Jugend" war: Der Anteil der von den so genannten „Volksgerichten" im Eilverfahren verurteil-

---

[82] Valuch, Magyarország, S. 249f.

[83] György Litván (Hrsg.), Az 1956-os magyar forradalom. Reform – Felkelés – Szabadságharc – Megtorlás [Die ungarische Revolution von 1956. Reform – Aufstand – Freiheitskampf – Vergeltung], Budapest 1991, S. 130-133.

[84] Vgl. zur „Ordungsschaffung" der Sowjets: Izsák, Krónika, S. 165.

[85] Péter Kende (Hrsg.), 1956 kézikönyve. 3. kötet: Megtorlás és emlékezés [Handbuch 1956. Band 3: Vergeltung und Erinnerung], Budapest 1996, S. 306.

[86] Rainer, Adatok, S. 32 ff.

[87] Ebenda, S. 35.

ten Jugendlichen (unter 30 Jahre) betrug 59,5 Prozent, der später von „ordentlichen" Gerichten abgeurteilten Gleichaltrigen 43,6 Prozent.[88] Nach dem beruflichen Status waren die Arbeiter mit 59,1 Prozent (Volksgerichte) bzw. 54,4 Prozent (ordentliche Gerichte) deutlich überrepräsentiert. Ihnen folgten die Angestellten (11,8 bzw. 21,5 Prozent), Intellektuellen (11,1 bzw. 11,5 Prozent) sowie Schülern und Studenten (7,0 bzw. 7,0 Prozent).[89] Wenn man die wenigen Studien berücksichtigt, die sich mit der Soziologie der Opfer der kommunistischen Vergeltung auf dem Lande beschäftigen, zeichnet sich ein ähnliches Bild ab, natürlich mit dem Unterschied, dass der Anteil der in der Landwirtschaft beschäftigten Verurteilten signifikant höher war. Dieser betrug im ostungarischen Komitat Hajdú-Bihar 32,8 Prozent[90], im südungarischen Komitat Baranya 28,1 Prozent[91] und im westungarischen Komitat Zala 28,0 Prozent[92].

Nach den Forschungsergebnissen des 1956er Institutes wurden zwischen 1956 und 1961 insgesamt 229 Personen wegen Beteiligung an der Revolution auf Grund von rechtskräftigen Urteilen hingerichtet.[93] Von ihnen waren 223 Männer und 6 Frauen.[94] Im Jahre 1956 – also zur „Tatzeit" – waren 5 Personen über 55 Jahre alt (2,2 Prozent der Hingerichteten), 13 Personen 45 bis 55 Jahre alt (5,7 Prozent), 40 Personen 35 bis 44 Jahre alt (17,5 Prozent), 98 Personen 25 bis 34 Jahre alt (42,8 Prozent) und 73 Personen 15(!) bis 24 Jahre alt (31,8 Prozent).[95] Die Zusammensetzung der Exekutierten nach der sozialen Herkunft sah folgendermaßen aus: Bauernschaft 63 Personen (27,8 Prozent der Hingerichteten), Handwerk und Dienstleistung 36 Personen (15,9 Prozent), Arbeiterschaft 72 Personen (31,5 Prozent), Intelligenz 10 Personen (4,5 Prozent), Beamtentum und Selbständige 23 Personen (10,2 Prozent) und unbekannter Herkunft 23 Personen (10,2 Prozent).[96] 14,8 Prozent der zum Tode Verurteilten hatten keinen Schulabschluss, 34,5 Prozent einen Grundschulabschluss, 11,9 Prozent einen Beruf-

---

[88] Ebenda, S. 36.
[89] Ebenda, S. 36 f.
[90] Valuch, „Ötvenhatosok", S. 27.
[91] Péter Bán, Egy társadalomtörténeti közelítés Baranya megye '56-os forradalmi mozgalmaihoz [Sozialgeschichtliche Annäherung an die revolutionären Bewegungen von 1956 im Komitat Baranya], in: János Bak u.a. (Hrsg.), Évkönyv (1956-os Intézet) [Jahrbuch (1956er Institut)] 1 (1992), Budapest 1992, S. 77-91, hier: S. 91.
[92] Imre Kapiller, „Kik voltak?" – a megtorlás áldozatai Zalában [„Wer waren sie?" – die Opfer der Vergeltung in Zala], in: Ders. (Hrsg.), '56 vidéken [1956 in der Provinz], Zalaegerszeg 1992, S. 87-92, hier: S. 88.
[93] Attila Szakolczai, A forradalmat követő megtorlás során kivégzettekről [Über die Hingerichteten, die während der Vergeltung nach der Revolution gestorben sind], in: János Bak u.a. (Hrsg.), Évkönyv (1956-os Intézet) [Jahrbuch (1956er Institut)] 3 (1994), Budapest 1994, S. 237-256, hier S. 238; zur Namensliste der Hingerichteten siehe ebenda, S. 251-256.
[94] Kende, 1956 kézikönyve/3, S. 308.
[95] Ebenda.
[96] Ebenda, S. 309.

schulabschluss, 26,2 Prozent die mittlere Reife und 8,7 Prozent verfügten über einen Hochschulabschluss.[97]

4. Verletzte und Tote

Der Aufstand der Ungarn war bekanntlich ein blutiges Ereignis, die Kampfhandlungen und die verschiedenen bewaffneten Auseinandersetzungen forderten viele Todesopfer und Verletzte. Diese betraf natürlich nicht nur die kämpfenden Gruppen (und ihre ungarischen – und sowjetischen[98] – Gegner), sondern auch viele „unbeteiligte" Zivilisten, die eher zufällig Opfer wurden. Wenn man allerdings berücksichtigt, dass die Freiheitskämpfer im Allgemeinen von der Bevölkerung aktiv durch Verpflegung, Unterkunft oder erste medizinische Hilfe unterstützt wurden, scheint es nicht ganz willkürlich gewesen zu sein, wenn jemand im Bereich der Schusslinie getroffen wurde.[99] Oder denkt man daran, dass es im Falle eines Salvenfeuers, das das Leben friedlicher Demonstranten auslöschte, um Menschen ging, die für bestimmte allgemeine oder lokale Ziele der Revolution auf die Straßen gingen, so scheint es nicht uninteressant zu sein, das entsprechende Datenmaterial für unser Thema heranzuziehen.

Das Statistische Zentralamt Ungarns stellte im Mai 1957 eine kleine Broschüre über „Verletzungen und Todesfälle im Zusammenhang mit den Ereignissen vom 23. Oktober 1956 und danach" zusammen. Diese konnte aus ideologischen und politischen Gründen erst 1990 publiziert werden.[100] Auf Grund dieser Angaben wurden zwischen dem 23. Oktober und dem 31. Dezember 1956 landesweit 19.226 Personen bei Kampfhandlungen verletzt. Davon waren 86,2 Prozent Männer und 13,8 Prozent Frauen. Die altersmäßige Zusammensetzung der Verletzten war die folgende: unter 15 Jahre 5,1 Prozent, 15- bis 18-Jährige 17,4 Prozent, 19- bis 24-Jährige 26,4 Prozent, 25- bis 30-Jährige 20,7 Prozent, 31- bis 50-Jährige 22,6 Prozent und die über 50-Jährigen 7,8 Prozent.[101]

Nach den Statistiken starben im Zeitraum bis zum 16. Januar 1957 2.502 Menschen infolge der Kämpfe. Davon waren 1.945 Männer und 557 Frauen. 71,8 Prozent der Toten waren jünger als 40 Jahre.[102] 53,2 Prozent der Gefallenen

---

[97] Ebenda.
[98] Nach russischen Forschungsergebnissen starben 1956 in Ungarn 669 Angehörige der sowjetischen Streitkräfte, 1540 Soldaten wurden verletzt (vgl. Kende, 1956 kézikönyve 3., S. 306).
[99] Vgl. Szakolczai, Az 1956-os forradalom, S. 43.
[100] Az október 23-i és az azt követő eseményekkel kapcsolatos sérülések és halálozások [Die Verletzungen und Todesfälle im Zusammenhang mit den Ereignissen vom 23. Oktober 1956 und danach], in: Statisztikai Szemle 68 (1990), H. 10, S. 797-815.
[101] Ebenda, S. 799.
[102] Ebenda, S. 803.

waren Arbeiter, 14,4 Prozent Angehörige des Militärs oder der Polizei, 11,2 Prozent Angestellte oder Intellektuelle sowie 9,6 Prozent Schüler oder Studenten.[103]

Die bewaffneten Auseinandersetzungen waren in der Hauptstadt am heftigsten. Dies spiegelt sich darin wider, dass 85 Prozent der Verletzten und 77,7 Prozent der Toten in Budapest zu verzeichnen waren. Aus den Statistiken ist ebenfalls zu ersehen, in welchen Stadtteilen die Widerstandsgruppen besonders aktiv waren: 43,5 Prozent der Gefallenen starben im VIII., im IX. und im VII. Pester Bezirk.[104]

Außerhalb von Budapest gingen die meisten Todesopfer aus den sporadischen Nachhutgefechten der Revolution hervor oder fielen dem so genannten „präventiven" bzw. „vergeltenden" Salvenfeuer der ungarischen oder sowjetischen Ordnungskräfte zum Opfer.[105]

Zwischen dem 23. Oktober und dem 12. Dezember 1956 starben landesweit ca. 350 Menschen im Kugelhagel der besagten Salvenfeuer,[106] wobei die genauen Umstände, die Täter und die Verantwortlichen der Massaker bis heute oft nicht geklärt bzw. bekannt sind.[107] Diese gewaltsamen Vorfälle ereigneten sich in allen Gebieten Ungarns, in etwa 70 Ortschaften und mit unterschiedlicher Intensität.[108] Auf Grund von Krankenhausberichten und standesamtlichen Eintragungen stehen uns in einigen Fällen Informationen über die Opfer von Massakern zur Verfügung. Im Folgenden stellen wir die Auswertungen von zwei – besonderes Aufsehen erregenden – Vorfällen vor.

Am 26. Oktober 1956 kam es in der westungarischen Stadt Mosonmagyaróvár zu einer Massendemonstration. Unter der Führung von zahlreichen Studenten und Lehrern der hiesigen agrarwissenschaftlichen Hochschule skandierten sie revolutionäre Parolen und befreiten die Insassen des städtischen Gefängnisses. Dann marschierten sie zur Kaserne des ungarischen Grenzschutzes, wo sie unprovoziert massiv beschossen wurden.[109] Nach Dokumenten der Krankenhäuser von Mosonmagyaróvár und Győr wurden bei diesem Vorfall 141 Menschen verletzt, davon starben 55 Personen (unter ihnen befanden sich auch drei Offiziere, die nach der Erstürmung der Kaserne gelyncht wurden). Von den Verletzten

---

[103] Ebenda, S. 805.
[104] Ebenda, S. 807 ff.
[105] Vgl. Valuch, Magyarország, S. 37.
[106] Kende, 1956 kézikönyve 3., S. 304.
[107] Vgl. Frigyes Kahler (Hrsg.), Sortüzek 1956-1957 [Salvenfeuer, 1956-1957], 3. Bde., Lakitelek 1993-1996.
[108] Pál Fekete, Sortüzek Magyarországon, 1956 [Salvenfeuer in Ungarn, 1956], in: Honlevél 2 (2006), H. 2, S. 30-31. – Berüchtigt ist z.B. der Luftangriff gegen zivile Demonstranten in Tiszakécske und Kecskemét am 27. Oktober 1956 (siehe Varga, A forradalom kronológiája, S. 54).
[109] Varga, A forradalom kronológiája, S. 53.

und Toten waren 109 Männer (77,3 Prozent) und 32 Frauen (22,7 Prozent). Es befanden sich sehr viele Jugendliche unter den Opfern: 62 Personen (44,0 Prozent) waren jünger als 20 Jahre, 25 Personen (17,7 Prozent) waren zwischen 21 und 30 Jahre alt. Über den Berufsstand von über 40 Prozent wissen wir leider nichts. Hinsichtlich der übrigen lässt sich feststellen, dass sie größtenteils aus der Gruppe der Schüler und Studenten sowie der Arbeiter stammten.[110]

Nach der Niederschlagung der Revolution kam es noch vielerorts zu Protestdemonstrationen gegen die Vergeltungsmaßnahmen des Kádár-Regimes. Am 8. Dezember 1956 demonstrierte eine aufgebrachte Menge in der nordungarischen Stadt Salgótarján vor dem Hauptgebäude der Polizei und forderte die Freilassung von zwei zuvor verhafteten Leitern der Bezirksarbeiterräte. Die vor Ort postierten ungarischen und sowjetischen Streitkräfte eröffneten das Feuer auf die Menschen. Nach offiziellen Angaben gab es bei diesem „Zwischenfall" 39 Tote und 100 Verletzte.[111] Der spätere Bericht des Bezirkskrankenhauses spricht über 96 eingelieferte Verletzte. Davon waren 75 Männer (78,1 Prozent) und 21 Frauen (21,9 Prozent). Neben dem relativ hohen Frauenanteil ist hier auch der große Anteil an Jugendlichen auffällig: 41,7 Prozent der Verletzten waren jünger als 21 Jahre. Die Tatsache, dass Salgótarján eine typische Arbeiterstadt war, spiegelt sich darin wider, dass 77,1 Prozent der Angeschossenen Arbeiter oder Handwerker waren.[112]

Die angeführten Statistiken belegen – wenn auch nur exemplarisch –, wie stark die Ideen und Zielsetzungen der Revolution besonders die jungen, dynamischen Schichten der ungarischen Gesellschaft erfasst hatten.

5. Schlussbetrachtungen

An dieser Stelle können wir nicht erörtern, welchen – bis heute nachwirkenden – sozialen Verlust es für Ungarn bedeutete, dass von Ende Oktober 1956 bis Mitte 1957 etwa 200.000 Magyaren das Land Richtung Westen verließen. Aus verschiedenen in- und ausländischen Statistiken und Erhebungen ist allerdings bekannt, dass über die Hälfte der „Dissidenten" – wie man die Flüchtlinge im landestypischen Jargon nannte – jünger als 25 Jahre alt war, mehr als zwei Drittel von ihnen waren aktiv berufstätig. Unter ihnen befanden sich besonders viele junge Facharbeiter, aber auch zahlreiche Akademiker.[113]

---

[110] Eigene Berechnungen auf Basis der Dokumente in: Kahler, Sortüzek, Bd. 1, S. 61-74.

[111] Varga, A forradalom kronológiája, S. 83.

[112] Eigene Berechnungen auf Basis des Dokumentes in: Kahler, Sortüzek, Bd. 1., S. 105-108.

[113] Vgl. KSH-jelentés az 1956-os disszidálásról [Bericht des Statistischen Zentralamtes über die Dissidenten], in: Regio 2 (1991), H. 4, S. 174-211; zur demographischen Zusammensetzung der

98 Prozent der Ungarn aber blieben. In der Epoche nach der Revolution waren die Gefühle der Ohnmacht und der Resignation in der Gesellschaft vorherrschend. Diese schlugen mit der Zeit in Richtung Kompromissbereitschaft um.[114] Wie reagierten auf diese Veränderungen die aktivsten Teilnehmer der revolutionären Zeiten, die durch die systematische Vergeltung des Kádár-Regimes am meisten zu leiden hatten? Wir erinnern an dieser Stelle nochmals an die charakteristischsten Akteure des Aufstandes:[115] a) an die jungen Arbeiter um die 20 Jahre, die mit der Waffe für ihre Ideale kämpften, b) an die Arbeiter und Angestellten um die 30-40 Jahre, die in den Arbeiterräten oder in den revolutionären bzw. nationalen Räten die Werte der Basisdemokratie zu verwirklichen versuchten und c) an die Intellektuellen, die besonders in den Vor- und Nachgefechten der Revolution richtungweisend wirkten.

Das Schicksal und der weitere Lebenslauf der ehemaligen Revolutionäre gestalteten sich unterschiedlich.[116] Eine Gruppe von ihnen behielt die Kraft zu neuen Initiativen. Nachdem sie in ihre alten Arbeits- und Lebensbereiche zurückgekehrt waren, erwiesen sie sich unter den gegebenen politisch-gesellschaftlichen Umständen als flexibel und erzielten gewisse wirtschaftliche Erfolge im konsolidierten Kádárismus. Nach dem Systemwechsel wurden sie politisch wieder aktiv. Ein kleinerer Teil der ehemaligen „56er" konnte die Strapazen der Verfolgung und ihre spätere, politisch bedingte Marginalisierung nicht überwinden. Viele von ihnen wurden Opfer selbstzerstörerischer Verhaltensweisen. Die Mehrheit der ehemaligen Akteure von 1956 versuchte, sich möglichst schnell an die neuen politisch-gesellschaftlichen Verhältnisse anzupassen. Ähnlich der Mehrheit der Gesellschaft versuchten sie, durch vorsichtige, konforme Verhaltensweisen die kleinen Freiheiten des Kádárismus zu genießen.

Im Unterschied zu gewissen soziologischen Interpretationsversuchen[117] meinen wir nicht, dass der Aufstand von 1956 mit den Begriffen der Anomie (zumeist der sozialen Anomie) zutreffend charakterisiert werden kann. Wenn man sich von dem problematischen Anomiebegriff von Merton[118] ab- und dem

---

Ungarnflüchtlinge in Österreich siehe István Szépfalusi, Lássátok, halljátok egymást! Mai magyarok Ausztriában [Ihr sollt einander sehen und hören! Heutige Ungarn in Österreich], Budapest ²1992, S. 55ff.
[114] Zu den Widersprüchlichkeiten dieses Prozesses vgl. Péter Kende, Mi történt a magyar társadalommal 1956 után? [Was geschah mit der ungarischen Gesellschaft nach 1956?], in: János M. Rainer/ Éva Standeisky (Hrsg.), Évkönyv (1956-os Intézet) [Jahrbuch (1956er Institut)] 11 (2003), Budapest 2003, S. 9-17.
[115] Vgl. etwa Rainer, Adatok, S. 37 f.
[116] Vgl. zum folgenden: Valuch, „Ötvenhatosok", 43 ff.
[117] Siehe: Anmerk. 60 f.
[118] Vgl. Anmerk. 62

ursprünglichen Anomiebegriff von Durkheim[119] zuwendet, kann man feststellen, dass trotz der Traumatisierung durch die kommunistische Diktatur das normative Gefüge der ungarischen Gesellschaft und die Kräfte der gesellschaftlichen Solidarität im Jahre 1956 noch weitgehend intakt waren. Das war der Grund dafür, dass der Volksaufstand eine nationale Dimension erreichen konnte.

---

[119] Vgl. Emile Durkheim, Der Selbstmord [1897], Frankfurt a.M. 1990. – Nach Durkheim entsteht Anomie, wenn als Folge sozialer Krisen die bisher allgemein geltenden gesellschaftlichen Normen auf breiter Front ins Wanken geraten, die bestehenden Werte und Orientierungen an Gültigkeit verlieren und die Gruppenmoral weitgehend unterminiert wird (vgl. Dömötörfi, Diktatur und soziale Anomie, S. 10 ff).

Éva Standeisky

Ideen und Ideale der ungarischen Revolution

> *„Der Stalinismus hat den Menschen tiefe Verletzungen zugefügt, die öffentliche Meinung war gegenüber den reaktionären Verhältnissen der Vergangenheit verunsichert und wusste auch nicht, wie die Zukunft aussehen sollte. [...] Die in Bewegung gebrachten Massen wurden eher von einer Reihe verschwommener Bestrebungen genereller Art geleitet, als von irgendeiner konkreten Ideologie oder von einem klaren Gesellschaftsmodell."*[1]

Einführung

Über die Ideenwelt der Revolution von 1956 lebt bis heute die Vorstellung in der ungarischen Gesellschaft, dass die Mehrzahl der Menschen einen reformierten, den ungarischen Eigenarten entsprechenden Sozialismus wollte. Dieser wäre eine revidierte und perfektionierte Variante der mit dem Namen Imre Nagy verbundenen „neuen Phase" von 1953/1954 gewesen, die bis zum radikalen Systemwechsel der Jahre von 1945 bis 1947 zurückgegriffen hätte. 1956 wollten die Menschen die wesentlichen Errungenschaften der Gesellschaftsordnung, die sich nach dem Zweiten Weltkrieg herausgebildet hatte, nicht abschaffen: die Bodenreform, die Verstaatlichungen und das zwischen 1948 und 1950 entwickelte System der sozialen Einrichtungen und Bildungsinstitutionen. Auch die damaligen schriftlichen Quellen und Tondokumente scheinen dies zu bestätigen, also die Erklärungen der Politiker, die Forderungspunkte auf den Flugblättern, die Zeitungsartikel und Radioprogramme sowie die sich auf den Sozialismus beziehenden, zumeist nach der Revolution zu Papier gebrachten Ansichten der nach dem Herbst 1956 vor Gericht gestellten Politiker und Intellektuellen.

János M. Bak hat 1991 mit Recht darauf verwiesen, dass die Idee des demokratischen Sozialismus nach dem Zweiten Weltkrieg nicht nur in Ungarn, sondern auch in ganz Europa populär war. Als Beispiele führte er das Arbeitermitbestimmungsrecht, das in der Bundesrepublik Deutschland in den Großbetrieben eingeführt wurde, und die Verstaatlichungen in Großbritannien an.[2]

---

[1] Miklós Molnár, Egy vereség diadala. A forradalom története [Sieg in der Niederlage. Die Geschichte der Revolution], Budapest 1998, S. 108.
Diese Studie widme ich dem Andenken an Miklós Molnár.
[2] Vgl. János M. Bak, A forradalom eszméi és eszményei [Die Ideen und Ideale der Revolution], in: Ders. u.a. (Hrsg.), Az 1956-os magyar forradalom. Reform – Felkelés – Szabadságharc – Megtorlás,

„[Den] Teilnehmern der Revolution schwebte die »Vision« irgendeines Dritten Weges vor Augen. Dies bedeutete ein politisches System, das im Wesentlichen auf der repräsentativen Demokratie beruhen sollte (mit Formen der direkten, »sich selbst verwaltenden« Demokratie), sowie eine Staatswirtschaft, die auf breitem gemeinschaftlichem Eigentum basieren sollte. […] Es war so, als ob die Menschen gedacht hätten: Wenn Ungarn wieder unabhängig sein wird und nicht mehr – wie dies bislang geschah – die sowjetischen Muster kopieren muss, dann machen wir unseren eigenen, ungarischen Sozialismus" – schrieb zehn Jahre später János M. Rainer.[3]

Es besteht kein Zweifel daran, dass während der Revolution auch das Streben nach irgendeinem nationalen, ungarischen Sozialismus präsent war – aber, auch wenn ihm ein besonderes Gewicht zuzukommen schien, nicht nur nach diesem. 1956 fanden sich in großer Zahl auch Anhänger einer idealisierten bürgerlichen Demokratie westlichen Typus: Es traten liberale und sozialistische Ideen sowie ein christliche Traditionen betonender Konservativismus in Erscheinung. Diese waren – ähnlich den Vorstellungen über einen Dritten Weg – formbar und wurden in der Mehrzahl der Fälle in übertragender Weise sichtbar.

Imre Nagy sprach in seiner Radiorede am 31. Oktober 1956 von einem unabhängigen, freien und demokratischen Ungarn. Und es war in der Tat so, dass diese drei Losungen das Verlangen aller an der Revolution beteiligten Personen zum Ausdruck brachten.[4]

Die nationale Unabhängigkeit wurde allgemein angestrebt, über die Qualität von Freiheit und Demokratie waren die Meinungen allerdings bereits geteilt. Aus diesen voneinander abweichenden, nicht selten einander widersprechenden Ansichten lässt sich auf die ineinander verschwimmenden Konturen der revolutionären Ideen schließen.

Ich teile nicht die Meinung von Aurél Kolnai, wonach für 1956 „ideologische Armut" und der „Mangel an Doktrinen" kennzeichnend sind.[5] „Die ursprüngliche Richtung des Aufstands war – dieser Sachverhalt ergibt sich alleine schon daraus, dass es sich in erster Linie um eine ablehnende, negative Bewegung handelte – natürlich liberal-demokratisch, aber seine grundlegende, tiefere

---

[Die ungarische Revolution von 1956. Reform – Aufstand – Freiheitskampf – Vergeltung], Budapest 1991, S. 137–156, hier S. 154.

[3] János M. Rainer, Az eszmék útja, előzmények és események [Der Weg der Ideen, Vorgeschichte und Ereignisse], in: Béla K. Király/ Lee W. Congdon (Hrsg.), A magyar forradalom eszméi. Eltiprásuk és győzelmük (1956–1999) [Die Ideen der ungarischen Revolution. Ihre Niedertretung und ihr Sieg (1956-1999)], Budapest 2001, S. 21-45, hier S. 40.

[4] Darauf verweist János Bak (vgl. Bak, A forradalom eszméi és eszményei, S. 137).

[5] Vgl. Aurél Kolnai, Gondolatok a magyar felkelésről egy év távlatában [Gedanken über den ungarischen Aufstand aus der Distanz von einem Jahr], in: Ders.: Politikai emlékiratok [Politische Memoiren], Budapest 2005, S. 537-565, hier S. 537.

Ausrichtung entsprach dem nicht; denn er war weder konservativ noch monarchistisch, sondern antikommunistisch und antirussisch; all dies ging zwangsläufig mit einer »Westorientierung« einher. [...] Es gibt keine politische Konfession – sei sie republikanisch, monarchistisch oder irgendeiner sonstigen Art – und es gibt keine utopische Vision – ob sozialistisch, individualistisch oder korporatistisch –, die die ungarischen Revolutionäre inspiriert hätte" – schreibt Kolnai.[6]

Die Revolutionäre hatten Ideen und auch Utopien waren im Überfluss vorhanden. Die Revolution von 1956 wurde von vielerlei Ideen beherrscht, es ist allerdings schwierig, ihre Existenz spürbar werden zu lassen und sichtbar zu machen. Dieser Sachverhalt ist vor allem damit zu erklären, dass in den Jahrzehnten vor der Revolution kein Wettbewerb und kein gegenseitiges Messen dieser Ideen in der Öffentlichkeit möglich war. 1953/1954 bzw. seit Frühjahr 1956 verfügte nur der kommunistische Reformgeist über eine gewisse Öffentlichkeit, und zwischen dem 23. Oktober und 4. November 1956 war für die verschiedenen Anschauungen die Zeit zu kurz, um leicht erkennbare Spuren zu hinterlassen.

Ziel dieser Studie ist es gerade deshalb, die Vielfalt der revolutionären Ideen vorzustellen.

Einigende Ideale und Ansichten

Nationale Unabhängigkeit

Der Wunsch nach einem unabhängigen Nationalstaat ist eng mit dem Verlangen nach Neutralität, nach Blockfreiheit verbunden. Letztere war insbesondere wegen des 1955 anerkannten neuen Status von Österreich in Ungarn populär. Das Begehren nach einem unabhängigen Nationalstaat kann als das herausragende einigende Ideal der Revolution betrachtet werden.

In der Kommunistischen Internationale (Komintern), die unter dem Einfluss der sowjetischen Parteiführung stand, wurde seit Mitte der 1930er Jahre eine antifaschistische Reformtaktik ausgearbeitet, deren wesentliches Element die Pflege der Traditionen der nationalen Unabhängigkeit war. Diese Taktik diente im Wesentlichen dem Ziel, einen gemeinsamen Nenner zu finden, der einen gemeinsamen Kampf der Gegner des Faschismus gegen Hitler und seine Satelliten möglich machen sollte. Die Bourgeoise sowie die – in den Augen der Kommunisten opportunistische – Sozialdemokratie wurden so von Antagonisten zu Verbündeten, ergänzt durch alle Gruppen, auch Klerikale und Legitimisten, die

---

[6] Ebenda, S. 541f. Kolnai sieht im Verwerfen von Utopien ein Zeichen für Normalität.

gleichfalls zu den Feinden der „braunen Horde" zählten. Die Instrumentalisierung der Traditionen des ungarischen Freiheitskampfes erwies sich als geeignet, die Schaffung der Einheit zu ideologisieren.

Die zwei kommunistischen Ideologen, György Lukács und József Révai, konnten die ungarische Geschichte erfolgreich dem neuen kommunistischen Kurs anpassen: Die Bevölkerungsmehrheit identifizierte sich nämlich emotional nachhaltig mit den Traditionen der nationalen Unabhängigkeit, die durch die Gebiets- und Bevölkerungsverluste nach dem Ersten Weltkrieg – durch den Schock des Friedens von Trianon vom Juni 1920 – eine besondere Qualität erhalten hatten. Die ungarische kommunistische Führung verzeichnete besondere Erfolge bei der politischen Instrumentalisierung der Revolution und des Freiheitskampfes von 1848/1849. Sie drängte damit die orthodoxen Kräfte in ihren eigenen Reihen, die ein Zusammengehen mit den „Urfeinden" prinzipiell verwarfen, in den Hintergrund und machte den Teil der Bevölkerung, der für linke Veränderungen empfänglich war, glauben, die Kommunisten seien die wahren Verteidiger der nationalen Werte. Zudem ließ sie die Sowjetunion – entgegen der Propaganda der westlichen „Kriegshetzer" – als obersten Beschützer der ungarischen Unabhängigkeit erscheinen.

Der Nimbus der Revolution von 1848 blieb auch in den dunkelsten Jahren der Diktatur von Mátyás Rákosi bestehen, obwohl der Jahrestag ihres Ausbruchs, der 15. März, im Jahre 1951 offiziell von der Liste der staatlichen Feiertage gestrichen wurde. In den Jahren nach der – 1953 einsetzenden – Erschütterung der kommunistischen Diktatur, insbesondere in der zweiten Hälfte des Jahres 1956, wurde „1848" zur Berufungsgrundlage der kommunistischen Opposition und schlug beinahe wie ein Bumerang auf die Kommunisten zurück. Die Masse der Bevölkerung aktualisierte die Traditionen des nationalen Freiheitskampfes entsprechend ihren Sehnsüchten und dachte dabei an die Aufhebung der Abhängigkeit von der Sowjetunion. Zur Zeit der Revolution konnte sich dann das Verlangen nach Unabhängigkeit bereits als offene Sowjetfeindlichkeit offenbaren. Diese verband sich mit der – in Form von Antistalinismus und Antikommunismus auftretenden – Sehnsucht nach Freiheit und mit der Gegnerschaft zur Diktatur, nicht zuletzt auch mit Nationalismus.

Der Begriff „Nationalismus" war (auch) 1956 zweideutig. In pejorativem Sinne bedeutete er eine übertriebene Zuneigung und Verpflichtung gegenüber dem eigenen Volk, eine einseitige nationale Voreingenommenheit bzw. Abwertung anderer Völker. Seine positive Bewertung hat historische Wurzeln: In diesem Falle wurde Nationalismus mit dem Kampf zur Schaffung eines bürgerlichen Nationalstaats und mit dem Ringen um die nationale Unabhängigkeit gleichgesetzt. 1956 galten die Revolution und der Freiheitskampf von 1848/1849 gegen das Habsburger Reich als besonders ehrwürdige nationale Tradition. Über die ursprüngliche Bedeutung hinausgehend konnte man mit dem „Kult um 1848" auch Aversionen gegen das Sowjetimperium in Verbindung bringen, denn die Habsburger hatten Mitte des 19. Jahrhunderts den ungarischen Freiheitskampf mit russischer Hilfe niedergeschlagen. Hinter der Ablehnung der (internationalistischen) Kommune von 1919 bzw. der ungarischen Räterepublik unter Béla Kun und der Kommunismus- und Sowjetfeindlichkeit nach 1945 ist es ebenfalls nicht schwer, Nationalismus zu entdecken. In der Ära des Kommunismus tauften die Parteiführer den Nationalismus in „sozialistischen Patriotismus" um und versuchten diesen vom – ihrer Meinung nach für Ausbeutungssysteme typischen – „bourgeoisen Nationalismus" zu unterscheiden. Sie wollten nicht zur Kenntnis nehmen, dass die Sowjetunion seit den 1930er Jahren auch von einem (imperialen) Nationalismus gekennzeichnet war und dies die Satellitenstaaten – darunter auch Ungarn – in eine schwierige Lage brachte. Einerseits schenkten sie nämlich der Pflege der Traditionen der nationalen Unabhängigkeit besondere Aufmerksamkeit, andererseits beriefen sie sich als obersten Beschützer der nationalen Interessen auf die Sowjetunion, die die Unabhängigkeit ihrer Länder nach 1947 liquidiert hatte, also auf die Macht, von der sie selbst abhingen und an die sie auch ihre kommunistische Überzeugung banden.

Der nationale Kommunismus erlangte in Ungarn in den Jahren der Entstalinisierung – nach dem Tode Stalins im März 1953 – besonders große Popularität. Vom Blickwinkel seiner Anhänger aus gesehen kann die Demonstration vom 23. Oktober 1956 auch als Gipfel eines positiven „Reparaturprozesses" betrachtet werden, der während der ersten Ministerpräsidentschaft von Imre Nagy (1953 bis 1955) begonnen hatte und den Rákosi und die sowjetische Führung Anfang 1955 für anderthalb Jahre suspendiert hatten.

Die Revolution von 1956 schuf in der Tat eine günstige Gelegenheit, um unterdrückte nationale Gefühle zum Ausdruck zu bringen. Dazu trat noch das Verlangen nach Freiheitsrechten. Und dies wiederum verstärkte den sowieso existierenden Kult um „1848". „War nicht der unterdrückte Nationalismus einer der Hauptgründe für den Ausbruch der Revolution? Der Sozialismus, d.h. die staatliche Kontrolle der Wirtschaft, muss auf nationaler Grundlage erfolgen, weil es notwendig ist, dass sich die Massen dem Staat anschließen. Aber warum sollten sich die Massen dem Staat anschließen, wenn dieser nicht der ihre ist? Die Ideologie kann den Patriotismus nicht ersetzen" – schreibt Raymond Aron.[7] Im Jahre 1956 überdeckten die Traditionen von „1848" und historisierende Attitüden die gefährlichen Auswüchse des Nationalismus auf heilsame Weise. Verein-

---

[7] Raymond Aron, A sors értelme [Der Sinn des Schicksals], in: Béla K. Király/ Lee W. Congdon (Hrsg.), A magyar forradalom eszméi. Eltiprásuk és győzelmük. (1956–1999). [Die Ideen der ungarischen Revolution. Ihre Niedertretung und ihr Sieg (1956-1999)], Budapest 2001, S. 467–476, hier S. 468.

zelt traten aber dennoch irredentistische und chauvinistische Erscheinungen[8] sowie auch ein vom Nationalismus beeinflusster Antisemitismus hervor, der sich zumeist mit Antikommunismus verband.[9]

Diktaturfeindlichkeit und Wahrheitsstreben

Das wohl charakteristischste Spezifikum der Revolution von 1956 war die Gegnerschaft zur Diktatur, die Ablehnung und Brandmarkung der Diktatur Stalin'schen Typus und der damit verbundenen ideologischen Lügen. Der Grenzbereich, der die Diktatur von der Demokratie unterscheidet, ist in einem gewissen Sinne schmal, denn aus der Diktaturfeindlichkeit nach dem 23. Oktober, aus dem Auftreten gegen die allumfassende Herrschaft des Parteistaates und aus der Ablehnung des Totalitarismus – Hannah Arendt führte mit Blick auf 1956 den Begriff „antitotalitäre Revolution"[10] ein – konnte sowohl die Forderung nach einem demokratischen Sozialismus als auch nach einer bürgerlichen Demokratie hervorgehen.

Eng mit der Diktaturfeindlichkeit hing der Antikommunismus – in engerem Sinne der Antistalinismus – zusammen, der sich vor allem als Sowjetfeindlichkeit manifestierte.

In den Tagen der Revolution verstärkte sich insbesondere auch das Verlangen nach Gerechtigkeit, das gleichsam eine Antwort auf eines der wesentlichen Charakteristika der gestürzten Diktatur war, nämlich auf die falsche und lügenhafte Politik. Die Kommunisten versprachen seit Ende 1944, als sie Teil der Macht wurden, den vom Kapitalismus enttäuschten, mit ihren Lebensumständen unzufriedenen Massen soziale Gerechtigkeit und Wohlstand. Die Verwirklichung dieser Versprechen blieb allerdings aus. Die wirtschaftlichen und politischen Misserfolge berührten den Kern der voluntaristischen Ideologie nicht, Worte und Taten widersprachen sich. Um die Kluft zwischen Worten und Taten zu überwinden, versuchte man vor allem, die früheren Lügen zu entlarven. Die wünschenswerten moralischen Normen wurden mit politischen und allgemeinen

---

[8] Auf der konstituierenden Sitzung des Nationalausschusses in Somogytúr am 29. Oktober 1956 „erklärte V. K. L. zur Dämpfung der aufgebrachten Stimmung lauthals, dass er den irredentistischen Vers ,Botschaft aus Siebenbürgen' vortragen möchte, was die Masse mit großem Wohlgefallen und mit großer Genugtuung aufnahm". (László Szántó (Hrsg.), Az 1956-os forradalom Somogyban. Válogatott dokumentumok [Die Revolution von 1956 im Komitat Somogy. Ausgewählte Dokumente], Kaposvár 1995, S. 113).

[9] Zum Antisemitismus während der Revolution siehe die Studie der Verfasserin in diesem Band (Antisemitismus in Ungarn zur Zeit der Revolution).

[10] Hannah Arendt, A totalitarizmus gyökerei [deutscher Titel: Elemente und Ursprünge totalitärer Herrschaft], Budapest 1992, S. 602–640.

Idealen verknüpft. Dieser Prozess begann innerhalb der kommunistischen Partei Ungarns bereits in den Jahren nach dem Tode Stalins und wurde auch nach dem Ausbruch der Revolution nicht unterbrochen. Unter den kommunistischen Oppositionellen hofften viele auch nach dem 23. Oktober 1956 darauf, den Sozialismus unter kommunistischer Führung durch die Enthüllung der Lügen der stalinistischen Diktatur erneuern zu können. „Innerhalb von zehn Jahren wurde das Land unter unseren Füßen schrittweise geraubt. Wir dachten, wir seien in der Lage, den Sozialismus aufzubauen. Währenddessen wurden wir in Gefängnismauern aus Blut und Lügen gesperrt" – steht in einem Beitrag des kommunistischen Renegaten Tibor Déry zu lesen, der in der Ausgabe der Irodalmi Újság (Literarische Zeitschrift) vom 2. November 1956 erschien. In seinem Artikel ist der Unterschied von kommunistischer Überzeugung und verfälschten kommunistischen Idealen zu spüren.

„Das Radio war lange Jahre hindurch das Instrument der Lüge. Es hat Befehle ausgeführt. Es log Tag und Nacht, es log auf allen Wellen" – schrieb István Örkény, der sich als kommunistischer Schriftsteller dem Rákosi-System angedient hatte, sich aber zur Zeit des Tauwetters von 1953 als einer der Ersten gegen die Lügen der Diktatur gewandt hatte.[11]

Die Verurteilung der Lügen trat während der Revolution immer häufiger in Verbindung mit Antikommunismus auf. An die Stelle der Lügen des verhassten Parteistaats traten nun auch die Lügen, die die Sieger als Wahrheit ansahen: Alles, was in den Jahren der kommunistischen Diktatur geschah, ist schlecht; alles ist gerecht, was das „aufständische Volk" als gerecht betrachtet bzw. die spontan gewählten oder selbst bestimmten Führer für gerecht erachten.[12]

---

[11] Der Text, den ich aus den Akten des Prozesses gegen Tibor Déry und seine Weggefährten zitiert habe (Ungarisches Staatsarchiv, MOL, Signatur 63.d.22.k.), wurde für den Revolutionsausschuss des Freien Radio Kossuth (Szabad Kossuth Rádió) verfasst, schließlich aber nicht gesendet. Er lebte in den Jahrzehnten nach 1956 als Legende, die mündlich weitergegeben wurde, fort. Der ungarische Schriftsteller István Örkény autorisierte den handschriftlichen Entwurf bei seinem Verhör. Zum Nachleben der berühmt gewordenen Erklärung siehe István Örkény, Levelek egypercben. Levelek, emlékezések, interjúk a hagyatékból [Briefe in einer Minute. Briefe, Erinnerungen und Interviews], Budapest 1992.
[12] Ausführlich siehe Éva Standeisky, Hazugságok az 1956-os forradalomban [Lügen in der Revolution von 1956], in: Mozgó Világ 31 (2005), H. 3, S. 95–102.

Divergierende Ansichten

Demokratieinterpretationen

Das häufigste Verlangen während der Revolution war, dass es weder zu einer kommunistischen Diktatur, noch zu einer ausbeuterischen kapitalistischen Herrschaft kommen solle. Aus dieser doppelten Ablehnung folgte die Forderung nach einer Illusion, d.h. die Forderung nach einer Gesellschaftsordnung, die auf Gleichheit, Freiheit und Brüderlichkeit beruhen sollte, nach einer „wirklichen Demokratie".

Die Darstellung der Ideen und Ideale von 1956 wird dadurch erschwert, dass die zwei zusammengehörenden Begriffe „Kapitalismus" und „bürgerliche Demokratie" voneinander getrennt wurden. Das Wort „Kapitalismus" erinnerte die Mehrheit der Menschen an Unterdrückung und Ausbeutung, an die ihre Würde verletzende „herrschaftliche Welt" sowie an soziale und ökonomische Ungleichheit. „Kapitalismus" bekam hierdurch eine eindeutig negative Bedeutung, während mit dem Ausdruck „bürgerliche Demokratie" in erster Linie die Werte der angestrebten westlichen Welt – Wohlstand, Öffentlichkeit, politische und kulturelle Freiheit – assoziiert wurden.

Während der Revolution sehnte sich die Masse der Bevölkerung nach einem demokratischen Ungarn. „Demokratie" war ein Sammelbegriff, unter dem jeder verstehen konnte, was er wollte. Mit diesem Wort war ein anderer, gleichfalls in vielerlei Weise zu interpretierender Begriff verknüpft, nämlich „Sozialismus". Von dessen Bedeutungsvarianten lässt sich die folgende am besten mit 1956 in Verbindung bringen: „Sozialismus" bildet einen „Sammelbegriff für die Bestrebungen, die sich auf die Verbesserung der materiellen Verhältnisse der breiten Masse und der Unterschichten richten und sich auf unklaren prinzipiellen Fundamenten bewegen".[13] Die Mehrheit der Menschen befürwortete eine Demokratie westlichen Typus, hielt zugleich aber Ungleichheit und „Ausbeutung" für anstößig, als ob diese keine „Begleiter" der bürgerlichen Demokratie seien, und hätte gerne in einer gerechten, die materiellen und sozialen Unterschiede wesentlich nivellierenden politischen und wirtschaftlichen Ordnung gelebt. Nach dem Horthy-Regime sehnte sich auf den Versammlungen, in den publizierten Forderungen und Schriften niemand zurück. Dies bedeutet aber nicht zugleich auch, dass man die sozialistische Gesellschaftsordnung, die das Privateigentum liquidiert hatte, für wünschenswert hielt. Die erhalten gebliebenen – widersprüchlichen und von Unsicherheit zeugenden – Dokumente lassen vielmehr die Sehnsucht nach sozialer Gerechtigkeit und Sicherheit vermuten. Es wurden also keine

---

[13] Ferenc Bakos, Idegen szavak és kifejezések kéziszótára [Handwörterbuch fremder Wörter und Ausdrücke], Budapest 1995, S. 748.

politischen, sondern moralische Forderungen formuliert, die – nach der damaligen Auffassung der Menschen – in einem „guten" Kapitalismus ebenso zu verwirklichen waren, wie in einem „guten", „nationalen" Sozialismus.

Aus den neu erschlossenen und nicht selten widersprüchlichen Dokumenten und Erinnerungen lässt sich eindeutig die folgende Schlussfolgerung ziehen: In den Wochen nach dem 23. Oktober 1956 trat die Forderung nach einer auf Privateigentum, Marktwettbewerb und bürgerlichen Freiheitsrechten beruhenden Gesellschaft in Erscheinung. Dieses Verlangen vermischte sich – nicht einmal zufällig und scheinbar unlogisch – mit sozialistischen Wünschen. Die Akteure von 1956 beriefen sich nicht selten – als Synonym für Demokratie – auf den Sozialismus. Was sie aber forderten, nämlich Parlamentarismus, Öffentlichkeit, Lohnerhöhung, Vermögenssicherheit, unternehmerische Freiheit usw., war für bürgerliche Gesellschaften charakteristisch.

Den Zustand der Widersprüchlichkeit und Unabgeschlossenheit während der Revolution spiegeln vielleicht die Worte eines Studenten besonders gut wider, der nach der Revolution in die USA emigrierte: „Wir waren völlig vom Westen isoliert und konnten außer dem Marxismus keine andere Wirtschaftslehre kennen lernen. Wir müssen erst viel von der Welt sehen und können erst dann entschieden sagen, welches Wirtschaftssystem wir uns vorstellen. Ich kann nicht sagen, dass das der Kommunismus ist, denn den wollte niemand. Ich kann nur schwer sagen, dass das der Sozialismus ist, weil nach unseren Begriffen der Sozialismus etwas ganz anderes bedeutet, als was Sie darunter verstehen. Nach unserem Verständnis zum Beispiel wurde eine gewisse Form des Sozialismus in vielen westlichen Ländern bereits jetzt verwirklicht. In ähnlicher Weise kann ich nicht sagen, dass es der Kapitalismus ist, weil dieser nach unserer Überzeugung sich ebenfalls davon unterscheidet, wie Sie ihn kennen. […] In Polen ist eine Art nationaler Kommunismus im Entstehen, allerdings mit wesentlich größeren Ergebnissen und der Möglichkeit der Demokratisierung..."[14]

1. Ideen über den „idealen Sozialismus"

Es ist angebracht, über den Zeitabschnitt, der einer Revolution vorausgeht und ihre Ideen vorbereitet, zu sprechen. Den Wind großer Veränderungen spüren die „Menschen des Geistes" noch bevor der Sturm losbricht und sie fassen die Spannungen, die sich in einer Gesellschaft anhäufen, in Worte und geben ihnen eine Gestalt. Dieser Prozess ist allerdings nicht dasselbe wie die „Vorbereitung der Ideen der Revolution". Letzteres existiert nämlich eigentlich nicht, denn das Wesen einer Revolution ist von Unerwartetheit und Spontaneität gekennzeichnet.

---

[14] Alpár Bujdosó, 299 nap [299 Tage], Budapest 2003, S. 151f.

Und diese sind für die ungarische Revolution von 1956 ganz besonders bezeichnend. Auf eine Revolution kann man sich dementsprechend nicht vorbereiten. Man kann bestenfalls den Sturz eines Systems und eine Machübernahme planen und vorbereiten. Die Ideen und Vorstellungen, die vor einer großen Veränderung in Erscheinung treten, sind mit den gegebenen Verhältnissen verbunden, stellen eine Reaktion auf sie dar und wollen sie transformieren. Da Analysen immer nachträglich erfolgen, kann leicht der Eindruck entstehen, dass die Wirkung die Ursache darstellt. Die Vorgeschichte beeinflusst die großen politischen und gesellschaftlichen Umbrüche: Es ist nicht gleichgültig, ob eine Diktatur, die die Meinungsfreiheit unterdrückte, oder eine Phase, die der Artikulation der freien Meinung Raum gab, der Revolution vorausging. In den Monaten vor dem 23. Oktober 1956 kam es zwar zu einer Erschütterung der monolithischen Diktatur, die Gesellschaft wurde aber nicht in dem Maße frei, wie dies im Zeitabschnitt der beschränkten Öffentlichkeit zwischen 1945 und 1949 der Fall gewesen war. Die institutionelle Ordnung – und nicht zuletzt die Sicherheitsorgane – sowie die Ideologie, die keinen Konkurrenten neben sich duldete, überlagerten die Gesellschaft in einem Maße, dass es lediglich den Hoffnungsschimmer gab, die Auflösung der Diktatur durch die Reformopposition innerhalb der kommunistischen Partei herbeiführen zu können. Die Revolution brach 1956 trotz der kommunistischen Reformer und zu ihrem größten Schrecken aus. (Die „Konservativen" hatten kein Schuldbewusstsein. Sie hatten Angst und Selbstmitleid. Beides begründete die Rachegelüste bei der Vergeltung, die nach dem Herbst 1956 von ihnen geübt wurde.) Die Ideen der Reformer blieben eine zeitlang bestehen und fanden sogar Eingang in Programme, die in Richtung einer bürgerlichen Demokratie wiesen. Infolgedessen entstand eine Art utopisches und ungeklärtes ideelles Mischmasch ohne jegliche Chance auf Realisierbarkeit. Im Prozess der politischen Differenzierung Ende Oktober 1956 litten die entstehenden politischen Parteien an einer „Demokratie-Mangelkrankheit", zu deren Behandlung es keine Medizin gab. Es blieb nichts anderes, als in den einstigen Zustand vor dem Zerfall, also in die Zeit von 1945/1946 zurückzugehen. Dieser ist allerdings vom Gesichtspunkt demokratischer Ansinnen keineswegs als ideal zu bezeichnen.[15] Aus Verkümmertem und Verpfuschtem lässt sich schwerlich Neues und Funktionsfähiges schaffen.

---

[15] Näheres siehe Éva Standeisky, Remény és szorongás. Demokráciaelképzelések és demokráciaértelmezések [Vorstellungen und Interpretationen zur Demokratie], in: János M. Rainer/ Dies. (Hrsg.), A demokrácia reménye – Magyarország, 1945. [Die Hoffnung auf Demokratie – Ungarn 1945] (= Évkönyv [Jahrbuch] 13 (2005)), Budapest 2005, S 54-91; János M. Rainer/ Éva Standeisky (Hrsg.): A demokrácia reménye – Magyarország, 1945. [Die Hoffnung auf Demokratie – Ungarn 1945] (= Évkönyv [Jahrbuch] 13 (2005)), Budapest 2005.

1.1. Nationaler, reformierter Kommunismus

Ungarn durchlief im ersten Jahrzehnt der sowjetischen Herrschaft einen radikalen Wandel, einen Systemwechsel, der die Eigentumsverhältnisse und die menschlichen Beziehungen von Grund auf umgestaltete. Die völlig neue Situation rief bei vielen die Illusion hervor, dass trotz der Abhängigkeit von der Sowjetunion eine Harmonie von nationalen und sozialen Interessen Wirklichkeit werden könne. Dieser Schwärmerei hingen besonders die nach 1945 erwachsen gewordenen Jugendlichen an. Auf diese hatten das „sozialistische" Schulsystem, die alle Ebenen der Öffentlichkeit beherrschende Staatsideologie und der mit dem Namen Stalins versehene Marxismus-Leninismus besondere Wirkung. Es war diese Generation, die von den falschen Phrasen allmählich enttäuscht wurde und die im Herbst 1956 die von der Kommunistischen Partei genehmigte Kritik an der Vergangenheit weiter als vorgesehen führte. Aus ideologietreuen Parteimitgliedern wurden so sozialistische Revolutionäre, die am 23. Oktober 1956 überrascht feststellen mussten, dass sie von der Realität überholt worden waren: Die Menschen hörten ihnen nicht mehr zu und erwarteten auch von ihnen nicht mehr, dass sie die Sache voranbrachten. Was die Mehrheit tat, stimmte nicht mehr mit der Idee überein. Ihre Worte stimmten nicht mehr mit den Taten überein, oder genauer gesagt: Aus den Taten hätten andere Worte folgen müssen als die, die sie verwendeten.

Auf der Gründungssitzung des Verbandes der Ungarischen Universitäts- und Hochschulvereinigungen[16] am 23. Oktober 1956 in Veszprém legten die dortigen Studenten und die Führer des Verbandes der Werktätigen Jugend,[17] also der Jugendorganisation der Kommunistischen Partei, den 300 Zuhörern eine Liste mit radikalen Reformen vor, die auf Vorschlag der Anwesenden mit neuen, noch radikaleren Forderungen erweitert wurde. Sie hielten die Unabhängigkeit und Neutralität Ungarns, „die vollständigere Gewährleistung der menschlichen Freiheitsrechte" und die „absolute Informations- und Pressefreiheit" für vereinbar mit dem „ungarischen Sozialismus". „Wir verurteilen jede faschistische und stalinistische Provokation. [...] Sozialismus auf ungarische Art" – war in ihrer Erklärung zu lesen.[18]

Während der Revolution von 1956 war nicht klar, was unter „Sozialismus" zu verstehen sei, bzw. er wurde vielfach in unterschiedlicher Weise verstanden.

---

[16] MEFESZ (Magyar Egyetemi és Főiskolai Egyesületek Szövetsége).

[17] DISZ (Dolgozó Ifjúság Szövetsége, DISZ).

[18] Zitiert in Gyula Paczolay, Politikai indítékú diszkriminációk, az 1956-os forradalom eseményei az egyetemen, rehabilitáció [Politisch motivierte Diskriminierung, die Ideale der Revolution von 1956 an der Universität, Rehabilitierung], in: József Albert (Hrsg.), A Veszprémi Egyetem története 1949-1999 [Geschichte der Universität Veszprem 1949-1999], Veszprém 2002, S. 243.

Die Anhänger der parteiinternen Opposition oder die Vertreter der volkstümlich-traditionalistischen (populistischen) Bewegung[19] konnten ebenso Sozialisten sein wie die ihrer Partei beraubten Sozialdemokraten oder die verbürgerlichten Sozialisten der westlichen Demokratien. Der Sozialismus verlor allerdings nicht seine antibürgerliche und antikapitalistische Bedeutung und auch nicht die – in übertragener Weise darin festgehaltene – Ablehnung der Gesellschaftsordnung Ungarns vor 1945.

Der Begriff „Sozialismus" konnte gleichermaßen positiv wie negativ interpretiert werden. In negativem Sinne wurde er vor allem von jenen aufgefasst, für die die kommunistische Machtübernahme nach 1945 nur Nachteile mit sich brachte und die auch zuvor keine Anhänger der privateigentums- und marktfeindlichen Homogenisierungsidee waren. Sie sahen zwischen Sozialdemokraten und Kommunisten keinen wesentlichen Unterschied und hielten jede Art von Sozialismus für eine schädliche Ideologie. Als abschreckende Beispiele beriefen sie sich auf die Kommune in Ungarn, also auf die ungarische Räterepublik unter Béla Kun im Jahre 1919, sowie auf den Bolschewismus in Russland und den daraus hervorgegangenen stalinistischen Terror.

Für die Sympathie, die sozialistische Ideen bei anderen Gruppen genossen, lassen sich mehrere Erklärungen anführen. Zum einen erinnerten sich noch viele Menschen an die negativen Seiten der Zeit vor 1945, zum anderen war es der Diktatur sowjetischer Prägung 1956 noch nicht gelungen, die sozialdemokratische Tradition, die von vielen mit dem Sozialismus selbst identifiziert wurde, aus dem Denken der Bevölkerung zu verdrängen. Die in der Ära Horthy beginnende, sich nach 1945 dann fortsetzende Modernisierung sowie die sozialstaatlichen Maßnahmen, die dazu beitrugen, vor allem Personen aus armen Schichten in den Kreis der Intellektuellen aufsteigen zu lassen, und die die Volksbildung unterstützten, wurden von vielen als ein Weg, der in Richtung Sozialismus weist, betrachtet. Auch die freiwillige Genossenschaftsbewegung und die so genannte Arbeiterkontrolle der Betriebe förderte – auf alle Fälle in den Jahren 1945 und 1946 – die Illusionen über den Sozialismus.

Die Akteure der Revolution hatten nur eine unklare Vorstellung von einer besseren und gerechteren Gesellschaft, die sie (vielleicht nicht zuletzt) aufgrund der marxistisch-leninistischen Phrasen, mit denen sie fast ein Jahrzehnt indoktriniert worden waren, als Sozialismus bezeichneten. Und diesen verschmolzen sie

---

[19] Diese Intellektuellenbewegung war in den dreißiger Jahren um die Schriftsteller Gyula Illyés, László Németh und Imre Kovács entstanden. In der Zwischenkriegszeit vertrat sie – mit deutlich nationalistischen und antisemitischen Konnotationen – die Anschauung, dass sich die ungarische Gesellschaft nur aus ihren eigenen „Quellen", insbesondere aus den kulturellen Traditionen des ländlichen Ungarn und der Bauernschaft, erneuern könne und einen spezifisch ungarischen Weg zwischen „jüdischem" Liberalismus und faschistischer bzw. kommunistischer Diktatur einschlagen müsse. (Anm. des Übers.).

mit einem älteren, sich kontinuierlich erneuernden illusorischen Bild von den Ungarn, das wiederum grundlegend durch die – vielfachen und unüberwindlichen – nationalen „Wunden" geformt wurde.

Das Prestige der Personen, die an die Reformierbarkeit der Volksdemokratie glaubten, nahm nach dem 23. Oktober 1956 schrittweise ab. 1956 brach ein extrem egalitäres, zentralistisch funktionierendes System zusammen, das in den vorangegangenen Jahren immer mehr Krisensymptome aufgewiesen hatte. In den Tagen nach dem 23. Oktober gerieten naturgemäß noch diejenigen Partei- und Volksfrontführer in den Vordergrund, die bereits seit Sommer 1953 eifrig bestrebt waren, das System des Sozialismus zu reformieren. In den letzten Oktober- und ersten Novembertagen scheiterte diese Politik in den meisten ländlichen Gemeinden. Auf diesen Sachverhalt verwies Zoltán Szabó folgendermaßen: „Im Strom der Ereignisse [von Herbst 1956] ging der Begriff, der im Sommer so häufig zu hören war, nämlich die »sozialistische Demokratie«, unter […]."[20]

In der Hauptstadt war die Lage etwas anders. Dort kamen wegen der schwerfälligen Bewegung der großen Systeme und wegen des Mangels an Konzeptionen und Führern die Reformvorstellungen, die auf die Verhältnisse von 1945/1946 zurückverwiesen, nur Anfang November 1956 auf die politische Tagesordnung.

Es fand aber noch ein anderer Prozess statt, nämlich das sich entwickelnde Verlangen nach dem Wohlstandssozialismus der westlichen Sozialdemokratie, das hinter Forderungen, die sowohl das System vor 1945 als auch das System nach 1945 verurteilten, sichtbar wurde. Nach der zweiten sowjetischen Intervention am 4. November 1956 konnte selbstverständlich von nichts anderem mehr die Rede sein als von reformsozialistischen Vorstellungen (die die Illusion der Reformierbarkeit des Systems verstärkten). Diese Tatsache spiegelte sich in allen politischen Konzeptionen nach dem 4. November wider: von István Bibó über die Kleinlandwirtepartei (FKgP) bis zu den – damals landesweit zu einem politischen Faktor heranwachsenden – Arbeiterräten. Es war nicht mehr die Rede von Forderungen, die in Richtung einer bürgerlichen Demokratie wiesen.

1.2. Die Vorstellung eines „Dritten Weges"

1956 wurde im Kreise der Intellektuellen, die sich mehr oder weniger den Vorstellungen der volkstümlich-traditionalistischen Schriftsteller verbunden fühlten und während der Revolution der unter dem Namen Petőfi-Partei (Petőfi-Párt) reaktivierten Nationalen Bauernpartei (Nemzeti Parasztpárt) anhingen, die Idee des Dritten Weges erneut populär. Sie stellten sich eine Gesellschaft vor, die

---

[20] Zoltán Szabó, A hetedik napon [Am siebten Tag], in: Századvég 6 (1987), H. 4-5, S. 293–296, hier S. 296.

weder kapitalistisch noch kommunistisch sein sollte: Diese sollte von den beiden Systemen das Gute übernehmen und das Schlechte ausschließen; Ungarn sollte ein Musterland an der Grenze von West und Ost sein. Diese Utopie hielten viele in der illusionären Welt der Revolution für verwirklichbar.

Der Schriftsteller László Németh, einer der bekanntesten Vertreter der Traditionalisten, befürchtete einen Rechtsrutsch während der Revolution und schloss eine Wiederholung des „Kurses der 1920er Jahre", also eine rechtsextreme, antisemitische Politik nicht aus.[21] In seinem Pessimismus bezweifelte er die Möglichkeit der revolutionären Selbstreinigung und schätzte die Fähigkeit der vom Volk gewählten Führer zu Selbstverwaltung und Demokratie gering ein. Der einflussreiche Denker zweifelte nicht an der Akzeptanz des Sozialismus in Ungarn. Lediglich in der Sozialismusinterpretation sah er Unterschiede zwischen den Traditionalisten, den reformwilligen Kommunisten und den der Sowjetunion blind folgenden internationalistischen Kommunisten. Seiner Meinung nach würde die Revolution einen neuartigen Sozialismus ins Leben rufen: Der Sozialismus sowjetischer Prägung sei gescheitert, während der auf den ungarischen Eigenheiten basierende Sozialismus den Sieg errungen habe. Das Sozialismusverständnis der westlichen bürgerlichen Demokratien war ihm fremd.

Die Sozialismusvorstellungen der Traditionalisten verglich er mit dem Sozialismusbild der Reformkommunisten um Imre Nagy, mit dem Traum vom „ungarischen Sozialismus". Hierbei war es so, als ob der Unterschied zwischen den Anhängern der Bauernpartei, den an die Reformierbarkeit der Volksdemokratie glaubenden Kommunisten und den mit ihnen sympathisierenden Intellektuellen völlig verschwimmen würde. „Lasst uns vom Weg der Revolution weder nach rechts noch nach links abweichen. Wir möchten nicht das herrschaftliche Ungarn restaurieren, aber auch nicht die Schreckensherrschaft von Rákosi und Gerő" – schrieb Géza Féja in der Ausgabe der Zeitschrift Új Magyarország (Neues Ungarn) vom 2. November 1956.

Der Rechtsanwalt Pál Szőllősy, der während der Revolution eine Rolle in Veszprém spielte, schrieb am 2. Juni 1957 an Zoltán Pfeiffer: „In Ungarn sind in den vergangenen zehn Jahren – die Ihr im Ausland verbracht habt – Veränderungen passiert, die man nicht außer Acht lassen darf und die man nicht einfach »rückgängig« machen kann. Gleichzeitig mit den politischen und wirtschaftlichen Veränderungen haben sich auch das Denken und das Verständnis der Menschen gewandelt. Man kann sagen, jeder wurde ein wenig Sozialist. Das System in Ungarn wird von 97 bis 98 Prozent des Volkes verachtet und gehasst. Aber die einzelnen – guten oder weniger guten – Institutionen und Methoden hat sich das

---

[21] Vgl. László Németh, Emelkedő nemzet [Nation in Erhebung], in: Irodalmi Újság, 2. November 1956.

Volk zu eigen gemacht und will diese nicht verändern."[22] Mit dieser Auffassung
stand Szőllősy den Vorstellungen der traditionalistisch-volkstümlichen Schriftsteller, insbesondere denjenigen von László Németh, nahe.

Der Sozialismus des Dritten Weges erhielt in der zweiten Hälfte der Revolution und in den Wochen des Widerstandes große Publizität. Die Konzeption
des Dritten Weges spiegelte die Ansichten der „großen Politik" und eines Teils
der intellektuellen Elite wider. Damals schien es so, obwohl es sich um ein e-
phemeres Phänomen, um eine Begleiterscheinung des radikalen Systemwechsels
handelte, dass er dauerhaft präsent bleiben würde.[23] „Wir können heute nicht
beurteilen, ob ein demokratischer Sozialismus des Dritten Weges in der Lage
gewesen wäre, Ungarn zu modernisieren und auf eine westliche Entwicklungs-
bahn zu bringen. Wir müssen aber sehen, dass diese Idee damals keineswegs so
anachronistisch war, wie es heute erscheint."[24]

2. Anschauungen über eine ideale bürgerliche Demokratie

Vorstellungen und Konzepte, die vom Sozialismus abwichen, konnten vor der
Revolution und in ihrem Anfangsstadium wegen der über ein Jahrzehnt andau-
ernden kommunistischen Herrschaft und der Kürze der nach dem 23. Oktober
1956 zur Verfügung stehenden Zeit kaum an die breite Öffentlichkeit gelangen.
Die Anschauungen, die sich auf eine bürgerliche Demokratie bezogen, erinnerten
an die Demokratievorstellungen der Jahre 1945/1946. Damals und auch im
Herbst 1956 erschien eine auf dem Privateigentum basierende, begrenzte Marktwirtschaft am populärsten. Auf der politischen Ebene entsprach dieser die pluralistische parlamentarische Demokratie. Muster hierfür war die westeuropäische
gesellschaftliche und politische Ordnung. Deren Adaptierung in Ungarn wurde
allerdings dadurch erschwert, dass das Land auch in der Ära Horthy gegenüber

---

[22] Szőllösy zitiert in István Vida, Egy polgár az 50-es évekről, az 1956-os forradalomról és az első
nyugati benyomásairól. Szőllősy Pál levele Pfeiffer Zoltánhoz. Bécs, 1957. június 2. [Ein Bürger
über die 50er Jahre, über die Revolution von 1956 und über seine ersten Eindrücke vom Westen], in:
Századok 134 (2000), H. 5, S. 1279–1291, hier S. 1290. Zoltán Pfeiffer, der als Vertreter der Kleinlandwirtepartei 1945/1946 politischer Staatssekretär im Justizministerium war, trat im Februar 1947
aus der FKgP aus. Bei den Parlamentswahlen 1947 war er Vorsitzender der Ungarischen Unabhän-
gigkeitspartei (Magyar Függetlenségi Párt, MFP). Nach konstruierten Anschuldigungen gab er seine
politische Laufbahn auf und emigrierte im November 1947.
[23] Siehe hierzu Mária Csicskó/ András Körösényi, Egy harmadikutas szocializmus – utópia
földközelben. A Petőfi Párt 1956–1957-ben [Sozialismus des Dritten Weges – Utopie in Bodennähe.
Die Petőfi-Partei 1956/1957], in: Századvég 8 (1989), H. 1-2, S. 118–183; Éva Standeisky, Az írók
és a hatalom 1956-1963 [Die Schriftsteller und die Macht 1956-1963], Budapest 1996.
[24] Miklós Szabó, Demokratikus szocializmus vagy restauráció? Gondolatok 1956 programjáról
[Demokratischer Sozialismus oder Restauration? Gedanken über das Programm von 1956], in: Évkönyv [Jahrbuch] 1 (1992), Budapest 1992, S. 93-96, hier S. 95.

dem Westen als rückständig und die herrschende Mentalität als zurückgeblieben und ständestaatlich galt. Die Realität bildete die von der Sowjetunion zugelassene und kontrollierte „Demokratie", die 1945/1946 noch auf der Grundlage des Privateigentums und einer beschränkten Marktwirtschaft beruhte.[25]

Die politischen Gruppierungen, die während der Revolution hervortraten, mussten unmittelbar auf die Verhältnisse nach dem Ende des Zweiten Weltkrieges zurückgreifen. Die Kommunisten und Mitglieder der Bauernpartei hatten damals erstmals die Möglichkeit gehabt, Politik unter demokratischen Rahmenbedingungen zu praktizieren. Die Sozialdemokraten und Kleinlandwirte hingegen konnten aus ihren politischen Erfahrungen aus der Zwischenkriegszeit schöpfen.

2.1. Sozial sensibler Konservativismus

Die Kleinlandwirtepartei (FKgP) erschien während der Revolution – nicht nur im ländlichen Ungarn, sondern auch in Budapest – als erste der nichtkommunistischen Parteien auf der politischen Bühne. In der politischen Führung der Hauptstadt ist ihre Mitwirkung allerdings erst in den ersten Novembertagen nachweisbar. Bis dahin traf man nur in den revolutionären Organen der Bezirke sowie im Nationalen Revolutionären Ausschuss (Nemzeti Forradalmi Bizottmány) von József Dudás auf Mitglieder der FKgP, die zumeist aber nicht als Vertreter ihrer Partei in der Öffentlichkeit auftraten (jedenfalls nicht bis zum 30. Oktober 1956, bis zur Genehmigung der Reaktivierung der früheren Koalitionsparteien), sondern als prominente Persönlichkeiten des lokalen öffentlichen Lebens und Leiter der örtlichen Verwaltungen. Unter den einstigen Kleinlandwirten traten vor allem jene aktiv hervor, die seit 1947 aus dem politischen Leben gedrängt worden waren. In den meisten Orten waren sie es, die den Ausschluss der Kommunisten und ihrer Verbündeten – darunter ihrer eigenen einstigen Parteikollegen, der „Trittbrettfahrer"-Kleinlandwirte – aus den revolutionären Organen initiierten. Auch nachdem „offiziell" Parteien gebildet werden konnten, handelten sie nicht als Parteipolitiker, sondern als gewählte Leiter der lokalen Gemeinschaften. Sie hatten ein gutes Gespür dafür, dass die einstigen Parteien der Koalition im Kreise der Bevölkerung nicht wirklich populär waren. Die in den Jahren nach 1945 immer stärker zerstrittenen, von den Kommunisten zerschlagenen und manipulierten Parteien waren nicht in der Lage, sich innerhalb von wenigen Tagen auf der Grundlage eines Programms neu zu organisieren. Insbesondere die 1945 in die Position einer Sammelpartei geratene Kleinlandwirtepartei erwies sich als personell und ideologisch heterogen. Die einstigen Politiker der Kleinlandwirte-

---

[25] Näheres siehe Standeisky, Remény és szorongás, S. 54-91.

partei, die in den Jahren vor 1956 auch untereinander in heftige Konflikte geraten waren, waren sich über die zukünftige Ausrichtung der reaktivierten Partei unsicher. Wer sollte die Partei leiten? Wen sollte man nicht wieder aufnehmen, und auf wen sollte man sich stützen? Auf welche Kleinlandwirtepartei sollte man zurückgreifen: auf die des Jahres 1946, auf die vom Dezember 1944 oder auf die der Jahre von 1930 bis 1944? Wegen dieser Unklarheit kann man in den Äußerungen der Kleinlandwirtepartei während der Revolution keine wirklich einheitliche Position feststellen.

In Eger sprachen die Kleinlandwirte von Kontinuität: Sie wollten ein „demokratisches und nationales Ungarn", strebten nach freien Wahlen und einem wirklich diskutierenden Mehrparteienparlament, plädierten für eine freiwillige Übernahme von Verantwortung und für einen „gesunden ökonomischen Wettbewerb". „Die Kleinlandwirtepartei vertritt die Ansicht, dass keine das Volk mit den Füßen tretende Polizei notwendig ist. [...] Wir hassen die Diktatur, sowohl die, die im Zeichen des Hakenkreuzes, als auch die, die im Zeichen des roten Sterns ausgeübt wird" – schrieben sie.[26] „Wir dürfen nur demokratische Ideen verwirklichen. Wir müssen uns vor Augen halten, dass das demokratische Ungarn in unseren Händen liegt. Wenn wir die [politische] Einheit aufheben, dann kommt es erneut zum tragischen Zusammenbruch des Jahres 1947" – sagte Endre Kertész auf der Versammlung zur Neugründung der Kleinlandwirtepartei des Komitats Baranya am 31. Oktober 1956 in Pécs.[27]

Der Ökonom István Varga aus der Kleinlandwirtepartei, einer der bekanntesten nicht-marxistischen Wirtschaftsexperten, befürwortete – unter Rückgriff auf die dem Zweiten Weltkrieg unmittelbar folgenden Jahre – eine bäuerliche und kleinindustrielle Warenproduktion sowie die freiwillige Bildung von Genossenschaften. Er wollte eine Rationalisierung der mittlerweile entstandenen sozialistischen Großbetriebe herbeiführen und sprach sich für die relative Selbständigkeit der Unternehmen aus. Die langfristig zu erwartende Kapitalkonzentration wollte er durch eine staatliche Regulierung der Marktwirtschaft beeinflussen. Seine Vorstellungen beruhten auf einem Gleichgewicht von Zentralisierung und Dezentralisierung, das seiner Meinung nach sowohl dem Zustand der ungarischen Wirtschaft als auch den Ansprüchen der Bevölkerung entsprochen hätte.[28]

Die Vorstellungen der Kleinlandwirte basierten auf den Interessen der besitzenden Bauernschaft. Daraus ergab sich gleichermaßen die Ablehnung des Großgrundbesitzes und der Wirtschaftsweise der sozialistischen Landwirtschaft-

---

[26] Zitiert in István Vida (Hrsg.), 1956 októbere Szabolcs-Szatmár megyében. Dokumentumok [Oktober 1956 im Komitat Szabolcs-Szatmár. Dokumente], Nyíregyháza 1989, S. 315.

[27] Im Jahre 1947 war es aufgrund der kommunistischen „Salami-Taktik" zu einer weitgehenden Zerschlagung bzw. Ausschaltung der FKgP als politischer Faktor gekommen (Anm. des Übers.).

[28] Magyar Szabadság, 3. November 1956.

lichen Produktionsgenossenschaften. Die Größe des Grundbesitzes hätten sie auf 20 bis 25 bzw. 50 Joch[29] festgelegt. Auch mittlere Unternehmen mit bis zu 100 Angestellten hielten sie für zulässig, und die verstaatlichten Wohnimmobilien hätten sie ihren ehemaligen Eigentümern zurückgegeben. Die politischen Programmatiker der Kleinlandwirtepartei berücksichtigten – ähnlich wie die Politiker der Bauernpartei – in den Tagen der Revolution nicht die Folgen einer auf dem Markt beruhenden Privatwirtschaft. Sie hatten keine Vorstellung davon, wie später die aus der unvermeidbaren Polarisierung zwischen Vermögen und Gesellschaft hervorgehenden Spannungen hätten verringert werden können.

2.2. Sozialdemokratie

In den ersten Tagen der Revolution entfalteten die politischen Vorstellungen der reformkommunistisch orientierten Aufständischen die größte Wirkung. Aber bereits damals offenbarten sich auch sozialistische Vorstellungen, die aus den Traditionen der ungarischen Gewerkschaftsbewegung und der Sozialdemokratie kamen. Die Positionen der Sozialdemokraten und der Kleinlandwirte waren miteinander verwandt. So versprachen z.B. die Sozialdemokraten im ostungarischen Nyíregyháza die Verwirklichung einer „gesunden, sauberen Demokratie", die auf dem Privateigentum beruhen und sich auf die Intellektuellen und auch auf die Bauernschaft stützen sollte.[30]

Der Flügel der Sozialdemokraten um Anna Kéthly, der 1956 am populärsten war, stellte sich eine Art Mittelweg vor. Diese Richtung wollte eine sozial sensible Marktwirtschaft mit einer auf dem Parlamentarismus beruhenden Vorherrschaft der Arbeiterschaft verbinden, die jegliche Willkür und Polizeistaatlichkeit ausschließen sollte. Ihre Vorstellungen gingen auf die Jahrzehnte alten Traditionen der sozialdemokratischen Bewegung in Ungarn zurück und verschwanden trotz der Liquidierung der Ungarischen Sozialdemokratischen Partei (MSZDP) im Jahre 1948 – d.h. ihrer „Vereinigung" mit der Partei der Ungarischen Werktätigen – nicht endgültig, obwohl die kommunistischen Partei- und Sicherheitsorgane auch weiterhin Personen mit (westlichen) sozialdemokratischen Anschauungen verfolgten. Diese Ideen lebten zur Zeit der Revolution auf. In Budapest stellten sie eine politische „Zugmaschine" dar, im ländlichen Ungarn war ihre Popularität an die Aktivitäten bestimmter Personen gebunden. Während der Revolution waren die an die Spitze der Revolutionskomitees gelangten früheren Sozialdemokraten – hauptsächlich in den Städten – auf sich gestellt. Infolge der Schwierigkeiten bei der Neuorganisation der Sozialdemokratischen Partei und der chaotischen Zustände mussten sie auf zentrale Richtlinien

---

[29] Ein Joch (Tagwerk) entspricht 0,58 Hektar (Anm. des Übers.).
[30] Vgl. Vida (Hrsg.), 1956 októbere Szabolcs-Szatmár megyében, S 97ff.

verzichten und passten sich so den örtlichen Verhältnissen an. Die meisten von ihnen gingen aus den Reihen der – nach dem kommunistischen Wortgebrauch „rechten" – Sozialdemokraten hervor, die 1947 und 1948 entmachtet wurden. Ähnlich wie die Vertreter der einstigen Kleinlandwirtepartei und die Politiker anderer vormaliger Parteien wurden sie nicht wegen ihrer einstigen Parteizugehörigkeit gewählt, sondern vor allem aufgrund ihrer Bekanntheit und ihres Ansehens.

2.3. Die politischen Vorstellungen der übrigen Parteien

Von Politikern, die 1946 aus der Kleinlandwirtepartei verstoßen worden waren, war damals die kurzlebige, nur wenige Monate existierende Freiheitspartei (Szabadság Párt) gegründet worden. Im Herbst 1956 reaktiviert, stellte sie die Herstellung der Einheit der ungarischen Gesellschaft, die Achtung der Rechte der gesamten Bevölkerung sowie den Schutz des Privateigentums heraus: „Das Privateigentum stellt nur solange ein Heiligtum das, solange es keine nationalen und sozialen Interessen verletzt" – steht in ihrem Programm zu lesen.[31]

Auch die Zukunftsvorstellungen der Christlichen Ungarischen Partei (Keresztény Magyar Párt, KMP), die auf der Parteienskala rechts von der Mitte stand, waren sozial sensibel und vom Pathos der gesellschaftlichen Gerechtigkeit durchsetzt. Ihre Ansichten waren detaillierter, gründlicher und durchdachter als die der übrigen Parteien. Sie waren zumeist mit dem identisch, was die revolutionären Ausschüsse der Gemeinden mit katholischer Mehrheit, die sich zumeist aus Bauern mit mittelgroßen Betrieben und aus nichtkommunistischen Intellektuellen zusammensetzten, verwirklichen wollten. Aufgrund der religionsfeindlichen Politik der vergangenen Jahre war die Toleranz der Partei begrenzt. Sie verkündete zwar eine freie Ausübung des Glaubens, hätte aber den Religionsunterricht obligatorisch gemacht. Ihr Antikommunismus war heftiger als der ihrer neuen lokalen Führer, die die Funktionäre des alten Systems zumeist persönlich kannten. Das Parteiprogramm konkretisierte, was sich seine Verfasser als bürgerliche Demokratie vorstellten: Durchsetzung der bürgerlichen Freiheitsrechte, Suspendierung der nach 1945 verabschiedeten Rechtsnormen bis zur Zusammenkunft einer neuen Legislative, Öffnung Ungarns für Auslandskapital, die Umwandlung der Staatsunternehmen in Aktiengesellschaften (wobei die Angestellten zwei Drittel der Aktien besitzen sollten), 40-Stunden-Arbeitswoche, Anhebung des Lohns für physisch Arbeitende, Rückgabe des Bodens bis 50 Joch an die einstigen Eigentümer, Beendigung der herkunftsbedingten Diskriminierung beim Hochschulzugang, Wiederherstellung der Hochschulautonomie, Wie-

---

[31] Zitiert ebenda, S. 517.

dereinführung der Reisefreiheit, rechtliche Verfolgung der Verbrechen der Vergangenheit und Wiedergutmachung für moralische und materielle Schäden.

Die Christliche Ungarische Partei wollte keinen schrittweisen Systemwandel sondern eine radikale Systemtransformation. Sie erkannte keine kommunistisch geführte Übergangsregierung an, hätte aber die kommunistische Partei nicht von geheimen Wahlen ausgeschlossen.

Religiöse Forderungen

Das Flugblatt mit dem Titel „An alle Katholischen Ungarn" vom 29. Oktober 1956 forderte „in Erwartung eines Systemwechsels" eine vollständige Rehabilitierung der Kirche: die Freilassung der inhaftierten Kirchenleute, die Auflösung des Staatlichen Kirchenamts, die Entlassung und Anklage der so genannten Friedenspfarrer[32] und der Spitzel unter den Priestern, die Rückgabe der kirchlichen Schulen, die „Ungestörtheit des Religions- und Ethikunterrichts", die Wiederaufnahme der Tätigkeit der kirchlichen Verlage und Presseorgane, die Wiedererrichtung der Orden und die Aufnahme von Beziehungen zum Vatikan. Hintergrund dieser Forderungen war das Bild einer „wahren Demokratie", für die „wirkliche Religiosität", eine sich auf die Gesamtheit der Gesellschaft beziehende Sozialpolitik, Moralität und Solidarität charakteristisch sein sollte. Die Verfasser des Flugblatts distanzierten sich aber zugleich von der „schwarzen Reaktion", also vom System des Großgrundbesitzes und von den „Fehlern der Vergangenheit".[33]

Eine häufige Forderung war die Wiedereinführung des Religionsunterrichts. Verlangt wurde keine Religionsfreiheit, denn dann hätte man auch die Religionslosigkeit akzeptieren müssen. Die rückwärts gewandte Revolution wünschte sich die alten Zustände zurück, die anstelle von Offenheit und Würde wieder Unrecht geschaffen hätten. Der Nationalausschuss von Csepel, der einen Arbeiterbezirk Budapests verwaltete, wollte die Erziehung der Jugend auf eine religiös-moralische Grundlage stellen. Die Pädagogen des II. hauptstädtischen Bezirks forderten die Wiedereinrichtung der historischen kirchlichen Schulen.

In den meisten ländlichen Gemeinden wurde bereits in der Anfangsphase der Revolution die Freilassung von József Mindszenty und seine faktische Wie-

---

[32] Die Bewegung der Friedenspfarrer war Anfang der 1950er Jahre von der Kommunistischen Partei ins Leben gerufen worden. Ziel der Initiative war es vor allem gewesen, den – stark unter Druck gesetzten – niederen Klerus zu einer Zusammenarbeit mit dem Parteistaat zu bewegen und ihn gegen den höheren Klerus auszuspielen bzw. die Einheit der Kirche in Ungarn zu spalten (Anm. des Übers.).

[33] Vgl. Lajos Izsák u.a. (Hrsg.), 1956 plakátjai és röplapjai [Plakate und Flugblätter des Jahres 1956], Budapest 1991, S. 126.

dereinsetzung als Fürstprimas gefordert.[34] Für die Katholiken bedeutete Mindszenty 1956 ebenso wie in den Jahren nach 1945 ein ideologisches – und für viele auch ein politisches – Pfand. In diesem Verlangen der katholischen Gläubigen – also der Mehrheit der gläubigen Bevölkerung – wurde sozusagen das gesamte wieder gut zu machende Unrecht zusammengefasst: die Verstaatlichung der Schulen, die Religionsverfolgung, die Auflösung der Orden sowie die Tätigkeit der Friedenspfarrer und des Staatlichen Kirchenamtes. Die Katholiken hofften darauf, dass nach einem Jahrzehnt kommunistischer Herrschaft mit Hilfe der auf religiös-moralischen Fundamenten stehenden katholischen Kirche die Spuren des moralischen Verfalls zu beseitigen seien. Viele wollten dem Kardinal, der zwischen 1945 und 1948 bereits einmal den Versuch unternommen hatte, eine politische Rolle zu übernehmen, eine solche nun zukommen lassen.

Zu den paradoxen Erscheinungen der Revolution zählt, dass die freie Religionsausübung, die gegen die Ideokratie der vorangegangenen Zeit verkündet worden war, sich so ins Gegenteil verkehrte: Sie zeigte sich nicht selten demokratiefeindlich. Vor 1945 war die Religion, insbesondere der katholische und der reformierte Glaube, eine Stütze der Staatsideologie. Nach der kommunistischen Machtübernahme verband sich der nun praktizierte Atheismus mit Religionsverfolgung. Die meisten Menschen konnten im Zuge der Verfolgung des religiösen Glaubens unmittelbare Erfahrungen mit den antidemokratischen Machtmethoden der neuen Herrscher sammeln. Die Kommunisten wickelten in den Jahren 1948 bis 1950 die Trennung von Staat und Kirche mit diktatorischen Mitteln ab; in den Augen vieler Menschen wurden die Kirchen zum einzigen Hüter von Demokratie und Moral. Bei der Forderung nach freier Religionsausübung fielen die Gläubigen jetzt allerdings vom einen Extrem ins andere: Sie wollten erneut den obligatorischen Religionsunterricht und das Gebet vor dem Unterricht einführen.

Revolutionäre Illusionen

In chaotischen Situationen sind die Menschen – auch unwillentlich – zu gemeinschaftlichem Handeln, zur (direkten) Demokratie gezwungen. Die Gesellschaft erwartet von den ausgewählten bzw. bestätigten Personen die Vertretung der durch die Ausnahmesituation aufgewerteten Ideale, d.h. die anderen erwarten entsprechende Aktivitäten von ihnen. Unter ihnen befinden sich Personen, die nach Sozialismus rufen, ebenso Gegner eines Systems, das das Privateigentum

---

[34] Sándor Molnár widmete sein am 4. November 1956 in der Keszthelyi Újság (Keszthelyer Zeitung) erschienenes Gedicht, das vom Märthyrertod Christi handelte, „Kardinal Fürstprimas József Mindszenty, dem größten heute noch lebenden Sohn Ungarns". Die letzten anderthalb Zeilen des Gedichts mit dem Titel „Erlöserschicksal" lauten: „Seit Jesus Christus / Alle Erlöser werden gekreuzigt."

einschränkt oder die Marktwirtschaft verwirft. Ihre Positionen können – nach dem heutigen Stand der Forschungen – nicht nach irgendwelchen Kriterien geordnet, sondern lediglich vorgestellt werden.

Illustrierende Beispiele für sozialistische Varianten der Demokratie

„Unser oberstes Ziel ist es, eine wirkliche, diktaturfreie ungarische sozialistische Demokratie zu erkämpfen, die auf dem Willen breiter Volksschichten beruht" – ist im Protokoll des Revolutionsorgans von Kaba, einer ostungarischen Gemeinde zu lesen.[35]

Der Nationalrat Nord- und Ostungarns (Észak- és Kelet Magyarországi Nemzeti Tanács), eines der revolutionären Gremien, die die kommunistische Herrschaft ablösten, erklärte in seiner Gründungserklärung vom 2. November 1956 folgendes: „Wir schützen das Vermögen des Staates und lehnen jeglichen Restaurationsversuch ab, der darauf abzielt, die Macht der Großgrundbesitzer, der Fabrikeigentümer und der Bankiers wiederzuerrichten."[36]

„Es ist die Aufgabe von Imre Nagy, trotz der Dummheiten der Vergangenheit die [sozialistischen] Errungenschaften zu bewahren. Wir brauchen keine Kapitalisten" – ist einem Aufruf des Revolutionskomitees des XII. Bezirks in Budapest zu entnehmen.[37]

In der Stadt Vác wollte das Revolutionskomitee eine den ungarischen Verhältnissen entsprechende sozialistische Demokratie errichten und verurteilte „alle Bestrebungen, die das kapitalistische System wiederherstellen" wollten.[38]

Die die „Flucht nach vorne" antretenden Reformer aus der alten Führung in Salgótarján bildeten einen Provisorischen Revolutionären Nationalrat (Ideiglenes Forradalmi Nemzeti Tanács) und schlugen vor, „im Zeichen der weiteren Ausweitung der sozialistischen Demokratie" Organe zu bilden, „die auf den breitesten Grundlagen des Volkes basieren" sollten.[39]

In Esztergom erinnerte die „dritte Garnitur" der Revolutionsführer in ihrer Zusammensetzung kaum mehr an die ersten beiden. Ihre Vorstellungen über die

---

[35] Protokoll des Revolutionären Ausschusses von Kaba vom 27. Oktober 1956 (zitiert in Tibor Filep/ Tibor Valuch (Hrsg.): 1956 dokumentumai Hajdú-Biharban. Az 1956-os forradalom Hajdú-Bihar megyei történetének válogatott dokumentumai [Dokumente des Jahres 1956 in Hajdú-Bihar. Ausgewählte Dokumente der Ereignisse der Revolution von 1956 im Komitat Hajdú-Bihar], Debrecen 1993, S. 76).

[36] Erklärung zitiert in Északmagyarország, 2. November 1956.

[37] Aufruf zitiert in Politikgeschichtliches und Gewerkschaftsarchiv (PIL), Budapest, Signatur 290. fond. 85. ő.e.

[38] Vgl. Izsák u.a. (Hrsg.), 1956 plakátjai és röplapjai, S 472.

[39] Vgl. ebenda, S. 457.

Zukunft hatten sich gegenüber den in den ersten Tagen der Revolution verkündeten Ideen allerdings nicht viel verändert: Weder die sich auf die Seite der Revolution schlagende lokale Miliz noch der Provisorische Nationalrat (Ideiglenes
Nemzeti Tanács) der Stadt ließen von der Realisierbarkeit des Sozialismus ab.
Letzterer wollte einen „aus ungarischem Boden hervorgehenden Sozialismus"
aufbauen, erstere setzte sich „für ein freies, unabhängiges und sozialistisches
Ungarn" ein[40]

In der Gemeinde Tótkomlós bekannten sich die Mitglieder des am 30. Oktober 1956 gewählten Revolutionären Nationalausschusses (Forradalmi Nemzeti
Bizottság) zum „demokratischen Sozialismus".[41]

Und auf einem Flugblatt der Corvin-Gruppe, einer Gruppe von Aufständischen in der Gegend des Budapester Corvin-Platzes, hieß es: „Unsere Märtyrer
sind gefallen, damit in diesem Land Ordnung herrsche und unsere Heimat zu
einem freien, unabhängigen und sozialistischen Land werde."[42]

Forderungen nach einer bürgerlichen Variante der Demokratie

In der Gemeinde Ercsi ließ einer der Initiatoren der lokalen Revolution bereits
am 25. Oktober 1956 folgendes verlautbaren: „Es ist die Zeit gekommen, anstelle des Bolschewismus eine bürgerliche Demokratie zu errichten."[43] Auch die
Forderungen des Arbeiterausschusses des Bezirksrats von Zalaegerszeg (Zalae-
gerszegi Járási Tanács Munkásbizottsága) bringen das Verlangen nach einem
bürgerlichen Rechtsstaat zum Ausdruck.

Diejenigen, die über ein „neues Ungarn" Visionen entwickelten, waren
nicht in der Lage, die sich während der Revolution scheinbar abzeichnende bürgerliche Demokratie begrifflich zu fassen. Wahlen mit mehreren Parteien, Anerkennung der Unantastbarkeit des Privateigentums, Pressefreiheit, Streikrecht –
und man könnte noch weitere Forderungen der Revolution aufreihen – schlossen
von vornherein einen kapitalismusfreien, demokratischen Sozialismus aus.

Auf Flugblättern war nicht selten zu lesen, dass die Menschen die frühere
Herrschaft der Großgrundbesitzer und des Großkapitals ablehnen würden. Die
Bodenreform als eine grundlegende demokratische Forderung und die Begren-
zung und Besteuerung des Großkapitals nach sozialen Gesichtspunkten passen
jedoch auch zu einer bürgerlichen Demokratie. Zur Beseitigung der Nachteile

---

[40] Vgl. Ebenda, S. 451.
[41] Vgl. Politikgeschichtliches und Gewerkschaftsarchiv (PIL), Budapest, Signatur 290. f. 63. ö.e.
[42] Aufruf zitiert in Izsák u.a. (Hrsg.), 1956 plakátjai és röplapjai, S 266.
[43] Imre Szarvas, zitiert in Historisches Archiv des Staatssicherheitsdienstes, ÁSzTL, Budapest, Signatur III/1-4.

von Kapitalkonzentration sind allerdings nur reiche Wohlstandsgesellschaften und sich selbst beschränkende bürgerliche Demokratien, die über zivilgesellschaftliche Traditionen verfügen, fähig. Es ist nicht schwer, hinter den antikapitalistischen Parolen die Wirkung der kommunistischen Ideologie auszumachen. Und es kann nicht ausgeschlossen werden, dass auch die antisemitische rechtsradikale Pfeilkreuzler-Ideologie ihre Spuren im Denken der Menschen hinterlassen hat.

Die Meinungsverschiedenheiten, die zwischen den revolutionären Organen der Volksmacht und auch innerhalb der einzelnen Organisationen an die Oberfläche traten, spiegelten die politischen Auseinandersetzungen wider, die normalerweise im Vorfeld von freien Wahlen stattfinden. Die administrative Behinderung der Organisation von politischen Parteien war nur ein verzweifelter Versuch, Zeit zu gewinnen. Die Tatsache, dass Meinungsverschiedenheiten an die Öffentlichkeit traten, war nicht mit Verboten zu verhindern. Differenzen schlichen sich zudem, so sehr man sich auch um Vermeidung bemühte, in die Sitzungsräume der Revolutionskomitees ein. Auch die Anhänger der bürgerlichen Demokratie verfügten nur über Worte der Verneinung und konnten keine positiven Aussagen treffen: Sie hatten nur ein Bild von der Vergangenheit, aber keine Zukunftsvision. Ihre politischen Perspektiven reichten nur bis zur Ausschreibung freier Wahlen.

Die Vorstellungen von József Dudás

Die Woche nach dem 23. Oktober 1956 war die Zeit der Selbstorganisation. Die Parteien konnten naturgemäß erst mit dem Abflauen der Kämpfe und mit der Klärung der politischen Lage den Stafettenstab übernehmen. Diesen wiederum reichten die Revolutionäre, die einen schnellen Fortschritt wollten, nur mit geringer Begeisterung an die Parteien weiter. Politisches Talent war vonnöten, um die komplizierte Situation zu erkennen, Programme zu verabschieden und die richtigen Aktionen durchzuführen. Es gab nur wenige Personen, die auf landesweiter Ebene fähig waren, die revolutionäre Volksstimmung in politische Ziele zu fassen und die Forderungen des Volkes zu bündeln. Zu ihnen kann der Demokrat und Sozialist József Dudás gerechnet werden, der der Arbeiterbewegung entstammte und 1945 als Politiker in der Kleinlandwirtepartei aktiv gewesen war.[44] Auch er benötigte Tage, um die Punkte seines überparteilichen Pro-

---

[44] Ende 1944 und im Jahre 1945 war es aufgrund der Ähnlichkeit der politischen Vorstellungen durchaus möglich, zwischen der Ungarischen Kommunistischen Partei (MKP) und der Unabhängigen Kleinlandwirtepartei (FKgP) zu wechseln. József Dudás (1912–1957) beispielsweise konnte sich in beiden Parteien eine politische Karriere vorstellen. Nach den ersten freien Wahlen im November

gramms zu formulieren, das die einzige Alternative zu den kommunistischen Vorstellungen der sich nur allmählich formierenden parteiinternen Reformer darstellen konnte.

„Die Wirtschaftsordnung des Landes darf sich an keinerlei Dogma orientieren, sondern ausschließlich am Prinzip der Rationalität, der Freiheit und der Sachkunde. Handwerker, Kleinbauern, Studenten und Künstler erhalten staatliche Unterstützungen. [...] Alle Klassen und Schichten der Gesellschaft bilden ungeachtet ihrer Rasse, ihres Geschlechts und ihrer Sprache einheitliche und untrennbare Teile des ungarischen Volkes."[45]

Die Vorstellungen von Dudás können am besten aus seinem Leitartikel „Devide et impera!", der am 1. November 1956 in seiner Zeitung Magyar Függetlenség (Ungarische Unabhängigkeit) veröffentlicht wurde, entnommen werden. Aus diesem geht hervor, dass Dudás die ein bis zwei Jahre nach dem Krieg als eine Phase in der ungarischen Geschichte betrachtete, zu der man zurückkehren könne, um einen neuen Weg zu beginnen. Den Anfangs- und den Endpunkt der kurzen demokratischen Phase bilden die Parlamentswahlen vom November 1945 und die politische Hetzjagd gegen die Führer der Kleinlandwirtepartei im Februar 1947. In dieser, mehr als ein Jahr umfassenden Phase regierte die Kleinlandwirte-Mehrheit in einer Koalition mit drei anderen Parteien, von denen die Kommunistische Partei die dominierende Kraft war. Dudás sah in Imre Nagy einen Kommunisten, der Partner für den Neuanfang sein konnte: Er bot ihm und – was eine wesentlicher Unterschied ist – nicht der Regierung die Zusammenarbeit an.

„Unser Volk ist unbesiegbar geworden! Der Sieg hat den ehrlichen Menschen mit guten Absichten, und so auch dem Herrn Ministerpräsidenten Imre Nagy, den Weg eröffnet, um der ungarischen Nation [...] Freiheit und Unabhängigkeit, Demokratie und ehrlichen Sozialismus in Richtung des Fortschritts zu sichern. Auch Ministerpräsident Imre Nagy muss Anstrengungen unternehmen, um sich von den rückwärtsgewandten Kräften zu befreien. Er kann dies jetzt tun, denn das Land steht noch hinter ihm, noch können die Fehler der Regierung vom 23. Oktober 1956 korrigiert werden. Den Boden geben wir nicht zurück, gegen jede großkapitalistische Restauration kämpfen wir mit derselben Härte, mit der wir Rákosi und Gerő von der Macht vertrieben haben" schreibt Dudás in seinem

---

1945 musste auch er zwischen beiden Parteien wählen. Zu Dudás siehe Péter A. Baló, Dudás   József élete és tevékenysége. Kronológiai vázlat [Leben und Wirken von József Dudás. Chronologische Skizze], in: János Bak u.a. (Hrsg.), Évkönyv [Jahrbuch] 3 (1993), Budapest 1993, S. 221-228; László Eörsi, Mítoszok helyett –1956 [Statt Mythen – 1956], Budapest 2003, S. 107-200.
[45] Zitiert in Lajos Izsák/ József Szabó (Hrsg.), 1956 a sajtó tükrében [1956 im Spiegel der Presse], Budapest 1989, S. 157.

Leitartikel.[46] Dudás wollte eine soziale Demokratie, die die soziale Ungleichheit auf Kosten der Allgemeinheit korrigieren, die grundlegenden menschlichen Freiheitsrechte gewährleisten und auf Sachverstand basieren sollte, also eine Art Mischung von bürgerlicher Demokratie und sozialistischem System. Seine ideellen Defizite spiegeln die charakteristischen gedanklichen Mängel dieser Zeit in Ungarn wider: Wie so viele andere unter seinen Kollegen dachte er die wirtschaftlichen Konsequenzen seiner Prinzipien nicht zu Ende, er bedachte nicht die notwendigen Veränderungen bei den Eigentumsverhältnissen. Dies hatte auch spezifisch ungarische Gründe: Es fehlte nämlich die Erfahrung mit der Funktionsweise einer freien Marktwirtschaft ohne Großgrundbesitz und Großkapital. Diese zu erwerben, hatte es zwischen 1945 und 1948 noch eine gewisse Chance gegeben.

Die letzten Worte Dudás' bei seiner Gerichtsverhandlung im Januar 1957 waren das Bekenntnis eines Menschen, der sich auf das Martyrium vorbereitete, und zugleich eine Entlarvung der restaurativen Macht. Hinter der für diese Zeit üblichen Sprache kommt das Bild einer idealen Gesellschaft zu Vorschein: „Ich habe nicht nach Macht gestrebt. Wenn ich sterben muss, so tue ich dies für die Freiheit Ungarns [...]. Ich bin keinen Millimeter von den Errungenschaften des Sozialismus abgegangen. [...] Ich glaube an die Lebenskraft und Entschlossenheit des ungarischen werktätigen Volkes. Meine Verurteilung bedeutet die Entlastung der Konterrevolution [d.h. derjenigen Personen, die den Sozialismus stürzen wollten – É. S.]. Zugleich ist sie eine Schelte für die proletarische Gesellschaft der ehrlichen Arbeiter."[47]

Die Vorstellungen des Vertreters der Bauernpartei István Bibó sind mit den Ansichten von Dudás verwandt. Bibó brachte sein Entwicklungskonzept, das etwas gemäßigter war als das von Dudás und aus den Vorstellungen eines Dritten Weges der Traditionalisten schöpfte, erst nach der Niederschlagung der Revolution zu Papier.[48] Die Ideen von Dudás waren bereits während der Revolution in breiten Kreisen der Bevölkerung bekannt geworden, während Bibó sein Programm nur in kleinen Intellektuellenzirkeln erläutern konnte, und ihm auch nicht vergönnt war, seinen Vorstellungen einen Weg zu den Arbeiterräten, die den Widerstand organisierten, zu bahnen.[49]

---

[46] Zitiert in Izsák u.a. (Hrsg.), 1956 plakátjai és röplapjai, S 111; Izsák/ Szabó (Hrsg.), 1956 a sajtó tükrében, S. 217.

[47] Zitiert in Eörsi, Mítoszok helyett, S. 161.

[48] István Bibó war vom 3. November 1956 an Staatsminister in der Koalitionsregierung von Imre Nagy.

[49] Näheres zu Bibó siehe Standeisky, Az írók és a hatalom, S. 121-134.

Zusammenfassung

„Die Äußerungen der politischen Akteure sind ein nicht zusammensetzbares Puzzle mit nicht zueinander passenden Teilen: parlamentarische Demokratie, quasi vergesellschaftete Wirtschaft, Privateigentum, politische Neutralität, Reformkommunismus, konservativer Katholizismus" – schreibt Andrew Handler.[50]

Welche Ideen wollten die Menschen verwirklicht sehen, welche Gesellschaft strebten sie in den Tagen der Revolution an? Sie dachten an eine ideale Demokratie, die sich aber mit keinem historischen Vorläufer verbinden ließ: Ungarn verfügte über keine Traditionen, die man wirklich hätte verfolgen können. Die kommunistische (Schein-) Demokratie war durch die Räterepublik und das Rákosi-System bzw. den Stalinismus diskreditiert worden, und die bürgerliche Demokratie war vom Horthy-Regime, das Ungarn in den Zweiten Weltkrieg gestürzt hatte, in Verruf gebracht worden. Das Ideal der bürgerlichen Demokratie wurde ab 1945 mit besonderer Ausdauer von den Kommunisten diskreditiert. Die Forderungen aus dem Volk offenbarten schwankende Schritte der Wegsuche. Aus den Stellungnahmen der Revolutionsausschüsse, die die Anliegen der Bevölkerung widerspiegelten, kann geschlossen werden, dass sich die Mehrheit der Menschen ein auf dem Privateigentum basierendes, unabhängiges und demokratisches Ungarn gewünscht hätte.

Die – in Ungarn durch Widersprüche gekennzeichnete – bürgerliche Tradition konnte anziehend sein, weil sie Möglichkeiten für einen Fortschritt barg: die Nutzung einst versäumter Chancen und den Anschluss an den idealisierten Westen.

Laut György Litván hätten sich die bürgerlichen Tendenzen der Revolution nur langfristig durchsetzen können. „Während der Revolution selbst spielten gerade die bürgerlichen Kräfte, Elemente und Ziele die geringste Rolle" – schreibt Litván.[51] Bei der Analyse der Revolutionskomitees kann man zu einer gegensätzlichen Schlussfolgerung gelangen. Wenn wir nur die revolutionären Ereignisse in der Hauptstadt – auf den zentralen Foren, nicht auf der Ebene der einzelnen Bezirke – untersuchen, dann fällt tatsächlich das Übergewicht von sozialistischen Ansichten und Vorstellungen eines Dritten Weges auf. Die Vertreter der Regierung, der neu gebildeten Parteien und der – von kommunistischen Reformintellektuellen geleiteten – revolutionären Organisationen waren aber

---

[50] Andrew Handler, Where Familiarity with Jews Breeds Contempt, in: Ders./ Susan V. Menschel (Hrsg.), Red Star, Blue Star. The Lives and Times of Jewish Students in Communist Hungary (1948–1956), New York 1997, S. 1-54, hier S. 35.

[51] György Litván, Mítoszok és legendák 1956-ról [Mythen und Legenden über 1956], in: Zsuzsanna Kőrösi u.a. (Hrsg.), Évkönyv 2000. Magyarország a jelenkorban [Jahrbuch 2000. Ungarn in der Gegenwart], Budapest 2000, S. 205-219, hier S. 209.

Gefangene ihrer Vorstellungen, wir könnten auch sagen, sie trotteten den Ereignissen hinterher. Die Erfahrungen einiger Tage konnten sie nicht dazu veranlassen, ihre Ansichten schlagartig zu ändern. Und auch wenn sie die lokalen Geschehnisse gekannt und analysiert hätten, wären sie ihrer – politischen und ideologischen – Überzeugung nicht von heute auf morgen untreu geworden.

Die Verbürgerlichung des ländlichen Ungarn wurde durch den Aufbau der sowjetisch geprägten Gesellschaft unterbrochen. Die Ideen und Traditionen überdauerten. Gerade die Revolution beweist, dass die gewaltsamen Veränderungen nach 1947 keine tiefe Wirkung hinterlassen hatten. In den Dörfern waren viele Menschen eng mit den Traditionen verbunden, mit den gewohnten Formen des Zusammenlebens und mit der Religion. Die Bodenreform von 1945 konservierte die bäuerlichen Lebensformen. Die kommunistische Diktatur griff zwar in die dörfliche Lebensweise brutal ein, sie deformierte sie aber nicht. Mittelbar verursachte sie allerdings ebenfalls Schäden: Sie ließ bei einzelnen Menschen die Zeit vor der kommunistischen Machtübernahme und ihre negativen Seiten verblassen. Das ländliche Ungarn blieb konservativ und traditionsbewusst, und die Menschen betrachteten die Politik auch weiterhin als „herrschaftliche Spitzbuberei" oder – gemäß dem gewandelten Zeitgeist – als Privatangelegenheit der „Genossen". An nicht wenigen Orten blieben die archaischen Verhältnisse bestehen, und die bäuerlichen Traditionen erschienen anziehender als die moderne städtische Welt – zumindest für die älteren Generationen. Von den Jungen verließen zwar viele ihre bisherige Umgebung und stiegen auf der sozialen Rangleiter auf, aber schon wegen des kümmerlichen Schicksals der zuhause Gebliebenen konnten sie sich nicht vollständig mit der neuen Ordnung identifizieren. Auch wenn sie sich ab und zu verführen ließen, so war die Ernüchterung umso bitterer. Unter den aktiven Teilnehmern der Revolution kamen viele aus ihren Reihen.

Das Spannungsverhältnis zwischen der Präsenz demokratischer Ideen und dem Mangel an demokratischen Institutionen verlängert eine Bürgerkriegssituation. Auf diesen wesentlichen Zusammenhang verweist Derrienic.[52] Während der ungarischen Revolution von 1956, insbesondere nach dem 28. Oktober, kam bzw. wäre es hierzu gekommen. Die Situation wurde weiter dadurch verschärft, dass die spontan gebildeten Revolutionsorgane zwar demokratisch waren, sie aber ungeeignet waren (gewesen wären), eine reguläre parlamentarische Demokratie zu praktizieren, in deren Strukturen die zugleich anatomisierten und hierarchisierten Foren der direkten Demokratie nicht hineinpassten.

Die während der Revolution an die Oberfläche tretenden politischen Ideen und Konzepte verbanden sich mit der Verurteilung der Vergangenheit, mit der

---

[52] Vgl. Jean-Pierre Derrienic, Polgárháborúk [Bürgerkriege], Pécs 2004, S. 195.

Vorstellung von einer idealen Demokratie und vor allem mit dem Verlangen nach nationaler Unabhängigkeit. Darunter blieben die Wildtriebe der Revolution – Rassismus, Antisemitismus und Chauvinismus – weitgehend im Dunklen.

Verwendete Literatur

Arendt, Hannah: A totalitarizmus gyökerei [deutscher Titel: Elemente und Ursprünge totalitärer Herrschaft], Budapest 1992.

Aron, Raymond: A sors értelme [Der Sinn des Schicksals], in: Király, Béla K./ Congdon, Lee W. (Hrsg.): A magyar forradalom eszméi. Eltiprásuk és győzelmük. (1956–1999). [Die Ideen der ungarischen Revolution. Ihre Niedertretung und ihr Sieg (1956-1999)], Budapest 2001, S. 467–476. (Erstausgabe 1966.)

Aron, Raymond: The Meaning of Destiny, in: Congdon, Lee W./ Király, Béla K. (Hrsg.): The Ideas of the Hungarian Revolution, Suppressed and Victorious, 1956-1999, Boulder 2002, S. 568–579.

Bak, János M.: A forradalom eszméi és eszményei [Die Ideen und Ideale der Revolution], in: Ders. u.a. (Hrsg.): Az 1956-os magyar forradalom. Reform – Felkelés – Szabadságharc – Megtorlás, [Die ungarische Revolution von 1956. Reform – Aufstand – Freiheitskampf – Vergeltung], Budapest 1991, S. 137–156.

Bakos, Ferenc: Idegen szavak és kifejezések kéziszótára [Handwörterbuch fremder Wörter und Ausdrücke], Budapest 1995.

Baló, Péter A.: Dudás József élete és tevékenysége. Kronológiai vázlat [Leben und Wirken von József Dudás. Chronologische Skizze], in: Bak, János u.a. (Hrsg.): Évkönyv [Jahrbuch] 3 (1993), Budapest 1993, S. 221-228.

Bujdosó, Alpár: 299 nap [299 Tage], Budapest 2003.

Csicskó, Mária/ Körösényi, András: Egy harmadikutas szocializmus – utópia földközelben. A Petőfi Párt 1956-1957-ben [Sozialismus des Dritten Weges – Utopie in Bodennähe. Die Petőfi-Partei 1956/1957], in: Századvég 8 (1989), H. 1-2, S. 118–183.

Derrienic, Jean-Pierre: Polgárháborúk [Bürgerkriege], Pécs 2004.

Eörsi, László: Mítoszok helyett – 1956 [Statt Mythen – 1956], Budapest 2003.

Filep, Tibor/ Valuch, Tibor (Hrsg.): 1956 dokumentumai Hajdú-Biharban. Az 1956-os forradalom Hajdú-Bihar megyei történetének válogatott dokumentumai [Dokumente des Jahres 1956 in Hajdú-Bihar. Ausgewählte Dokumente der Ereignisse der Revolution von 1956 im Komitat Hajdú-Bihar], Debrecen 1993.

Handler, Andrew: Where Familiarity with Jews Breeds Contempt, in: Ders./ Menschel, Susan V. (Hrsg.): Red Star, Blue Star. The Lives and Times of Jewish Students in Communist Hungary (1948–1956), New York 1997, S. 1-54.

Izsák, Lajos u.a. (Hrsg.): 1956 plakátjai és röplapjai [Plakate und Flugblätter des Jahres 1956], Budapest 1991.

Izsák, Lajos/ Szabó, József (Hrsg.): 1956 a sajtó tükrében [1956 im Spiegel der Presse], Budapest 1989.

Kolnai, Aurél: Gondolatok a magyar felkelésről egy év távlatában [Gedanken über den ungarischen Aufstand aus der Distanz von einem Jahr], in: Ders.: Politikai emlékiratok [Politische Memoiren], Budapest 2005, S. 537-565.

Litván, György: Mítoszok és legendák 1956-ról [Mythen und Legenden über 1956], in: Kőrösi, Zsuzsanna u.a. (Hrsg.): Évkönyv 2000. Magyarország a jelenkorban [Jahrbuch 2000. Ungarn in der Gegenwart], Budapest 2000, S. 205-219.

Molnár, Miklós: Egy vereség diadala. A forradalom története [Sieg in der Niederlage. Die Geschichte der Revolution], Budapest 1998.

Örkény, István: Levelek egypercben. Levelek, emlékezések, interjúk a hagyatékból [Briefe in einer Minute. Briefe, Erinnerungen und Interviews], Budapest 1992.

Paczolay, Gyula: Politikai indítékú diszkriminációk, az 1956-os forradalom eseményei az egyetemen, rehabilitáció [Politisch motivierte Diskriminierung, die Ideale der Revolution von 1956 an der Universität, Rehabilitierung], in: Albert, József (Hrsg.): A Veszprémi Egyetem története 1949-1999 [Geschichte der Universität Veszprem 1949-1999], Veszprém 2002.

Rainer, M. János:Az eszmék útja, előzmények és események [Der Weg der Ideen, Vorgeschichte und Ereignisse], in: Király, Béla K./ Congdon, Lee W. (Hrsg.): A magyar forradalom eszméi. Eltiprásuk és győzelmük (1956–1999) [Die Ideen der ungarischen Revolution. Ihre Niedertretung und ihr Sieg (1956-1999)], Budapest 2001, S. 21–45.

Rainer, M. János: A Progress of Ideas: The Hungarian Revolution of 1956, in: Congdon, Lee W./ Király, Béla K. (Hrsg.): The Ideas of the Hungarian Revolution, Suppressed and Victorious, 1956-1999, Boulder 2002, S. 7-41.

Rainer, János M./ Standeisky, Éva (Hrsg.): A demokrácia reménye – Magyarország, 1945. [Die Hoffnung auf Demokratie – Ungarn 1945] (= Évkönyv [Jahrbuch] 13 (2005)), Budapest 2005.

Standeisky, Éva: Az írók és a hatalom 1956-1963 [Die Schriftsteller und die Macht 1956-1963], Budapest 1996.

Standeisky, Éva:Remény és szorongás. Demokráciaelképzelések és demokráciaértelmezések [Demokratievorstellungen und Demokratieinterpretationen], in: Rainer, János M./ Dies. (Hrsg.): A demokrácia reménye – Magyarország, 1945. [Die Hoffnung auf Demokratie – Ungarn 1945] (= Évkönyv [Jahrbuch] 13 (2005)), Budapest 2005, S. 54-91.

Standeisky, Éva: Hazugságok az 1956-os forradalomban [Lügen in der Revolution von 1956], in: Mozgó Világ 31 (2005), H. 3, S. 95–102.

Szabó, Miklós: Demokratikus szocializmus vagy restauráció? Gondolatok 1956 programjáról [Demokratischer Sozialismus oder Restauration? Gedanken über das Programm von 1956], in: Évkönyv [Jahrbuch] 1 (1992), Budapest 1992. 93–96.

Szabó, Zoltán: A hetedik napon [Am siebten Tag], in: Századvég 6 (1987), H. 4-5, S. 293–296.

Szántó, László (Hrsg.): Az 1956-os forradalom Somogyban. Válogatott dokumentumok [Die Revolution von 1956 im Komitat Somogy. Ausgewählte Dokumente], Kaposvár 1995.

Vida, István (Hrsg.): 1956 és a politikai pártok. Válogatott dokumentumok [1956 und die politischen Parteien. Ausgewählte Dokumente], Budapest 1998.

Vida, István (Hrsg.): 1956 októbere Szabolcs-Szatmár megyében. Dokumentumok [Oktober 1956 im Komitat Szabolcs-Szatmár], Nyíregyháza 1989.

Vida István: Egy polgár az 50-es évekről, az 1956-os forradalomról és az első nyugati benyomásairól. Szöllősy Pál levele Pfeiffer Zoltánhoz. Bécs, 1957. június 2. [Ein Bürger über die 50er Jahre, über die Revolution von 1956 und über seine ersten Eindrücke vom Westen], in: Századok 134 (2000), H. 5, S. 1279-1291.

Éva Standeisky

Antisemitismus in Ungarn zur Zeit der Revolution

Vorbemerkung

Alexandr Solschenizyn behauptet unter Verweis auf ein Buch von Andrew Handler und Susan V. Menschel mit Erinnerungen emigrierter ungarischer Juden, dass der ungarische Volksaufstand im Jahre 1956 einen antisemitischen Charakter gehabt habe und die Historiker dies verschweigen würden. Der Grund dafür sei nach seiner Meinung vermutlich die Tatsache, dass unter den Angehörigen der ungarischen Staatssicherheitsbehörde ÁVH (Államvédelmi Hatóság) in der Mehrzahl Juden gewesen seien. Er riskiert sogar die These, der Westen habe den Aufstand wegen der ihn begleitenden antisemitischen Ausschreitungen nicht unterstützt – freilich sei er auch mit der Suez-Krise beschäftigt gewesen. Die Sowjetunion hingegen hätte es für besser erachtet, die Judenfeindlichkeit des ungarischen Volkserhebung gar nicht zu erwähnen.[1]

Handler äußert sich in der Einführung des oben genannten Buches vorsichtig. Er tendiert dazu, denjenigen Recht zu geben, welche – die Revolution insgesamt betrachtend – die antisemitischen Vorkommnisse als unbedeutend ansehen.[2] Seiner Ansicht nach hätten die Juden, in erster Linie jene aus der Provinz, vor dem Zerfall der inneren Ordnung Angst gehabt. Die Erinnerung an die Welle von Repressalien nach der Räterepublik (1919), die deutsche Besatzung während des Zweiten Weltkrieges, die Herrschaft der Pfeilkreuzler (1944) und die Auswüchse des politischen Kampfes nach 1945 hätte ihnen die Gefahren einer Anarchie bewusst gemacht; denn alle diese Ereignisse waren von antisemitischen Ausschreitungen begleitet gewesen. Im Jahre 1956 hätten ihnen die bewaffneten Gruppen sowie die Nachrichten über Lynchjustiz das Chaos und Durcheinander in Erinnerung gebracht, das früher nach dem Zerfall der Staatsmacht entstanden war und das für die Juden oftmals eine (Lebens-) Gefahr bedeutet hatte. Viele unter den Juden seien der Ansicht gewesen, dass man sie töten würde, wenn das kommunistische System zusammenbrechen und die Sowjets das Land verlassen würden.[3] Die Mehrheit der Juden habe nach Ansicht Handlers in ihrer auf den

---

[1] Solschenizyn (2002) S. 415
[2] Er beruft sich auf die ihm zugänglichen Quellen: Lendvai (1972); Kende (1989); Szabó, R. (1995).
[3] Handler, A. (1997) S. 223

Erfahrungen aus der Vergangenheit beruhenden Angst und nicht aufgrund erleb-
ter Übergriffe den Wohnort gewechselt. Sie seien aus den kleineren Ortschaften
in die Städte gezogen in der Erwartung, sie böten größeren Schutz – von ihnen
haben schließlich beinahe Zwanzigtausend ihr Heimatland verlassen.[4]

Für David Irving, der sich häufiger zum antisemitischen Charakter des ungarischen Aufstandes von 1956 geäußert hat, begann dieser als ein antisemitischer Pogrom[5]. Nach Ansicht ungarischer Historiker war jedoch der Antisemitismus für die Revolution von 1956 nicht kennzeichnend. „Zur Zeit der Revolution gab es keinen Antisemitismus", behauptet Miklós Szabó.[6] Viktor Karády
erklärt das seiner Ansicht nach verschwindend geringe Ausmaß an antisemitischen Ausschreitungen mit dem Fortbestand der demokratischen Traditionen.[7]
„Insgesamt mag sich die Zahl der dokumentierten Fälle etwa auf 20–22 belau-
fen", schreibt András Kovács.[8]

Es wäre in der Tat nicht korrekt, die Volkserhebung des Jahres 1956 mit
dem Antisemitismus zu diskreditieren, ebenso aber widerspräche die Verharmlo-
sung der Judenfeindlichkeit während der Revolution den Tatsachen. Der erneut
offen aufgetretene Antisemitismus machte deutlich, dass die Menschen an dem
Punkt weitermachen konnten, an dem man sie 1945/46, eher noch 1947/48 auf-
gefordert hatte, aufzuhören. Die überwiegende Mehrheit der judenfeindlichen
Ausschreitungen ist mit der vorübergehenden Lockerung der öffentlichen Sicherheit in diesen Tagen in Verbindung zu bringen, in denen die alten Sicherheitsorgane – die Polizei und die Armee – verunsichert waren, sich zurückzogen
und die neuen – die Bürgermiliz und die Nationalgarde – sich noch nicht organisiert hatten. Die Unsicherheit und das Fehlen gesetzlicher Schranken, was beides
mit dem Machtwechsel einherging, begünstigten den Ausbruch von unterdrück-
ten Emotionen. Die Angst vor Konsequenzen hielt die Menschen nicht mehr
davon ab zu handeln.

Zu antisemitischen Ausschreitungen kam es in mehreren Fällen gerade in
jenen Ortschaften der Provinz, in denen viele nach dem Holocaust zurückgekehr-
te Juden lebten. Die Juden stellten für zahlreiche Ortsansässige schon deshalb
eine psychische Belastung dar, weil sie allein durch ihre Präsenz an die nicht

---

[4] Handler, A. (1997) S. 34–37
[5] "In den ersten beiden Tagen war dieser Aufstand ein antisemitischer Pogrom [...] Die ungarische
Regierung [...] wurde als eine jüdische Regierung betrachtet", äußerte sich David Irving in einer
Sendung des Ungarischen Fernsehens am 26. Oktober 2003. (http://www.fenyhid.hu/
dokumentumok/irving.html) Siehe auch sein 1986 erschienenes Buch *Uprising! One nation's night-
mare: Hungary 1956 (Bullsbrook, Veritas)*, das zwei Jahrzehnte später auch in ungarischer Sprache
erschienen ist (Irving, 2003)
[6] Szabó, M. (1995) S. 34
[7] Karády (2002) S. 26
[8] Kovács (2003) S. 21 und S. 32

eingestandene Schuld – die Gleichgültigkeit bei der Deportation der Juden und der Enteignung des jüdischen Eigentums – erinnerten. Viele versuchten, sich der Bürde, die ihnen auf der Seele lag, auf die Weise zu entledigen, dass sie negative Eigenschaften und Fehlverhalten von ihnen bekannten Juden überzeichneten und auf die übrigen Juden übertrugen. Manch einen bedrückte es, andere jedoch empörten sich angesichts ihrer eigenen Leiden in der jüngsten Vergangenheit, wenn die Juden über ihre Verluste und das erlittene Unrecht sprachen.

Der Antisemitismus des Pöbels

Zu dieser Spielart des Antisemitismus sind Beleidigungen, Tätlichkeiten, Lynchjustiz und Zerstörungen bis an die Grenze zum Pogrom zu zählen. In Szarvas wurde der ortsansässige Arzt, ein Mann jüdischer Herkunft, deshalb von mehreren Demonstranten misshandelt, weil er dagegen protestierte, dass vor den dort Versammelten ein „einstiger Pfeilkreuzler" – ein in Wirklichkeit den Machthabern im Zweiten Weltkrieg begeistert dienender Levante-Ausbilder, ein damals an der Abwicklung der Deportationen aktiv beteiligter Fähnrich – eine Rede hielt. Der Redner war zur Zeit seines Auftritts 1956 pensionierter Lehrer. Im Jahr darauf rekonstruierte er die Szene vor Gericht folgendermaßen: Der Arzt „hat mir zugerufen: »Was ist, werden uns schon wieder die Ober-Pfeilkreuzler anführen?« Da ich nie in meinem Leben Pfeilkreuzler gewesen bin, regte ich mich über seine Aussage auf und forderte Besagten auf, näher zu kommen und noch einmal zu wiederholen, was er gesagt hatte. Da er nicht dazu bereit war, rief ich ihm daraufhin zu: »dreckiger Jude«."[9]

In Tiszabercel bewaffneten sich am Abend des 27. Oktober acht bis zehn Ortsansässige nach einer Versammlung in der Wirtschaft mit Steinen und zogen vor das Haus des „Schuhmachers jüdischer Religion" (so war es später in der Anklageschrift formuliert). Einer von ihnen rief: „Jordanier, du Hund, komm raus. Schieß doch, wenn du ein Gewehr hast!"[10] Die anderen schlugen mit Steinen die Fenster ein. Statt des Schuhmachers erschien ein Mann, der mit der Bewachung der Wohnung betraut worden war, den die Gruppe daraufhin mit sich schleppte. Sie zwangen ihn laut zu rufen: „Russe, hau ab; ich bin auf die Juden wütend; ich bin ein jüdischer Speichellecker".[11]

---

[9] Zu den Ereignissen von Szarvas siehe Standeisky (2003).

[10] Im Ungarischen war die Bezeichnung „Jordanier" ein Schimpfname für die Juden.

[11] Dikán Bd. 9. (1996) S. 332-333. Nóra Dikán hat zwischen 1993 und 1997 in Nyíregyháza in einer Ausgabe des Jósa András Museums elf Bände unter dem Titel *Az 1956-os forradalom utáni megtorlás Szabolcs-Szatmár-Bereg megyei dokumentumok* [Die Dokumente der Repressalien nach der Revolution 1956 im Komitat Szabolcs-Szatmár-Bereg] veröffentlicht. Im vorliegenden Aufsatz

In Mátészalka wurde ein 56jähriger Kaufmann beschuldigt, Waffen versteckt zu haben. Die Wortführer ließen die versammelte Menschenmenge darüber abstimmen, ob er Waffen habe oder nicht. Die Meinung der Menschen war gespalten. Es gab welche, die ihn zu schützen versuchten, woraufhin jemand sagte: „Egal, auch wenn er ein guter Mensch ist, ist er doch ein Jude". Über ihn wurde außerdem verbreitet, dass er 1945, nachdem er aus dem Zwangsarbeitslager zurückgekehrt war, gesagt habe, man müsse die Straße mit den Schädeln von Christen pflastern.[12] Eine solche Aussage wurde Juden häufiger unterstellt („vom Metzger bis zum Bahnhof werden die Straßen mit Köpfen von Christen gepflastert"), wenn es um eine Begründung dafür ging, dass ein jüdischer Metzger, Ladenbesitzer oder Wirt bedroht wurde.[13] In Nyírcsaholy hat man einem jüdischen Wirt folgende Aussage zugeschrieben: „Wenn es nach mir ginge, würde ich den Gehweg mit den Köpfen von Christen pflastern, ich würde allen die Ohren abschneiden."[14]

In Máriapócs zog die Menschenmenge am Haus einer jüdischen Familie vorbei. Zwei Männer lösten sich aus der Menge, um die Hausbewohner mit einer Fahnenstange zu verprügeln. „Stinkender Jude!", brüllten sie. Einer von ihnen schmiss mit Steinen ein Fenster ein. In der Nacht zündeten unbekannte Täter das Haus an, das vollkommen niederbrannte.[15]

In Budapest fanden antisemitische Äußerungen in den meisten Fällen keinen Widerhall; die Vernünftigen setzten sich durch. Vereinzelten Ausbrüchen von Judenfeindlichkeit begegnete man am 4. November 1956, am ersten Tag der neuerlichen sowjetischen Invasion. Flugblätter und Wandaufschriften waren voller Hass. So war beispielsweise zu lesen: „Raus mit den landesverräterischen Juden aus dem Land!"[16] Der am meisten verbreitete Text war der sich im Ungarischen reimende Spruch: „Itzig, Du schaffst es nicht einmal bis nach Auschwitz!" („Icig, nem jutsz el Auschwitzig!")[17] Das sollte bedeuten: Wir bringen dich schon hier im Lande um. Aus dem Monat Februar des Jahres 1957 stammt jenes zum nationalen Widerstand aufrufende Flugblatt, das mit der Blauen Partei (Kék Párt) in Verbindung zu bringen ist. „Da die Triebfeder alles Schlechten das Judentum und die Kommunistische Partei sind, müssen die Juden, die keine

---

werden bei den Zitaten im Zusammenhang mit diesem Komitat neben dem Namen der Herausgeberin nur das Jahr der Veröffentlichung und die Nummer des Bandes sowie die Seitenzahl angegeben.

[12] Dikán Bd. 1. (1993) S. 379

[13] Archiv des Komitats Szabolcs-Szatmár-Bereg XXV. 6. 1995/1958. Ich bin Nóra Dikán zum Dank verpflichtet, dass sie mir dieses Dokument zur Verfügung gestellt hat.

[14] Die Worte des ortsansässigen Mihály Szemán zitiert bei Pelle (1995) S. 302

[15] Dikán Bd. 8. (1994) S. 185

[16] Archiv des Instituts für Politikgeschichte (Politikatörténeti Intézet Levéltára, PIL) 290. Fond, A 123.

[17] PIL 290. f. 119. Archivierungseinheit.

physische Arbeit verrichten, sondern Mitglieder der Ordnungskräfte sind oder in Behörden sitzen, ins Krankenhaus befördert werden, und die Arbeit der Partei muss mit allen Mitteln verhindert werden."[18] Es lässt sich nicht sagen, wie viele den Text dieses Flugblatts gelesen haben, und bei wie vielen Lesern er Wirkung gezeigt hat.

Die Ereignisse von Miskolc[19] und Kiskunmajsa

Am 26. Oktober 1956 schlug die bis dahin organisiert und friedlich verlaufende Revolution in Miskolc in Lynchjustiz um. Die Geschichte der Stadt wiederholte sich in geradezu unheimlicher Weise, wenngleich die Beweggründe andere waren. 1946 war eine von der Kommunistischen Partei organisierte antikapitalistische Demonstration in Exzessen von Lynchjustiz gemündet. Zehn Jahre später rächten sich die auf der Straße Demonstrierenden an den Vertretern der kommunistischen Diktatur für das Unrecht, welches ihnen in der Zeit nach der Machtübernahme durch die Kommunistische Partei zuteil geworden war.

Der Arbeiter- und Studentenrat, der sich zur Unterstützung der Reformforderungen und zur Bewahrung der Ordnung organisiert hatte, war in diesen Tagen des Jahres 1956 handlungsunfähig. Unter den sich vor dem Polizeipräsidium der Stadt versammelnden Menschen – zum größten Teil Fabrikarbeiter – war die Vermutung aufgekommen, dass sich im Gebäude politische Gefangene in polizeilichem Gewahrsam befänden. Die Menge wollte sich darüber Klarheit verschaffen und belagerte das Haus. Unter den sich im Gebäude befindenden Polizisten und Mitarbeitern der Staatssicherheit kam es am Ende zu einer Panik. Aus ihren Reihen wurde in die Menschenmenge geschossen und eine Handgranate geworfen. Es gab mehrere Tote und zahlreiche Verletzte. Die Demonstranten stürmten daraufhin das Gebäude. Wer nicht rechtzeitig aus dem Haus fliehen konnte, den ergriff sich die Masse. Die Vertreter der Staatsmacht wurden auf die Straße geschleppt und einige von ihnen mit Hacken, Grubenlampen und Knüppeln zu Tode geprügelt bzw. getreten. Ein Mitglied des Arbeiterrates versuchte vergebens, den stellvertretenden Leiter der Kriminalpolizei, Oberstleutnant Gyula Gáti, der jüdischer Abstammung war, im Keller des Polizeipräsidiums zu verstecken. Die Masse zerrte ihn hervor und ermordete ihn auf brutale Weise: „Sie zogen den Körper von Gyula Gáti neben die Leiche eines erschossenen Pferdes und wendeten ihn im Pferdeblut. Gáti lebte sogar noch, während dieses geschah. Er prustete im Blut und sog es ein, wobei er mit dem Gesicht im Blut

---

[18] PIL 290. f. 8. Archivierungseinheit.
[19] Die früheren Schriften zu den Ereignissen in Miskolc fasst Szakolczai (2000) zusammen. Siehe auch Standeisky (2004)

des Pferdes lag."[20] Der im Sterben liegende Gáti war von 30 bis 40 Menschen umgeben: „Beim Zusehen bespuckten sie den auf dem Boden liegenden Mann, während sie ihn als stinkenden Juden beschimpften", berichtete später ein Zeuge. Nach Aussage eines anderen waren es viel mehr Menschen: „Mehrere aus der umstehenden Menge brüllten, das ist kein Ungar, das ist ein Jude, ein Landesverräter, ein Volksmörder, und dann spuckten sie ihn an." Einem weiteren Zeugen zufolge, einem Polizisten, schleppten sie Gáti zum sowjetischen Kriegerdenkmal und schrien: „Hier bringen wir den Mörder der Ungarn!" Den zu dem Zeitpunkt bereits toten Mann hängten sie am Denkmal auf.

Die empörte Masse war wie im Rausch. Sie griff auch einen Passanten an, den sie für einen Juden hielt. Es handelte sich um den Einzelhändler János Freimann. Er hatte gesehen, wie Gáti gelyncht und aufgehängt wurde, und die Täter mit lauten Worten verurteilt.[21] Freimann rannte vor den Angreifern fort und flüchtete in ein Hotel. Sie kannten die Identität des Mannes nicht, den sie da verfolgten, waren sich allerdings sicher, dass es sich um einen Juden handelte. Aufgrund seiner Worte[22] und seines Aussehens dachten sie, dass der protestierende Mann der Bruder des erhängten Gáti sei.

Mit Unterstützung des Hotelpersonals ergriffen sie Freimann und schleppten ihn ebenfalls zum sowjetischen Ehrendenkmal. Sie versuchten zunächst vergeblich, ihn daran aufzuhängen; der schwere, zuckende Körper zerriss den Strick zweimal. Den Unterkörper des Mannes entblößten sie. War er beschnitten, dann haben sie einen Juden getötet (das Obduktionsprotokoll bestätigte später die Annahme der Menschenmenge. Freimann war dem jüdischen religiösen Ritus entsprechend beschnitten). Einer der Täter griff in die Tasche des Opfers und

---

[20] Archiv der Hauptstadt Budapest, Prozessakten zum Fall Géza Balázs und Mittäter, 1057/1957. Insofern nicht anders angegeben stammen die Zitate aus diesem mehr als 3000 Seiten umfassenden Aktenkomplex.

[21] Freimann, der in den Prozessakten meistens als „ziviles Opfer" oder „Knopfhändler" auftaucht, war am Abend des 25. Oktober zusammen mit Bekannten mit dem PKW aus Debrecen in Miskolc angekommen. Er nahm sich ein Zimmer in einem Hotel. Der Antisemitismus stand auch den Personen im Hotel nicht fern. „Nach dem Abendessen ging ich auf die Toilette – sagte einer der Bekannten Freimanns im Prozess aus –, und da sah ich an der Wand geschrieben »Tod den Juden! «. Ich sagte dem Oberkellner, was das denn für eine Sache sei, ich würde nicht mehr in dieses Hotel kommen, wenn hier solche Dinge an die Wand geschrieben würden. Der Oberkellner wischte die Aufschrift von der Wand. Als ich jedoch etwa eine Stunde später erneut auf die Toilette ging, stand an der Wand:»Schlagt die Juden! «"

[22] Die Täter, die den Lynchmord begangen hatten, legten in ihrer Vernehmung Freimann, der gegen die Erhängung des Polizeibeamten protestiert hatte, Worte in den Mund, die eine Verkehrung des antisemitischen Klischees – „dreckiger Jude" – waren: „Wartet nur, ihr dreckigen Ungarn, ihr kommt auch noch an die Reihe!". Eine solche Aussage wurde den Juden nicht selten unterstellt. Hier hatte sie die Funktion einer Rechtfertigung für die Mörder. Die antisemitischen Täter sprachen den Juden ihr Ungartum ab und waren auch davon überzeugt, dass die Juden die Ungarn als ihre Feinde betrachten würden.

fand 3000 Forint – das war eine relativ große Summe, das Dreifache eines Durchschnittseinkommens. Ein Unbeteiligter fragte, wer dort gehängt werde. „Siehst du nicht?! Die Neuungarn, die Juden, werden hier aufgehängt", bekam er zur Antwort.

Fraglich bleibt, warum Freimann erhängt wurde. Wegen seiner Proteste oder aufgrund dessen, was man über ihn erzählte, oder weil er versuchte zu fliehen, oder weil er Jude war?[23] Die vier Faktoren zusammen waren vermutlich ursächlich für den schrecklichen Ausgang. Doch ohne den letzten hätten vielleicht die anderen drei keine Rolle gespielt. Weder das Urteil erster noch das zweiter Instanz erwähnt die judenfeindlichen Motive seiner Mörder. Die Prozessakten sagen aus, dass Freimann ein reicher Kaufmann gewesen sei, denn er war ja mit dem Auto gekommen, wohnte im Hotel, und in seiner Tasche hatte er Forint in Tausender-Scheinen. Ein solcher Mensch ist den ungarischen Stereotypen nach meist ein Jude.

In Kiskunmajsa wurde der jüdische Inspektor der Stelle für Zwangsabgaben beim Rat aus einer wütenden und hasserfüllten Menge heraus erschlagen. Die Täter gehörten zu jener Schicht, die aufgrund ihrer Mittellosigkeit gar nicht durch die Aktionen der Zwangsabgaben und Requirierungen geschädigt worden war. Die Vorgesetzten des Ermordeten blieben vom Volkszorn verschont.

Kommunistenfeindlichkeit = Judenfeindlichkeit

Im Jahre 1956 verband sich die Judenfeindlichkeit häufig mit dem Hass auf die kommunistischen Eliten des bisherigen stalinistischen Systems. Einer der Gründe dafür war, dass sich unter den staatlichen Führungskräften und den örtlichen Parteiführern sowie oft auch unter den Angehörigen der Staatssicherheit Personen jüdischer Abstammung befanden, die sich unmenschlich und erbarmungslos verhalten hatten. Manche von ihnen waren nach der schrecklichen Vergangenheit, nach dem Holocaust, zu Anhängern der als „Erlösung" empfundenen kommunistischen Idee und zu treuen Dienern der Partei, dieser „Kirche" geworden. Sie unterschieden sich jedoch in ihrer verblendeten Ergebenheit gegenüber der Partei und in ihrer Unmenschlichkeit nicht von den nicht-jüdischen Akteuren in vergleichbarer Stellung, letztere wurden dennoch seltener Opfer von Ausschreitungen als die jüdischer Abstammung.

Zur Parteielite jüdischer Abstammung gehörte vermutlich auch die Adressatin des folgenden Briefes. „[…] Wir haben nicht vergessen, dass wir lange Jahre und Monate im Gefängnis verbracht haben, man uns von unseren Familien, unse-

---

[23] Szakolczai (2000) S. 321

rem Zuhause, unseren Kindern getrennt hat, weil du damals eine wachsame volkserziehende Parteisekretärin warst. Die vielen Tränen, die wir dir, du dreckige jüdische Schlampe, zu verdanken haben, haben wir in Rechnung gestellt. Du hast gedacht, wir hätten dich vergessen, nein!!! Aber auch deine Zeit wird kommen, und du wirst die Verantwortung tragen für unsere bittere, im Gefängnis verbrachte Zeit, die wir unschuldig erleiden mussten wegen deines Hasses den Ungarn gegenüber, weil sie dich und die anderen Juden verschleppt haben. Wärst du doch in der Gaskammer umgekommen, zusammen mit den anderen dreckigen Juden, die ihr Tausende ungarischer Väter und Mütter getötet oder in Gefängnisse gebracht habt. Die guten Juden, die sind umgekommen. Wir haben dich nicht vergessen […] Parteisekretärin!!! Auch deine Zeit kommt bald."[24]

Wir wissen nichts über den realen Hintergrund dieses Dokuments des Antisemitismus. Zu fragen bleibt in jedem Falle, warum paart sich die in dem Brief enthaltene Anklage mit diesem blinden rassistischen Hass? Als sei der Verfasser des Briefes der Überzeugung, dass die Abstammung der Parteisekretärin ihr Verhalten erkläre. Die rassistische Wendung des Unrechts – der Jude fügt dem Ungarn Leid zu – stockt am Ende des Briefes. Es hat den Anschein, als würde ein Funken nüchternen Verstandes in der verletzten Person aufkommen. Ein unmenschliches Vorgehen kann doch nicht allein rassischen Ursprungs sein. Zudem ist das Leid des Verfassers auch nicht das gleiche wie jenes der Opfer des Holocaust. Bei dem Verfasser beginnt sich das distinguierende Schuldbewusstsein zu regen – die guten Juden wurden getötet –, damit er in dem irrationalen Zustand des künstlich übersteigerten Vergeltungswunsches bleiben kann. Die in dem Brief erwähnten Verbrechen wurden auch von Hunderten *nicht*-jüdischer Parteisekretäre und Volkserzieher begangen. Trotzdem ist kein Dokument erhalten geblieben, das einen gegen diese gerichteten Hass ähnlicher Intensität belegen würde.

Es ist sehr schwierig, die bei den Demonstrationen und Versammlungen dieser Revolutionstage gemachten judenfeindlichen Äußerungen von den sowjet- und kommunistenfeindlichen Bekundungen zu trennen. „Ungarische Brüder und Schwestern, uns gehört das Land, die dreckigen Juden und Kommunisten jagen wir aus dem Land, wir haben die Macht übernommen." (Nyírcsaholy)[25] „Brot für die Ungarn, den Strick für Rákosi, eine Judenregierung dulden wir nicht, Russen raus!" (Mátészalka)[26] „Nieder mit den Kommunisten, nieder mit denen, die ein rotes Buch besitzen, nieder mit den Juden!" (Szamossályi)[27] „Die Juden und die Kommunisten müssen ausgerottet werden!" (Balkány) „Wir brauchen keine

---

[24] PIL 290. f. 61. Archivierungseinheit
[25] Dikán Bd. 2. (1993) S. 374
[26] Ebd. S. 289
[27] Dikán Bd. 7. (1994) S. 178

Judenregierung, wir sind Ungarn." „Dreckige Kommunisten, die Juden sollen hängen." (Nagyecsed)[28] „Nieder mit der Judenregierung!" (Tiszavasvári)[29]

Es war charakteristisch für die irrige Vorstellung, die Kommunisten und Juden gleichsetzt, dass manche Lenin für einen Juden hielten. In Baktalórántháza konstatierte der Kreiskommandant der Nationalgarde empört, dass im Polizeipräsidium des Kreises noch immer Lenins Bild hing: „Was sucht das Foto dieses jüdischen Kommunisten an der Wand, wo doch das System schon ein anderes ist."[30]

Es kam vor, dass man das antisemitische Klischee von der Solidarität der Juden untereinander mit der kommunistischen Schreckensherrschaft in Verbindung brachte und Rákosi als den Beschützer der Juden bezeichnete. Man wollte nicht zur Kenntnis nehmen, dass sich der frühere Parteiführer nicht als Jude betrachtete und der „Aufbau des Sozialismus", der Terror bei der wirtschaftlichen und ideologischen Liquidierung der bürgerlichen Ordnung sowohl Juden als auch Nicht-Juden gleichermaßen getroffen hatte. Ein Ausdruck der Antipathie gegenüber einem Kommunisten war die Bezeichnung „Judenknecht", was in seiner herabwürdigenden Intensität nur um eine Haaresbreite hinter dem „jüdischen Kommunisten" zurückblieb. „Wir brauchen keinen kommunistischen Judenknecht mehr", so schickte man den Vorsitzenden des Exekutivkomitees in Kisar fort.[31] In Csaholc bezeichnete man den Schulrektor als „dreckigen Judenanhänger".[32] In Balkány nannten sie den Schulleiter einen Judenknecht.[33]

Mitunter wurde das simple Vorurteil durch persönliche Nähe oder Verbindung zu einem Betroffenen aufgehoben. In Tiszakécske versammelte sich eine aufgebrachte Menge vor dem Rathaus, es mochten mehr als Tausend Menschen gewesen sein. Unter den gerufenen Parolen war auch zu hören: „Raus mit den Juden aus der Regierung!", erinnerte sich der Pfarrer. „Aber das muss man nicht als antisemitische Äußerung betrachten, denn mit ihnen maschierte auch die Tochter des Sodaverkäufers Oppenheim, und ich habe selbst gehört, als jemand zu ihr sagte: Nicht dass Sie das auf sich selbst beziehen, Mancika!"[34] Der einstige Parteisekretär der Kleiderfabrik Debrecen besuchte aus Neugierde eine Versammlung an seinem ehemaligen Arbeitsplatz, wo man die Kommunisten und Juden aufforderte, das Fabrikgelände zu verlassen. Mit ihm machte der Redner

---

[28] Dikán Bd. 2. (1993) S. 54, S. 56
[29] Dikán Bd. 1. (1993) S. 271
[30] Dikán Bd. 11. (1997) S. 24
[31] Dikán Bd. 3. (1993) S. 274
[32] Ebd. S. 237
[33] Dikán Bd. 1. (1993) S. 57
[34] Nach einem Artikel von Judit Sombor, zitiert bei Gyurkó (2001) S. 271

allerdings eine Ausnahme: „Sándor Schwarcz kann bleiben, denn er ist ein ehrlicher und redlicher Mann," so erinnerte sich Schwarcz Jahrzehnte später.[35]

Das Klischee, wonach ein Kommunist generell mit einem Juden gleichzusetzen sei, wurde auch auf Kádár übertragen. „Im Gebiet des Kreises Keszthely verbreitete sich die Nachricht, dass der Streik um zehn Tage verlängert werden sollte, weil man die Regierung Kádár nicht anerkennen wollte. Zur Begründung wurde gesagt, dass Kádár ein Jude sei, und man einen solchen Ministerpräsidenten nicht gebrauchen könne."[36] In Debrecen und Umgebung gab es ähnliche Vorfälle: „Die Antisemiten erklärten, dass Imre Nagy und auch János Kádár Juden seien."[37] Ein Lehrer aus Tiszakóród äußerte sich folgendermaßen: „Ich vertraue auch Kádár nicht. Es heißt, dass Kádár auch Jude sei, nur habe er seinen Namen magyarisiert."[38]

Die lokalen Organe und die Judenfeindlichkeit

Im Gegensatz zu den antisemitischen Äußerungen, die bei Großveranstaltungen zu hören waren, finden sich in schriftlichen Berichten nur vereinzelt judenfeindliche Formulierungen. Die Verschriftlichung unterliegt stärker einer mentalen Kontrolle. Wer sich bei einer Demonstration oder einer Versammlung unter der Menschenmenge befindet, übernimmt die – depersonalisierte – Unverantwortlichkeit der Masse und erlaubt sich auch Dinge, die er sonst nicht tun würde.

Einer antisemitischen Erscheinungsform der Regierungsfeindlichkeit, die in einem behördlichen Aktenvorgang festgehalten ist, begegnen wir bei den mit Originalunterschriften beglaubigten Forderungen des Arbeiterrates von Szajla vom 29. Oktober: „Eine neue ungarische, unabhängige und judenfreie Regierung soll gebildet werden."[39] In dem Forderungskatalog des Revolutionskomitees von Józsa vom 27. Oktober findet sich die Judenfeindlichkeit in indirekter Form: „Das arbeitende Volk der Gemeinde Józsa fordert, dass in der neugebildeten Regierung nur die ungarische Nationalität vertreten ist, und es soll nicht wie in der Vergangenheit sein, dass führende Positionen von solchen besetzt werden, die keine ungarische Staatsbürgerschaft haben."[40]

Andere Revolutionskomitees bemühten sich aber, den spontan aufflammenden Antisemitismus zurückzudrängen. Zuweilen schien es eine unlösbare Aufga-

---

[35] Bógyi (2004)
[36] Győri (2003)
[37] Gadó (1992) S. 19
[38] Dikán Bd. 3. (1993) S. 69
[39] Izsák et al. (Hrsg.) (1991) S. 429
[40] Filep-Valuch (Hrsg.) (1993) S. 75

be für die demokratisch gewählten Komitees zu sein, den antisemitischen Gefühlsausbrüchen Einhalt zu gebieten und auch die Angegriffenen zu schützen. An dieser Stelle sei nur ein Beispiel aus Hajdúnánás genannt.[41] Als im Oktober 1956 jemand aus einer Menschenmenge heraus zum Verprügeln von Juden aufrief, stürmten die Leute die „Judenstraße" und misshandelten führende Persönlichkeiten der jüdischen Religionsgemeinschaft schwer. Danach suchten sie die Häuser von Juden auf. Die Judenverfolgungen wurden vereinzelt auch am nächsten und übernächsten Tag fortgesetzt. Das Revolutionskomitee von Hajdúnánás sah die Eindämmung der Massenhysterie als die dringlichste Aufgabe an. Daher nahm sie eine Umstrukturierung, eine „Maßregelung" der zur Nationalgarde umbenannten Bürgermiliz vor. Dies war notwendig, weil in ihren Reihen mehrere waren, die an Judenverfolgungen und Plünderungen teilgenommen hatten. Diese Personen wurden aus der Nationalgarde entlassen. Andere ihrer Mitglieder wiederum – so ein jüdischer Mann, der einst im Arbeitslager gewesen war und den man jetzt für einen „Sowjetknecht" hielt – wurden zum Angriffspunkt des Volkszorns. Der Vorsitzende des Revolutionskomitees machte zur Beruhigung der Lage Zugeständnisse an die Masse. Er behauptete, dass er einige der mit Schuldvorwürfen belasteten Juden habe verhaften lassen, sie hätten sich für ihre „Verbrechen" vor Gericht zu verantworten. Später forderte er diese lediglich auf, die Ortschaft zu verlassen. Nur auf diese Weise habe er sie, so argumentierte er gegenüber den Betroffenen, vor dem Volkszorn schützen können.

Das Verhalten des Revolutionskomitees von Hajdúnánás im Jahr 1956 erinnert an das des Nationalkomitees von Kiskunmadaras im Jahre 1946. Damals hatten Vertreter des aus den lokalen Parteien gebildeten Volksorgans den überlebenden Juden des Pogroms von Kunmadaras geraten, ihren Heimatort zu verlassen. So meinte man, der aggressiven Stimmung unter der Bevölkerung Herr werden zu können. Damit stützten sie indirekt die antisemitische Behauptung, dass die Juden selbst durch ihre bloße Anwesenheit am Ort für das Pogrom verantwortlich gewesen seien.

Im Jahre 1946 stand eine objektive Beurteilung der Antisemitismus in der ungarischen Bevölkerung nicht im Interesse der Staatsmacht, weil Rákosi und seine Leute mit den Ereignissen von Kunmadaras ihrem größten innenpolitischen Gegner, der Uabhängigen Kleinlandwirte-, Landarbeiter- und Bürgerpartei, FKGP (Független Kiskazda, Földmunkás és Polgári Párt), einen Schlag zu versetzen gedachten und nicht die tatsächlich Verantwortlichen (unter denen sich in größerer Zahl sowohl Kommunisten als auch Anhänger der FKGP befanden) zur Rechenschaft ziehen wollten.[42] Kádár und seine Parteigenossen scheuten sich 1957 vor einer realistischen Bewertung der Vorkommnisse von Hajdúnánás, weil

---

[41] Siehe ausführlicher Völgyesi (2001)
[42] Standeisky (1992)

sie sonst hätten eingestehen müssen, dass es den „konterrevolutionären" lokalen Führungskräften, vor allem den „revisionistischen" Kommunisten gelungen war, die antisemitische Massenstimmung in Hajdúnánás – unter deren Anführern die kádáristischen Justizorgane keinen „Klassenfeind" oder „Kulaken" nachweisen konnten – unter Kontrolle zu bringen.

Die Ängste der Juden

In den Tagen der Revolution hatten viele unter den Juden Angst, auch viele unter den Nicht-Juden fürchteten sich vor der Wiederbelebung des Antisemitismus. Die Angst brachte Schreckensnachrichten in Umlauf und bauschte sie auf. „Die Flucht der Juden hält an, und heute weiß man bereits von 50, nach Ansicht anderer von 80 Familien, darunter Barna Lányi und der ehemalige Direktor der Nationalbank, beide sind jüdische Schächter. Aus dem Haus Pásti-Straße 2 sind bereits 10 Familien fortgegangen," so ist es in einer Tagebuchaufzeichnung von Anfang Dezember 1956 zu lesen.[43]

Nach der Revolution wanderten viele Juden aus. Ihre massenhafte Emigration ist an sich kein Beleg für den während der Zeit der Revolution erstarkten Antisemitismus; denn in früheren Jahren war ihnen die Auswanderung nicht genehmigt worden. Viele konnten mit der Lockerung des Grenzregimes und der Erleichterung der Auswanderung einen lang gehegten Plan verwirklichen. Es ist schwer festzustellen, wieviele von ihnen nur auf die Gelegenheit zur Emigration gewartet haben und wieviele es waren, die mehr von den antisemitischen Ausschreitungen entsetzt waren und die meinten, in der öffentlichen Rede des freigekommenen Primas der Katholischen Kirche Mindszenty judenfeindliche Beiklänge gehört zu haben. Unklar ist die Zahl derer, bei denen jedes „Durcheinander" von Sicherheit und Ordnung innerste Ängste hervorrief; denn sie hatten das Jahr 1944 durchlebt und erinnerten sich an den „offiziellen" und völkischen Antisemitismus. Viele waren auch nicht davon überzeugt, dass sich die gesellschaftliche Einstellung zu den Juden durch die Veränderungen nach 1945 wirklich zum Besseren gewendet hatte. Auch das Vermögen der Juden war verstaatlicht worden, und viele Juden waren umgesiedelt worden.

---

[43] Balogh (1994) S. 82

Die ungarischen Kommunisten und der Antisemitismus

In den ersten Jahren nach dem Krieg wagten die Kommunisten nicht, dem Antisemitismus ins Auge zu blicken. Nach ihrer Machtübernahme kapselte sich der Antisemitismus ein, um dann in der Krisensituation des Jahres 1956 an die Oberfläche zu drängen und das öffentliche Leben wieder zu vergiften – der Antisemitismus der demokratischen sowie antidemokratischen Kräfte, der Konservativen, der Rechtsextremen und der Kommunisten.

Die Kommunisten waren dem loyalen Nationalismus gegenüber nachsichtig. Die führenden Persönlichkeiten in der Partei hatten die Hoffnung, mit Zugeständnissen dem Nationalismus gegenüber – durch stillschweigende Duldung des Antisemitismus beziehungsweise seine Nicht-Thematisierung – von denen akzeptiert zu werden, die ihnen eigentlich nicht gewogen oder gar feindlich gesinnt waren. Geleitet von kurzsichtigen politischen Interessen duldete man sogar in der Partei die sich anpassenden, im Machtkampf nützlichen Antisemiten, die „kleinen Pfeilkreuzler". Der stalinistische Parteiführer Rákosi hatte sich willkürlich verhalten: Er entschied, wer (wann) als Jude zu gelten hatte. Im Kampf gegen die „bürgerliche Reaktion" beziehungsweise bei der Liquidierung der kapitalistischen Verhältnisse differenzierte er die „Ausbeuter" nicht. Bei seinen Anhängern hingegen unterschied er danach, ob ihre Abstammung für ihn im gegebenen Augenblick einen Vor- oder Nachteil bedeutete. Wenn es seine politischen Interessen erforderten, war er fähig, selbst seine nächsten Mitarbeiter als „Feinde" und als „zionistische Verschwörer" einzustufen.

Kádár griff nach seiner Machtübernahme auf die bewährten Mittel zurück. Er verschleierte und vertuschte den Antisemitismus. Wo nationales Unrecht empfunden wurde, bemühte er sich, die Massen auf seine Seite zu ziehen. Mit gutem Gespür nutzte er die gegen Rákosi und Gerő gerichteten Gefühle aus, woraus er einen doppelten Vorteil zog. Einerseits diskreditierte er seine potenziellen Konkurrenten, andererseits weckte er in vielen die Hoffnung, die Linie des nationalen Kommunismus in der Art Imre Nagys (wenn auch zwangsläufig mit Rückschritten) fortführen zu können.

Im Jahre 1957 war das Verhältnis der Ungarischen Sozialistischen Arbeiterpartei, MSZMP (Magyar Szocialista Munkáspárt), zu den antisemitischen Ausschreitungen nach dem 23. Oktober 1956 durch Ambivalenz gekennzeichnet. Es gab unter den Mitgliedern der Parteiführung solche, die einen offenen Umgang mit dem Problem forderten – zum Großteil waren diese nichtjüdischer Abstammung –, während die Mehrheit ahnte, dass die Konfrontation mit dem Geschehen die uneingeschränkte Herrschaft der Partei gefährden könnte. Die der freien Öffentlichkeit Raum bietende pluralistische Demokratie war es, wovor sich die nach Restauration strebende diktatorische Macht am ehesten fürchtete.

Es hätte sich eindeutig herausgestellt, dass allein die demokratische Gesellschaft fähig gewesen wäre, die „Judenfrage" öffentlich aufzuwerfen und zu diskutieren. Ohne Meinungsfreiheit und politischen Pluralismus waren die Vorurteile nur mit autoritativ–polizeilichen Mitteln in den Hintergrund zu drängen.

Die These mag logisch klingen (ist jedoch irreführend), dass es im Interesse der Machthaber gewesen sei, die „Konterrevolution" als unmenschlich und grausam darzustellen. Das will heißen, hätten mehr antisemitische Ausschreitungen während der Revolution stattgefunden, hätten sie diese für ihre Propaganda nutzen können. In Wirklichkeit aber war die Führung gerade nicht an der Aufdeckung des Antisemitismus interessiert, weil sie gegenüber der Öffentlichkeit nicht zugeben wollte, dass zahlreiche judenfeindliche Ausschreitungen zugleich kommunistenfeindlich waren. Die Machthaber gingen daher meistens nicht über den traditionellen Hinweis auf den Antisemitismus im Lande hinaus. Kádár und seine Leute fürchteten sich auch mehr davor, dass ihre jüdischen Genossen ins Blickfeld der Öffentlichkeit geraten, als dass mit der Vertuschung der rechtsextremistischen Vorgänge sie als Komplizen der „Reaktion" betrachtet werden könnten.

Die frühen Propagandaschriften der Kádár-Ära bedienten sich zweifelhafter Methoden. Es wurde peinlich vermieden, dass die Zusammenhänge zwischen dem Antisemitismus und der Feindseligkeit gegenüber der Geheimpolizei sowie den Kommunisten allgemein ans Licht kamen. Im Falle von Kommunisten wurden die jüdische Herkunft bzw. darauf hinweisende Fakten verschwiegen und ein aussagekräftiger Hinweis auf ihre Tätigkeit vermieden. Über den gelynchten Inspektor für Zwangsabgaben jüdischer Abstammung erfuhr man nur, dass er ein kommunistischer Veteran und Angestellter beim Stadtrat gewesen war.

Mit dem Problem der Judenfeindlichkeit wurde die MSZMP dann während der Organisation der Kampagne gegen die UNO konfrontiert. Die Parteiführung musste nämlich entscheiden, wie sie ihre Forderung gegenüber der Weltorganisation, die Behandlung der „Ungarischen Frage" – der Revolution und der folgenden Repressalien – von der Tagesordnung zu nehmen, begründen sollte. Eine Vorlage dazu, die dem Politbüro eingereicht wurde, begründete die Notwendigkeit der Maßnahmen gegen die „Konterrevolution" unter anderem damit, dass die sich in Tätlichkeiten äußernde Judenfeindlichkeit nach dem Oktober 1956 gefährliche Ausmaße angenommen hatte. Es müsse darauf hingewiesen werden, so ist in dem Papier zu lesen, „wie in dieser Zeit der Antisemitismus wieder aufgelebt ist, welche Ausschreitungen es gab und dass Pogrome stattgefunden haben, deren Folge es war, dass mehrere Tausend Juden das Land verließen. Hierbei kann man sich auf Angaben berufen, die auf der kürzlich abgehaltenen

Konferenz der internationalen Organisation der Juden präsentiert wurden."[44] György Marosán war für die Erwähnung der antisemitischen Vorkommnisse. „Ob es in Ungarn eine Konterrevolution, eine faschistische Gefahr gegeben hat, müssen Sie die 25 000 Juden fragen, die von hier geflohen sind. Die wussten genau, was folgen würde. Warum schweigen wir darüber?", rief er erregt. Dezső Nemes war eher gegen einen Hinweis auf die antisemitischen Ausschreitungen,[45] und das Politbüro stimmte ihm mehrheitlich zu. Marosán nahm an, dass diese Mehrheit den Antisemitismus während der Revolution deshalb verschweigen wollte, weil sie davon ausging, dass der Westen ein solches Land nicht unterstützen würde, in dem die Juden verfolgt werden; das Land würde jene Unterstützung nicht erhalten, die es unbedingt brauchte.

Nach dem 23. Oktober 1956 hatte nicht die Regierung Nagy – die in Wirklichkeit schwach war und deren Energie der Erhaltung ihrer selbst galt – die Pogrome verhindert, sondern die lokalen Revolutionskomitees hatten die antisemitischen Gewalttätigkeiten beendet. Nemes spürte, dass jeder positive Hinweis auf diese Tatsache das neue Regime politisch geschwächt hätte. Bei dem ganzen Vorgang zeigte sich die alte Strategie der Kommunisten von 1945 in vergleichbarer Weise: Wenn die Partei die Judenfeindlichkeit in der Gesellschaft mit Schweigen übergeht, wird die dem Kommunismus gegenüber misstrauische Nation ihn eher annehmen. Die ungarischen Kommunisten jüdischer Herkunft hatten die Judengesetze, die Zwangsarbeit, der Holocaust, die Ära der Pfeilkreuzler zwangsläufig sehr zurückhaltend, häufig opportunistisch gemacht, wenn sie bei der Erlangung der Macht beziehungsweise der Erhaltung derselben mit dem Antisemitismus konfrontiert wurden.

Zusammenfassung

Als sich im Jahre 1956 die Fesseln der Macht lockerten, kam es auch zu antisemitischen Ausschreitungen. Der relativ seltene Fall judenfeindlicher Übergriffe ist kein Grund dafür, die Judenfeindlichkeit während der Revolution nicht zur Kenntnis zu nehmen.

---

[44] Ungarisches Landesarchiv 288. Fond. 5. Verzeichnis. 37. Archivierungseinheit
[45] Beide, Marosán und Nemes, waren Jahrgang 1908. Der ursprüngliche Sozialdemokrat Marosán wurde durch die Verschmelzung der Kommunistischen und der Sozialdemokratischen Partei zum stellvertretenen Generalsekretär der neuen Partei der Ungarischen Werktätigen, MDP (Magyar Dolgozók Pártja). Zwischen 1950 und 1956 saß er aufgrund fingierter Anschuldigungen im Gefängnis, nach der Niederschlagung der Revolution wurde er zu einem der wichtigsten Unterstützer von Kádár's Politik. Nemes, der Mitglied der illegalen Kommunistischen Partei gewesen war, hatte vor 1945 Jahrzehnte in der Sowjetunion verbracht. Seine parteipolitische Karriere verlief nach 1956 steil nach oben.

Die 1956 auftretende Judenfeindlichkeit in der Gesellschaft machte den Antisemitismus öffentlich, der zwischen 1945 und 1956 nur unterdrückt war. Zu dem aus der Zeit vor 1944 ererbten Antisemitismus gelangte in den Jahren der (halb)demokratischen Koalition, später zur Zeit der kommunistischen Diktatur als neues Element das mit dem Holocaust im Zusammenhang stehende Schuldbewusstsein hinzu, das sich in erster Linie in der Suche nach einem Sündenbock offenbarte. Die Verantwortung für den Tod einer halben Million ungarischer Juden wälzte man beinahe ausschließlich auf den Faschismus ab – auf Deutschland, das Ungarn besetzt hatte, und dessen ungarische Handlanger. Statt einer wünschenswerten Selbstprüfung, individuell und kollektiv, zählten die Menschen ihre persönlichen Verluste beziehungsweise die Verluste des Ungartums auf. Viele – darunter auch die antisemitisch eingestellten Mitglieder der Kommunistischen Partei – sahen eine Bestätigung ihrer Vorurteile darin, dass innerhalb der Führung von Partei und Staat die Personen jüdischer Herkunft überrepräsentiert waren.

Infolge der nicht stattgefundenen Aufarbeitung der Vergangenheit und der manipulativen Vergangenheitsdeutung von Seiten der Machthaber sowie der propagandistisch genutzten nationalen Unabhängigkeitstraditionen einerseits und der versteckt judenfeindlichen Beiklänge der antikapitalistischen Stimmung andererseits gelangten während der Revolution die alten und neuen Formen des Antisemitismus an die Oberfläche. Die Veränderung der Machtverhältnisse im Herbst 1956 begünstigte das Auftreten von aus der einseitigen, simplifizierten Deutung der Vergangenheit herrührenden, häufig niederen Emotionen.

In den ersten Tagen der Revolution, in denen die Existenz einer nationalen Einheit suggeriert wurde, trat die Judenfeindlichkeit noch nicht an die Oberfläche. Die anfängliche Euphorie schwand rasch, und es entstand eine Art von gesetzlosem Zustand. Die hektisch agierenden, ihr Ansehen verlierenden alten Machtorgane waren nicht mehr und die sich im Aufbau befindlichen neuen waren noch nicht in der Lage, diejenigen zurückzuhalten, die den Zeitpunkt gekommen sahen, sich Genugtuung für das ihnen in den vergangenen Jahren widerfahrene tatsächliche und/oder vermeintliche Unrecht zu verschaffen, die sich statt einer Selbstprüfung und nüchterner Abwägung der Umstände ihren Emotionen überließen. Die enge Verbindung von Kommunistenfeindlichkeit und Judenfeindlichkeit erschwerte ein effektives Auftreten gegenüber dem Antisemitismus erheblich.

Die neuen lokalen Machtorgane, die zum Großteil gegen Ende der ersten Woche der Revolution entstanden waren, machten sich mit Erfolg daran, Ordnung zu schaffen. In der Mehrheit der Fälle konnten sie auch der Judenfeindlichkeit Herr werden. Sie stellten sich gegen die Randalierer und nahmen die Bedrohten in Schutz. Für einen Abbau von Vorurteilen, für Veränderungen in der

Mentalität war der Zeitrahmen von knapp zwei Wochen, vom 23. Oktober bis zum 4. November 1956, allerdings viel zu knapp.

Zur Zeit der Repressionen, die auf die Revolution folgten, verzichteten Kádár und seine Genossen in ihrer revolutionsfeindlichen Propaganda (nach einigem Zögern) betont darauf, die antisemitischen Ausschreitungen während der Revolution zu erwähnen. Sie fürchteten – und damit folgten sie einem alten kommunistischen Reflex –, dass sich ihr Einfluss auf die Massen verringern würde, sollte auf diese Weise der Zusammenhang von Kommunistenfeindlichkeit und Antisemitismus in das öffentliche Bewusstsein gelangen. Zudem wollten sie vermeiden, dass das erfolgreiche Auftreten der revolutionären Organe gegen den Antisemitismus zur Sprache kommt. Sie blieben Gefangene der marxistisch-leninistischen Doktrin, nach der mit der Liquidierung des Kapitalismus der Antisemitismus automatisch ein Ende finde. Hätten sie eingestanden, dass die judenfeindlichen Ausschreitungen von den nach ihrer Ideologie als führende Klasse der Gesellschaft angesehenen Arbeitern ausgegangen waren, hätten sie ihrer eigenen langjährigen Herrschaft ein schlechtes Zeugnis ausgestellt.

Literatur

Balogh, István: *Debrecen a forradalom után.* [Debrecen nach der Revolution] Debrecen, 1994, ohne Verlag.

Bógyi, Attila: *Schwarcz Sándor története.* [Die Geschichte von Sándor Schwarcz] 2004, Manuskript.

Dikán, Nóra: *Az 1956-os forradalom utáni megtorlás Szabolcs-Szatmár-Bereg megyei dokumentumai.* [Die Dokumente der Repressalien nach der Revolution 1956 im Komitat Szabolcs-Szatmár-Bereg], Band 1–11. Nyíregyháza, 1993–1997, Museum Jósa András.

Filep, Tibor–Valuch, Tibor (Hrsg.): *1956 dokumentumai Hajdú-Biharban. Az 1956-os forradalom Hajdú-Bihar megyei történetének válogatott dokumentumai.* [Die Dokumente von 1956 in Hajdú-Bihar. Ausgewählte Dokumente aus der Geschichte des Komitats Hajdú-Bihar zur Revolution 1956] Debrecen, 1993, Forschungsgruppe des Instituts für die Geschichte der Ungarischen Revolution 1956 für das Komitat Hajdú-Bihar.

Gadó, János: *„Összegyűjtöttük és regisztráltuk". Antiszemita atrocitások 1956-ban.* (A Magyar Izraeliták Országos Irodájának 1957 januárjában a World Jewish Congresshez írt összefoglalója) [„Gesammelt und registriert". Antisemitische Atrozitäten im Jahr 1956. (Die Zusammenfassung des Landesbüros der Ungarischen Israeliten vom Januar 1957 an den World Jewish Congress)] *Szombat*, 1992. Nr. 8, S. 18–20.

Győri, László: Kádár megőrült, Maléter hatvanezer emberrel a Bükkben, a Szovjetunióban kitört a forradalom. Hírek, álhírek, rémhírek, legendák az 1956-os forradalom után. [Kádár wahnsinnig, Maléter mit sechzigtausend Menschen in Bükk, Revoluti-

```

on in der Sowjetunion. Nachrichten, Scheinnachrichten, Schreckensnachrichten, Legenden nach der Revolution 1956] Zusammenstellung auf der Grundlage des Bandes Rendőrségi napi jelentések, 1956. október 23. – december 31. [Polizeiliche Tagesmeldungen, 23. Oktober – 31. Dezember 1956] – Kajári, Erzsébet (Zusammenstellung und Einleitung), Band I. Budapest, Innenministerium – Institut für die Geschichte der Ungarischen Revolution 1956, 1997 – 2003, Manuskript.

Gyurkó, László: *A bakancsos forradalom.* [Die Stiefel-Revolution] Budapest, 2001, Kossuth.

Handler, Andrew– Menschel, Susan V. (Hrsg.): Red Star, Blue Star. The Lives and Times of Jewish Students in Communist Hungary (1948–1956). New York, 1997, Columbia University Press.

Handler, Andrew: *Where Familiarity with Jews Breeds Contempt.* In: Handler – Menschel (Hrsg.), S. 1–54.

Irving, David: *Felkelés! Egy nemzet küzdelme: Magyarország 1956.* [Aufstand! Der Kampf einer Nation: Ungarn 1956] Budapest, 2003, Gede Testvérek Bt.

Izsák, Lajos et al. (Ausg. und hrsg.): *1956 plakátjai és röplapjai. Október 22.–november 5.* [Plakate und Flugblätter von 1956. 22. Oktober – 5. November] Budapest, 1991, Zrínyi.

Karády, Viktor: *Túlélők és újrakezdők. Fejezetek a magyar zsidóság szociológiájából 1945 után.* [Überlebende und Neuanfänger. Kapitel aus der Soziologie des ungarischen Judentums nach 1945] Budapest, 2002, Múlt és Jövő.

Kende, Péter, Dr.: *Röpirat a zsidókérdésről.* [Flugschrift zur Judenfrage] Budapest, 1989, Magvető.

Kovács, András: *Magyar zsidó politika a háború végétől a kommunista rendszer bukásáig.* [Ungarische jüdische Politik vom Ende des Krieges bis zum Fall des kommunistischen Systems] *Múlt és Jövő,* 2003. 3, S. 5–34.

Lendvai, Paul: Antisemitismus ohne Juden. Entwicklungen und Tendenzen in Osteuropa. Wien, 1972, Europaverlag.

Pelle, János: Az utolsó vérvádak. Az etnikai gyűlölet és a politikai manipuláció *kelet-európai történetéből.* [Die letzten Ritualmorde. Aus der osteuropäischen Geschichte des ethnischen Hasses und der politischen Manipulation] Budapest, 1995, Pelikán.

Standeisky, Éva: *Antiszemita megmozdulások Magyarországon a koalíciós időszakban.* [Antisemitische Aktionen in Ungarn während der Koalitionszeit] *Századok,* 1992. 2, S. 284–308.

Standeisky, Éva: *Libikóka. Egy 1956-os forradalmi bizottsági elnök ellentmondásos élete.* [Wippe. Das widersprüchliche Leben des Vorsitzenden eines Revolutionskomitees von 1956] In: *Évkönyv 2003, XI. Magyarország a jelenkorban.* Hrsg. Rainer, M. János – Standeisky, Éva, Budapest, 2003, Institut für die Geschichte der Ungarischen Revolution 1956. S. 181–196.

Standeisky, Éva: *Antiszemitizmus az 1956-os forradalomban.* [Antisemitismus während der Revolution 1956] In: *Évkönyv 2004, XII. Magyarország a jelenkorban.* Hrsg. Rainer, János, M. – Standeisky, Éva, Budapest, 2004, Institut für die Geschichte der Ungarischen Revolution 1956. S. 147–185.
```

Standeisky, Éva: *Elmismásolt antiszemitizmus, elhallgatott múlt. Az 1956-os miskolci lincselés.* [Vertuschter Antisemitismus, verschwiegene Vergangenheit. Der Lynchmord von Miskolc 1956] *Élet és Irodalom*, 2004. augusztus 20, S. 8–9.

Szabó, Miklós: *...És a Kádár-korszak?* [... Und die Kádár-Ära?] *Szombat*, 1995. 4, S. 34–36.

Szabó, Róbert: *A kommunista párt és a zsidóság Magyarországon, 1945–1956.* [Die kommunistische Partei und das Judentum in Ungarn, 1945–1956] Budapest, 1995, Windsor.

Szakolczai, Attila: *Tömegmozgalmak Miskolcon, 1956. október 25–26.* [Massenbewegungen in Miskolc, 25.–26. Oktober 1956] In: Kőrösi, Zsuzsanna et al. (Hrsg.): *Évkönyv, 2000. Magyarország a jelenkorban.* Budapest, 2000. Institut für die Geschichte der Ungarischen Revolution 1956. S. 303–323.

Solschenizyn, Aleksandr Issajewitsch: *Dvesti let vmeste (Двести лет вместе)* [Zweihundert Jahre zusammen] I-II. Moskva, 2002, Russkij Put'.

Völgyesi, Zoltán: *Kisvárosi történet. Az 1956-os forradalom és a zsidóellenes megmozdulások Hajdúnánáson.* [Kleinstädtische Geschichte. Die Revolution 1956 und judenfeindliche Ausschreitungen in Hajdúnánás] Budapest, 2001, Osiris.

Sándor M. Kiss

Restauration und Repression zur Zeit der Revolution und des Freiheitskampfes von 1956

Nach allgemeiner Ausfassung begann die ungarische Revolution des Jahres 1956 am 23. Oktober 1956 und endete mit der sowjetischen militärischen Intervention vom 4. November 1956. Obwohl es nach dem 4. November in Budapest noch vereinzelt zu Kämpfen kam, werden diese bestenfalls als „Nachhutgefechte" betrachtet. Die Meinung, dass nach Beendigung der Kämpfe sofort die politische Restauration und die Repression gegenüber den Revolutionären und Freiheits-kämpfern folgten, stellt eine konsequente Weiterführung dieses Gedankenstran-ges dar. Die Meinung des Verfassers weicht allerdings von dieser Periodisierung ab.

Die Revolution und der Freiheitskampf begannen tatsächlich am 23. Okto-ber 1956 und es ist auch richtig, dass die (zweite) militärische Intervention der Sowjetunion am 4. November 1956 einsetzte. Mit der sowjetischen Intervention am 4. November endete allerdings nur die erste Phase der Revolution und des Freiheitskampfes. Das Handeln der Macht war vom ersten Augenblick an von Repressionsmaßnahmen gekennzeichnet.

Wir müssen, ohne uns in die Analyse der Geschehnisse vom 23. Oktober 1956 zu vertiefen, einige wichtige Momente dieses Tages beleuchten. An erster Stelle sei herausgestellt, dass die erste Anwendung von Waffengewalt während der Revolution – entgegen der allgemeinen Meinung – nicht in Budapest, son-dern in Debrecen erfolgte. Ein weiteres wichtiges Faktum ist, dass die zentrale Regierungsmacht nach Stunden der Verunsicherung am Nachmittag des 23. Oktober 1956[1] am späten Abend des 23. Oktober bzw. am frühen Morgen des 24. Oktober wichtige Entscheidungen traf.

Am 24. Oktober 1956 gegen zwei Uhr wurde Imre Nagy Regierungschef. Diese Entscheidung stand im Gegensatz zu den Ratschlägen aus Moskau. Dort hatte man zwar empfohlen, Nagy in die oberste Führung aufzunehmen, ihn aber nicht zum Ministerpräsident zu ernennen. Bereits vor seiner Ernennung, also noch während der Ministerpräsidentschaft von András Hegedüs, war eine weitere

---

[1] Diese Verunsicherung war nicht durch die Beurteilung der Ereignisse bedingt, denn die Staats- und Parteiführung war sich darin einig, dass es in der Hauptstadt zu konterrevolutionären Ereignissen gekommen war, sondern betraf die Frage des zukünftigen Handelns.

116

wichtige Entscheidung getroffen worden: In den späten Abendstunden wurde der Militärausschuss der Zentralen Führung der Partei der Ungarischen Werktätigen (Magyar Dolgozók Pártja; MDP) ins Leben gerufen. Nach der angenommenen Direktive sollte es Aufgabe des Militärausschusses sein, einen Aktionsplan zur Niederschlagung der bewaffneten „Konterrevolution" zu erarbeiten.[2] Im Einzelnen war vorgesehen, dass der Militärausschuss die Einheiten der Ungarischen Volksarmee mobilisieren, die systemtreue Arbeiterschaft bewaffnen und die Bewegungen der Einheiten der Volksarmee mit den Aktivitäten der in die Kämpfe eingreifenden sowjetischen Truppeneinheiten koordinieren sollte.

Der Militärausschuss bezog nach seiner Gründung sofort Quartier im Verteidigungsministerium. Dort stimmte er seine Aktivitäten mit dem sowjetischen Generalleutnant Tichonow, dem höchstrangigen Berater des ungarischen Verteidigungsministers, sowie mit den in der ungarischen Hauptstadt eintreffenden sowjetischen Gesandten, darunter Generalleutnant Serow, dem „ersten Mann" der sowjetischen Staatssicherheit, ab. Es wurden erste Schritte unternommen, um mit der Durchführung des erwähnten Plans zu beginnen.[3]

Es stellt sich die Frage, wie effektiv der Militärausschuss gearbeitet hat? Die Dokumente verweisen darauf, dass Plan nach Plan entwickelt wurde, diese

---

[2] Hinsichtlich der Bedeutung und der Aktivitäten des Militärausschusses werden in der Forschung unterschiedliche Meinungen vertreten. Siehe hierzu die Arbeiten von Zoltán Ripp, Ötvenhat októbere és a hatalom. A Magyar Dolgozók Pártja vezető testületeinek dokumentumai, 1956 október 24-október 28 [Der Oktober 1956 und die Macht. Dokumente der Führungsgremien der Partei der Ungarischen Werktätigen, 24. Oktober 1956 – 28. Oktober 1956], in: Ders. (Hrsg.), A pártvezetés végnapjai [Die letzten Tage der Parteiführung], Budapest 1997; Frigyes Kahler/ Sándor M. Kiss, Mától kezdve lövünk [Von heute an schießen wir], Budapest 2003.

[3] Mikojan und Suslow berichteten über das Treffen und die Geschehnisse danach folgendes nach Moskau: „Im Verteidigungsministerium trafen wir den Verteidigungsminister und den Minister für Staatssicherheit sowie eine Gruppe von Mitgliedern der Zentralen Führung [der MDP]. [...] Diese sind ermächtigt, die Ordnung in der Stadt wiederherzustellen. Dort hält sich auch der ausgelagerte Stab der sowjetischen Truppen auf, der eng mit den Ungarn zusammenarbeitet." In ihrem Bericht erinnern Mikojan und Suslow auch an den ersten bewaffneten Zwischenfall, an das Salvenfeuer von Debrecen: „Die Genossen vertreten die Meinung, dass sich die ungarische Armee falsch verhalten habe, obwohl sich die Armeeabteilung in Debrecen tapfer geschlagen habe." Der Bericht behandelt auch die Frage der Bewaffnung der Arbeiterschaft. „Die ungarischen Genossen haben einen schweren Fehler begangen, als sie gestern vor Mitternacht nicht genehmigten, das Feuer auf die Teilnehmer der Unruhen zu eröffnen. Die ungarischen Genossen entscheiden selbst, welche Maßnahmen sie treffen. Wir geben ihnen ergänzende Ratschläge in Hinblick darauf, wie sie aus den Arbeitern in den Fabriken und in den Parteikomitees der Bezirke revolutionäre Arbeiterverbände organisieren können und wie diese Truppen zu bewaffnen sind. Sie haben zwar bereits einen entsprechenden Beschluss gefasst, ihn aber nicht ausgeführt, weil sie den Betrieben keine Waffen zur Verfügung stellen wollten, da sie befürchteten, dass diese in die Hände der Feinde gelangen würden. Wir haben beschlossen, die Waffenlieferungen am heutigen Tage mit Hilfe unserer gepanzerten Fahrzeuge durchzuführen." (Hiányzó Lapok 1956 történetéből. Dokumentumok a volt SZKP KB levéltárából [Fehlende Blätter aus der Geschichte von 1956. Dokumente aus dem einstigen Archiv des ZK der KPdSU], Budapest 1993).

Pläne aber nicht in einheitliche Direktiven umgesetzt wurden. Dieses offensichtliche Scheitern bedeutete aber nicht, dass der Militärausschuss nicht das Organ war, das in seiner Machtvollkommenheit alles versuchte, entsprechend den Anweisungen der Partei und als dazu auserwähltes wichtigstes Parteiorgan die ausbrechende Revolution mit Waffengewalt niederzuschlagen.[4]

Die vom Militärausschuss ausgearbeiteten und von der sowjetischen Führung gut geheißenen Vorstellungen wurden von Imre Nagy nicht akzeptiert. „Der Militärausschuss legte in Übereinstimmung mit den sowjetischen Beratern Imre Nagy den Entwurf zur Verordnung des Ausgangsverbotes und des Standrechts vor. Der Militärausschuss verfasste einen Aufruf an die Armee, demgemäß die Konterrevolution ausgebrochen sei. […] Imre Nagy hätte diesen verkünden müsse, er weigerte sich aber."[5]

Obwohl auch Imre Nagy der Auffassung war, in Budapest sei eine „bewaffnete Konterrevolution" ausgebrochen (es gibt zumindest keine Hinweise darauf, dass er gegen diese Bezeichnung protestiert hätte), kann aus seinem Verhalten geschlossen werden, dass er selbst nicht gegen die unbewaffnete Masse auftreten wollte, die die Hauptstadt überflutete und kurz zuvor noch für seine Ernennung zum Ministerpräsidenten demonstriert hatte. Diese Position spiegeln auch seine Feststellungen wider, die Mikojan in seinem Bericht vom 24. Oktober wiedergibt: „Nagy sagte, dass, wenn man bereits früher zu den Massen gesprochen hätte und vor oder während der Massendemonstration [vom 23. Oktober 1956] die innerhalb der Führung durchgeführten Veränderungen angekündigt hätte, die Geschehnisse nicht bis zu diesem Punkt eskaliert wären. Die übrigen Genossen reagierten mit Schweigen auf die Feststellung von Nagy."[6]

Mikojan und Suslow spürten, auch wenn sie Moskau über die Festigung der Einheit in der ungarischen Führung berichteten, nur zu gut, dass – dies zeigt ihr Hinweis auf das Schweigen der anderen – die Meinung von Nagy über die Situation nicht ganz mit derjenigen seiner Kollegen übereinstimmte. Nagy verwarf nämlich die Möglichkeit einer friedlichen Lösung noch nicht. Wir müssen beach-

---

[4] Es ist lehrreich zu untersuchen, welche Ansichten es in der Zeit zwischen dem 24. und 28. Oktober 1956 in der Frage des Ausgangsverbotes und des Standrechts gab. Beide Fragen sind selbstverständlich eng miteinander verbunden. Ziel des Ausgangsverbotes ist es, die Straßen von unbewaffneten Zivilisten zu „reinigen", Ziel des Standrechts, dass die Ordnungskräfte die bewaffneten Herde unmittelbar ausmachen können. Für die damalige Auffassung von Imre Nagy ist es charakteristisch, dass er zwar das Standrecht akzeptierte, d.h. dass er die Bewaffneten als konterrevolutionäre Aufständische betrachtete, das Ausgangsverbot aber nicht wollte (ausführlich siehe Frigyes Kahler/ Sándor M. Kiss, Kinek a forradalma? [Wessen Revolution?], Budapest 1997, S. 44-47).
[5] Die Ungarische Volksarmee und die Konterrevolution vom Oktober/November 1956 (Hadtörténeti Levéltár [Archiv für Kriegsgeschichte], Signatur 56-os gy. 8.ö.e).
[6] Mikojan és Szuszlov jelentése 1956 október 24-én [Bericht von Mikojan und Suslow, 24. Oktober 1956], in: A „Jelcin-dosszié" Szovjet dokumentumok 1956-ról [Das „Jelzin-Dossier". Sowjetische Dokumente über 1956], Budapest 1993.

ten, dass zu dieser Zeit die Kämpfe beim Gebäude des Ungarischen Radios noch im Gange waren und die ungarische Führung auch wusste, dass es am 23. Oktober in Debrecen zu Schüssen auf – friedliche – Demonstranten gekommen war.

Im Bewusstsein der ungarischen Gesellschaft herrscht bis zum heutigen Tage die Meinung vor, dass die erste Anwendung von Waffengewalt während der Revolution am späten Abend des 23. Oktober in Budapest erfolgte, nämlich vor dem Gebäude des Ungarischen Radios. In einer im Auftrag des Ausschusses für Historische Faktenrecherche (Történelmi Tényfeltáró Bizottság)[7] erstellten Studie weist der Historiker Tibor Filep nach, dass das erste Salvenfeuer am 23. Oktober 1956 zwischen 18 und 19 Uhr in Debrecen stattfand.[8]

Das erste Salvenfeuer, das somit auch die erste Repressionsaktion gegen unbewaffnete Demonstranten darstellt, wirft eine ganze Reihe wichtiger historischer Fragen auf. Besonders zentral ist die Frage, wer bzw. welches Organ damals das Recht hatte, den Feuerbefehl zu erteilen.

Diese Frage ist, zumindest prinzipiell, geklärt. Am 23. Oktober 1956 war ein Beschluss aus dem Jahre 1954 gültig, der folgenden Titel trug: „Prinzipielle Vorlage für die Truppen der Ungarischen Volksarmee hinsichtlich der organisatorischen Maßnahmen zur Wahrung der staatlichen und gesellschaftlichen Ordnung bzw. der Organisation des (bewaffneten) Sicherheitsdienstes im Falle von Naturkatastrophen".[9]

Im Interesse der Beantwortung unserer Frage ist es auch interessant, ein Gespräch zu zitieren, das am 23. Oktober 1956 nachmittags gegen zirka 17 Uhr im Verteidigungsministerium zwischen dem Politischen Hauptgruppenleiter Jenő Hazai und den beiden Generälen Kovács und Hegyi stattfand. Die beiden Generäle erkundigten sich danach, „wer die Verantwortung für den Befehl zu einem möglichen Waffeneinsatz [...]" trage „und ob der Waffengebrauch nicht etwa die Macht einer einzelnen [politischen] Clique [...]" schütze? Nach dem Dokument war die Antwort von Hazai ziemlich lakonisch: „Für den eventuellen Waffengebrauch wird der Minister, der das Vertrauen der Mehrheit der Z[entralen]

---

[7] Der Ausschuss war im Januar 1993 von der national-bürgerlichen Antall-Regierung eingesetzt worden.
[8] Vgl. Tibor Filep, A megtorlás története Hajdú-Biharban 1956-57-ben [Die Geschichte der Repression im Komitat Hajdú-Bihar] (unveröffentlichtes Manuskript, 1993).
[9] Hadtörténeti Levéltár [Archiv für Kriegsgeschichte], Signatur 1954/T. 8. doboz 1. csomag. Das Dokument beinhaltet die Vorschrift, dass die Aufrechterhaltung der Ordnung Aufgabe der Truppen des Innenministeriums sei. Die Einheiten der Armee seien nur für den Fall einzusetzen, dass die bewaffneten Kräfte des Innenministeriums selbst nicht ausreichen. Eine Intervention könne von den Ministern der Volksrepublik Ungarn angefordert werden, von den Befehlshabern der bewaffneten Truppen des Innenministeriums, von den Leitern der Staats- und Parteiorgane auf Gemeinde-, Stadt- und Bezirksebene, von den Leitern der Komitatshauptabteilungen des Innenministeriums sowie von den Befehlshabern der Institutionen des Strafvollzugs.

F[ührung] genießt, den Befehl geben".[10] Jenő Hazai, ein kommunistischer Veteran, der das Vertrauen der Führung genoss, war zweifellos gut unterrichtet. Wir können seine Meinung also als richtungweisend betrachten.

Im Sommer 1956 hatten Juri Andropow, Botschafter der Sowjetunion in Ungarn, sowie Generalleutnant Tichonow, im Verteidigungsministerium agierender oberster sowjetischer Berater, bereits die Möglichkeit eines „konterrevolutionären bewaffneten Aufstandes" in Ungarn in Erwägung gezogen. Malaschenko, 1956 Leiter der Gruppe für Kriegsführung im Generalstab des in Ungarn stationierten Armeekorps, schrieb im Rückblick auf den Juli 1956 folgendes: „Ich suchte Generalleutnant Tichonow auf, der drei dicke Dokumente aus dem Panzerschrank nahm und erklärte: Sehen Sie sich alles an, was Sie interessiert. In diesen Bänden sind die Pläne des ungarischen Generalstabs enthalten, wie sich die ungarische Armee zusammen mit den Staatssicherheitsorganen und der Polizei am Schutz der staatlichen Ordnung in Ungarn beteiligt."[11]

Über diesen Plan schrieb Generalleutnant Géza Révész 1957 folgende Zeilen: „Der militärische Notfallplan wurde auf dem Papier mit dem Einsatzplan für die inneren Ordnungskräfte abgestimmt. In der Praxis wurden allerdings keine entsprechenden Maßnahmen getroffen, um eine tatsächliche Zusammenarbeit zu gewährleisten."[12]

Aufgrund der zitierten Dokumente gelangen wir zu der Feststellung, dass die Volksrepublik Ungarn theoretisch über einen Plan verfügte, um einem inneren Aufstand wirksam begegnen zu können. Es kann auch die Schlussfolgerung gezogen werden, dass an der Spitze der Pyramide, die die Repression organisierte, derjenige Minister stand, der das Vertrauen der Mehrheit der Zentralen Führung genoss. Dies wäre wohl damals Innenminister László Piros gewesen. Wir müssen aber auch feststellen, dass das Prinzip der Repression, einschließlich des Rechts zur Ausgabe des Feuerbefehls nicht funktionierte.

Und hiermit sind wir bei einer Grundfrage unseres Themas angelangt: Warum sprechen wir von Repression anstelle von Kampfhandlungen? Wie setzten die Partei und der Staat in der ersten Phase der Revolution (vom 23. Oktober

---

[10] Hadtörténeti Levéltár [Archiv für Kriegsgeschichte], Signatur 1957/T 31.jelzet 89. csomag.

[11] Die drei Dokumente, auf die sich Malaschenko beruft, waren lange Zeit verschollen. Erst nach 1996 wurden sie von Ildikó Zsitnyányi, einer meiner Schülerinnen, im Archiv des Instituts für Kriegsgeschichte gefunden. Sie befanden sich unter den Dokumenten über den Einmarsch in Prag 1968.

[12] Révész zitiert in A HM Titkárság összefoglaló jelentése: A Magyar Néphadsereg szerepéről az 1956 október-novemberi ellenforradalomban [Zusammenfassender Bericht des Sekretariats des Verteidigungsministeriums: die Rolle der Ungarischen Volksarmee während der Konterrevolution vom Oktober/November 1956] (Hadtörténeti Levéltár [Archiv für Kriegsgeschichte], Signatur 1957/T 89. csomag).

1956 bis zum 4. November 1956) ihre Repressionsmaschinerie gegen die Revolutionäre und Freiheitskämpfer ein?

Am 23. Oktober 1956 demonstrierten in Debrecen in den Nachmittagsstunden ungefähr 30.000 Personen vor dem Gebäude der Komitatshauptabteilung. Die Demonstranten waren unbewaffnet. Der Parteiausschuss des Komitats war zuvor von mehreren Seiten über die Vorbereitung des Aufzuges informiert worden. Ein Polizeioberleutnant mit dem Namen István Szalai war bereits in den frühen Nachmittagstunden von seinem Verbindungsmann aufgesucht worden. Dieser meldete ihm, dass sich die Studentenschaft auf einen Demonstrationszug vorbereite. Szalai erstattete zuerst der Komitatshauptabteilung Bericht und schlug ein sofortiges bewaffnetes Eingreifen vor. Dieser Vorschlag stieß dort zu diesem Zeitpunkt noch auf eindeutige Ablehnung. Anschließend rief der Leutnant mehrmals im Budapester Innenministerium an. Dort erhielt er folgende Antwort: „Es ist nicht zulässig und es kann keine Rede davon sein, diese [Demonstranten] auseinander zu treiben, denn die Partei weiß Bescheid. Und diese Entwicklungen gibt es auch in Budapest."[13]

Im Bericht der 48. Schützenkompanie, die in Debrecen stationiert war, können wir Ähnliches lesen. Danach informierten die Leiter der Komitatshauptabteilung ihre Budapester Vorgesetzten ständig per Telefon über die Geschehnisse: „Der Befehlshaber [...] [der Lokalwache] und sein Stellvertreter sowie der [...] Leiter des Innenministeriums und das Politbüro waren entschlossen, die Ordnung auch weiterhin mittels der inneren Ordnungskräfte sowie mittels der Polizei aufrecht zu halten."[14] Im selben Bericht können wir auch lesen, dass „im Parteikomitee des Komitats mit Wissen der Zentralen Führung der MDP und des Verteidigungsministeriums ein Verteidigungsrat gegründet wurde, der folgende Mitglieder hatte: der Sekretär des Parteikomitees des Komitats, die Vorsitzenden des städtischen und des Komitatsrates, der Hauptabteilungsleiter des Innenministeriums, der Befehlshaber der Einheit der inneren Ordnungskräfte von Debrecen, außerdem seitens der Armee Oberst Mityán [...], Hauptmann József Hertzku und Hauptmann Ferenc Vékony sowie Genosse Csorba [...]."[15]

Der Vergleich der verschiedenen Berichte eröffnet uns die Möglichkeit, die Geschehnisse relativ genau zu rekonstruieren. Demnach begannen die Studenten in Debrecen zeitgleich mit dem Budapester Protestzug ihre Demonstration. Die

---

[13] Szalai István jelentése [Bericht von István Szalai], Országos Levéltár [Ungarisches Staatsarchiv], Signatur 288. fond 30/1957 6. ö.e. Dieser Bericht wurde nach der Revolution für die Verwaltungsabteilung der Ungarischen Sozialistischen Arbeiterpartei (MSZMP) erstellt. Das Schriftstück wurde von der untersuchenden Person mit Randbemerkungen versehen. Darunter befand sich die Bemerkung: „Das ist nicht wahr!"

[14] Bericht der 48. Schützenkompanie, Debrecen (Hadtörténeti Levéltár [Archiv für Kriegsgeschichte], Signatur 56-os gyűjtemény 5. ö.e.).

[15] Ebenda.

lokale Führung in Debrecen sowie die dortige Leitung des Innenministeriums standen in permanentem Kontakt zu den oberen Organen in der Hauptstadt. Wie wir wissen, wurde zu dieser Zeit in der Hauptstadt noch darüber diskutiert, ob die Demonstration genehmigt werden solle oder nicht, noch dachte niemand an einen bewaffneten Konflikt. Um die Situation unter Kontrolle bringen zu können rief die Führung in Debrecen – wie dies im Katastrophenplan als präventive Maßnahme auch vorgesehen war – einen Verteidigungsrat ins Leben. Dessen Aufgabe hätte es sein sollen, die Krise zu überwinden.[16] Wie wir – über die zitierten Berichte hinaus – von Lajos Fehér wissen, war der allgemeine Feuerbefehl am 23. Oktober nachmittags noch nicht in Kraft. Laut Fehér gab „die Zentrale Führung am 24. Oktober [1956] um Mitternacht halbeins den Befehl zum scharfen Waffengebrauch."[17]

Es ist unter Historikern ein akzeptierter Standpunkt, dass in der angespannten Situation vom 23. Oktober 1956 die Rede von Gerő um halb acht Uhr, in der der Generalsekretär die Demonstranten als „Schweinebande" verunglimpfte, Öl in das Feuer goss.[18] Die Rede trug tatsächlich zur weiteren Verschlechterung der Atmosphäre bei. Wir müssen allerdings feststellen, dass Gerő die Meinung der Zentralen Führung und des Ministerrats verlautbaren ließ. Auf einer am Nachmittag abgehaltenen Sitzung bewertete der damalige ungarische Ministerpräsident András Hegedüs die Situation und verwendete dabei den gleichen Wortschatz wie Gerő. Sowohl Gerő als auch Hegedüs verunglimpften die Demonstranten im Glauben, dass die Demonstration noch am selben Tag ein Ende finden werde.[19] Die Demonstranten wurden aber auch in Debrecen von Zoltán Komóc-

[16] In Szeged kam es zu ähnlichen Prozessen. Ein Aktionsplan vom 21. Oktober 1956 beschloss die Sicherung von Szeged durch Einheiten der inneren Ordnungskräfte. In diesem ist folgender Satz zu lesen: „Die Befehlshaber der Lokalwache sollen engen Kontakt zu den lokalen Partei- und Räteorganen sowie zu den Organen des Innenministeriums halten." (Hadtörténeti Levéltár [Archiv für Kriegsgeschichte], Signatur 1956-os gyűjtemény 124-125. fond 8.ö.e.).

[17] Fehér zitiert in Hadtörténeti Levéltár [Archiv für Kriegsgeschichte], Signatur 1957/T 31.j. 89.cs.; Magyar Országos Levéltár [Ungarisches Staatsarchiv], Signatur 288. fond 5/50 ö.e.

[18] In der Öffentlichkeit herrscht bis heute die Meinung vor, dass Gerő die Demonstranten als Faschisten bezeichnete. Um der Wahrheit willen sei bemerkt, dass er in seiner tatsächlich arroganten und Empören erregenden Rede diesen Ausdruck nicht verwendete.

[19] András Hegedüs sprach am 23. Oktober 1956 um zwei Uhr Nachmittag noch davon, dass sich auf der Straße eine Strömung herumtreibe, die irgendeine bürgerlich-liberale, kleinbürgerliche und sich von der Sowjetunion distanzierende Position vertrete. „Diese Richtung wird im Augenblick von der studentischen Jugend vertreten, die jetzt gerade auf der Straße demonstriert. Das Politbüro kennt die Ereignisse und weiß auch, dass es sich um gewissenlose Menschen handelt, die ihre eigene Sache machen wollen. Es hat beschlossen, dass Genosse Gerő heute Abend um Uhr im Radio eine Rede halten wird, in der er unter anderem ankündigen wird, das die Zentrale Führung am kommenden Mittwoch zusammengerufen werde." (Jegyzőkönyv. Készült a Minisztertanács 1956 október23-án délután 2 órakor kezdődő ülésén [Protokoll über die Sitzung des Ministerrates, die am 23. Oktober 1956 um zwei Uhr begann], in: História 11 (1989), H. 4-5.

sin, dem Ersten Sekretär des Komitats, beschimpft. László Bodoni, der 1956 als Hauptmann in Debrecen seinen Dienst versah, stellte in seinen 1994 verfassten Memoiren Folgendes fest: „Die Studenten trugen ihre Forderungen vor, was sich Komócsin in Ruhe anhörte. Zu meinem Erstaunen erklärte er, dass er mit allem einverstanden sei und alles akzeptiere und es sehr bedaure, dass er sich jetzt nicht länger mit den Studenten und der Jugend befassen könne. Sichtlich beruhigt entfernten sich die Studenten dann. Komócsin ging zurück ins Gebäude und rief währenddessen den Armeeoffizieren folgendes zu: ‚Diese Schweinebande muss liquidiert werden.' Es ist möglich, dass er vor dem Wort Schweinebande noch ein mit „S" [wohl „Scheiß"- Anm. des Übers.] beginnendes Wort sagte."[20] Nach den Erinnerungen von Bodoni sagte ein Armeeoffizier – den er auch identifizieren konnte – als Reaktion auf die Worte von Komócsin folgendes: „Na, schau mal, ich bin nicht so blöd, einen solchen Blödsinn zu machen und in die Masse schießen zu lassen."[21]

Einen schriftlichen Beweis, wer den ersten Feuerbefehl in Ungarn am 23. Oktober 1956 gegeben hat, gibt es nicht. Wir wissen, dass es keinen zentralen Feuerbefehl gab, wir wissen, dass im Laufe des Nachmittags in Debrecen im Sinne des Katastrophenplans ein Krisenstab, der Militärrat, eingesetzt wurde. Wir wissen auch, dass die oberste Partei- und Staatsführung im Innenministerium in Budapest damals die Erteilung des Feuerbefehls in Debrecen entschieden ablehnten.

Die Frage ist also, unter welchen Umständen es in Debrecen zum Salvenfeuer kam und wer die Person war, die den Befehl gab und aus welchen Gründen? Wir kommen der Antwort näher, wenn wir untersuchen, was am 24. Oktober 1956 in Szeged geschah. Zu diesem Zeitpunkt war Károly Németh der Erste Sekretär im Komitat Csongrád, der ebenso wie seine Kollegen in den anderen Komitaten – also so wie Komócsin – gleichzeitig auch Befehlshaber der bewaffneten Kräfte des Komitats war. Der Komitatssitz war damals nicht Szeged, sondern Hódmezővásárhely. Der Erste Sekretär von Szeged war Antal Ábrahám. Nach der blutigen Niederschlagung der Revolution und des Freiheitskampfes wurden Károly Németh und Antal Ábrahám für Regierungsauszeichnungen vorgeschlagen. Über die Aktivitäten von Károly Németh kann man lesen: „Am 24. Oktober 1956 organisierte er in seinem Komitat die Bewaffnung der besten Kommunisten. Er spielte eine entscheidende Rolle bei der Beschaffung von mehreren hundert Waffen. Am 25. Oktober organisierte er in Hódmezővásárhely die Militärverwaltung, an deren Arbeit er aktiv teilnahm und so eine große Rolle bei der Zusammenfassung der bewaffneten Kräfte spielte. Wo es notwendig war,

---

[20] Beitrag von László Bodoni vom 20. Januar 1994, mit seiner eigenhändigen Unterschrift versehen.
[21] Ebenda. Um seiner Feststellung die Spitze zu nehmen fügte Bodoni hinzu, dass seiner Meinung nach Komócsin keinen Feuerbefehl erteilt, sondern nur seine eigene Meinung geäußert habe.

gab er entschiedene Anweisungen zur Erteilung des Feuerbefehls gegen die angreifenden konterrevolutionären Elemente."[22]

Auch in Szeged wurde am 24. Oktober – wie in Debrecen – eine Diktatur der Militärverwaltung errichtet, die aus den lokalen Staats- und Parteiführern des Militärs und des Innenministeriums bestand. Die lokalen Parteiführer als Militärbefehlshaber im jeweiligen Komitat hatten das Recht, den Feuerbefehl zu erteilen, und sie machten von diesem Recht fallweise auch Gebrauch.

Sowohl in Debrecen als auch in Szeged waren starke Militärverbände und Einheiten der Staatssicherheit stationiert. Weder in Debrecen noch in Szeged musste man befürchten, dass die von den Studenten geführten Demonstranten danach strebten, die Macht zu übernehmen. Sie wollten lediglich Verhandlungen mit den Vertretern der örtlichen Macht führen. Die Antwort der lokalen Macht war in beiden Fällen die bewaffnete Repression, die auch Todesopfer forderte.[23] In beiden Fällen wurde gleichzeitig bereits zu Beginn der Geschehnisse, aber unter verschiedenen Bezeichnungen – Militärrat bzw. Militärverwaltung – jenes Organ ins Leben gerufen, das auf der örtlichen Ebene die Militärdiktatur errichtete.

Eine interessante Begründung für die Anordnung des Salvenfeuers gab beispielsweise der Befehlshaber des 16. Kampfpanzerregiments. Dieser erklärte, dass er deshalb das tödliche Salvenfeuer eröffnen ließ, weil die „Kulaken" unverschämte Bemerkungen gemacht hätten und es ihnen nicht gereicht habe, ihre Freiheit wiedererlangt zu haben, sondern auch noch Rechte für sich gefordert hätten. Er habe das Salvenfeuer aus erzieherischen Gründen abgeben lassen und dies habe auf das Dorfvolk eine wohltätige Wirkung gehabt.[24]

Wir sind also nicht weit von der Wahrheit entfernt, wenn wir behaupten, dass die Parteiführer in den Komitaten am 23. Oktober ihre Position noch nicht gefährdet sahen und mit den Salvenfeuern die Personen, die sich „erdreisteten", eine Demonstration abzuhalten, warnen bzw. disziplinieren wollten. Sie wollten die Menschen dafür bestrafen, dass sie es gewagt hatten, für ihre Rechte auf die Straße zu gehen. Ihr Wortgebrauch strahlt Empörung und Verachtung aus.

Der Kern unserer Feststellung ist also, dass die Ersten Sekretäre der Komitate das Recht hatten, den Feuerbefehl auszugeben. Und nachdem die Komitatsleiter sowohl in Debrecen als auch in Szeged vom Anblick der Masse überrascht waren, fassten sie den Beschluss, auf die unbewaffneten Menschen feuern zu

---

[22] Zitiert in Bálint, Az 1956-os szegedi sortűz.
[23] Es sei bemerkt, dass wir den Begriff „Salvenfeuer" (sortűz) nur dann verwenden, wenn bewaffnete Einheiten der Staatsmacht unbewaffneten Zivilisten gegenüberstehen. Wenn anzunehmen ist, dass auch die Zivilisten über Waffen verfügten, dann verwenden wir den Begriff „bewaffneter Konflikt". Ebenso möchten wir auch den – kampflosen – repressiven Charakter der „Intervention" hervorheben.
[24] A 16. középharckocsi ezred /Szabadszállás/ jelentése [Bericht des 16. Kampfpanzerregiments (Szabadszállás)] (Hadtörténeti Levéltár [Archiv für Kriegsgeschichte], Signatur 56-os gy. 4.öe.).

lassen und so weiteren Unruhen vorzubeugen. Diese Salvenfeuer waren hinsichtlich ihres Ziels also präventive Aktionen, hinsichtlich ihres Inhalts Vergeltungsmaßnahmen gegenüber dem nicht genehmigten Aufzug des „Lumpengesindels".

Bei Tagesanbruch des 25. Oktober 1956 war der militärische Plan zur Niederschlagung der Revolution und des Freiheitskampfes praktisch fertig. Eckpunkt des Planes war die Isolierung der Hauptstadt vom übrigen Land: „In der Nacht vom 24. Oktober erteilte Generaloberst Bata vom Militärausschuss [...] den Befehl, bis auf weiteres keine Personenzüge nach Budapest hereinzulassen und militärische Lieferungen nicht einzuladen. Es muss mit allen Mitteln verhindert werden, dass Personenzüge nach Budapest gelangen."[25] Generalleutnant Tichonow empfahl dem Militärausschuss, den Befehlshaber des III. Armeekorps Generalmajor Lajos Gyurko aus Kecskemét nach Budapest zu beordern und ihn zum Militärbefehlshaber von Budapest zu ernennen. Das Wesentliche des Plans spiegelt eine Studie aus dem Jahr 1957 wider: „Nachdem die ersten Tage der Konterrevolution die Unfähigkeit von Generaloberst Bata und Generalmajor Tóth bewiesen hatten, empfahl Generalmajor Tichonow dem Militärausschuss, zwei Divisionen des III. Schützenarmeekorps nach Budapest zu kommandieren, Generalmajor Gyurko zum Militärbefehlshaber von Budapest zu ernennen und ihn mit der Niederschlagung der Konterrevolution zu betrauen. Der Militärausschuss nahm den Vorschlag an, er kam aber nicht zur Ausführung."[26]

Der vom Militärausschuss angenommene Plan von Tichonow bezweckte eindeutig, eine Militärdiktatur zu errichten. Die Errichtung einer solchen scheiterte allerdings am Widerstand von Imre Nagy, der im Falle der Durchführung des Tichonow-Plans seinen Rücktritt in Aussicht stellte.

Wenn wir noch hinzufügen, dass zu dieser Zeit auch der Plan entstand, die Hauptstadt in Sektoren aufzuteilen und die einzelnen Sektoren – unter Standrecht – durch das Militär säubern zu lassen, dann besteht kein Zweifel, dass diejenigen Personen, die die Revolution mit Waffengewalt ersticken wollten, sich auf eine blutige bewaffnete Repression vorbereiteten.

Der Leser wirft mit Recht die Frage auf, warum der Verfasser von Vergeltungsmaßnahmen und von Repression spricht und nicht einfach nur von militärischen Aktionen zur Liquidierung der Revolution und des Freiheitskampfes. In dem Buch, das ich zusammen mit meinem Kollegen Frigyes Kahler geschrieben habe[27], befassen wir uns mit den Salvenfeuern in der ersten Phase der Revolution

---

[25] Békási Sándor ezds. jelentése [Bericht von Oberst Sándor Békási] (Hadtörténeti Levéltár [Archiv für Kriegsgeschichte], Signatur 56.os gy. 8.öe. Genaeralleutnant Géza Révész hielt es in seinem eigenen Bericht (Hadtörténeti Levéltár [Archiv für Kriegsgeschichte], Signatur 31.j 1957/T. 89. cs.) für notwendig zu erwähnen, dass der Militärausschuss auch diese Aufgabe dilettantisch versah bzw. nicht löste.

[26] Hadtörténeti Levéltár [Archiv für Kriegsgeschichte], Signatur. 31. j. 1957/T 89. cs.

[27] Kahler/ Kiss, Kinel a forradalma? (Fn. 4)

und des Freiheitskampfes. Wir sind der Meinung, wichtige Zusammenhänge entdeckt zu haben. Am 25. Oktober 1956 kam es in zwölf Gemeinden Ungarns zu Salvenfeuern gegen unbewaffnete Demonstranten. Von diesen forderten drei Salvenfeuer – in Dunapentele, Győr und Üllő – Todesopfer. In Győr ließ der Staatssicherheitsdienst auf das Volk schießen. Unsere Forschungen, über die wir in unserem Buch ausführlich berichten, beweisen eindeutig, dass der Eingriff in Győr ausschließlich aufgrund des aggressiven Drängens der Staatssicherheitsbehörde erfolgte. In Dunapentele ist das Salvenfeuer mittelbar mit dem Namen von General Gyurkó verbunden, der bereits am 23. Oktober 1956 davon überzeugt war, dass in Ungarn eine „konterrevolutionäre Erhebung" ausgebrochen sei und dementsprechend eine bewaffnete Repression erfordere. Aufschlussreicher ist allerdings der Verlauf der neun Salvenfeuer, deren Schauplätze Dörfer in der Nähe der Hauptstadt waren, also in der Agglomeration von Budapest. An allen neun Plätzen – in Dunaharaszti, Vác, Kóka, Monor, Tápiósüly, Albertirsa, Maglód, Ceglédberceli, Pilis – gaben die Soldaten des Artillerieregiments von Cegléd unter Führung von Oberst Tibor Csehi die Salvenfeuer ab. An allen neun Schauplätzen kam es zu keinem einzigen Todesfall und zu keinen Verletzungen. Das Ziel der Salvenfeuer war nämlich klar: In den erwähnten Dörfern begannen sich die Menschen zu versammeln, um ihre Solidarität mit den Kämpfern in der Hauptstadt zum Ausdruck zu bringen. Da die Dörfer zu nahe an der Hauptstadt lagen, konnte es nicht das Ziel der Machthaber sein, Vergeltung für den Aufmarsch zu üben, sondern nur, für eine „Beruhigung" unter den Menschen zu sorgen. Damit sollte auch verhindert werden, dass die Dorfbewohner massenweise in die Hauptstadt strömten und dort die kämpfenden Revolutionäre unterstützten.

Wie wir aus der Fachliteratur wissen, diskutierten die Machthaber in Budapest am 26./27. Oktober 1956 heftig über die zukünftige politische Linie. Das Ergebnis dieser Diskussionen spiegelte sich in der Ankündigung von Imre Nagy vom 28. Oktober 1956 wider, in der der Ministerpräsident anstelle der bisherigen Definition der Geschehnisse als „Konterrevolution" bereits den Begriff „breite Volksbewegung" verwendete und den Sieg des Volkes begrüßte. An den zwei Tagen (26./27. Oktober 1956) kam es in ganz Ungarn zu insgesamt 31 Salvenfeuern. Bei 15 von ihnen kam es zu Todesopfern. Während die Gemäßigten und die Radikalen in der politischen Führung also ihren politischen Streit austrugen, ließen die radikalen Kräfte mit dem Ziel, ihrer Position Nachdruck zu verleihen, landesweit Repressionsmaßnahmen durchführen. Zehn der zwölf Salvenfeuer am 28. Oktober dienten der Zerstreuung der Massen. Am 29. Oktober, nachdem sich die neue Linie von Imre Nagy allgemein durchgesetzt hatte, fanden die Salvenfeuer ein Ende, und dabei blieb es bis zum 4. November 1956.

Es ist also nachweisbar, dass in der ersten Phase der Revolution und des Freiheitskampfes die Machthaber das Mittel der bewaffneten Repression anwandten. Wir sprechen mit Nachdruck von Repression, denn bei den von uns aufgeführten Fällen standen den bewaffneten Kräften ausnahmslos ohne Waffen demonstrierende Massen gegenüber. Bewusst sprachen wir in diesem Zusammenhang nicht von bewaffneten Zusammenstößen. Gleichzeitig wurde auch klar, dass auf dem Lande die lokalen obersten Parteiführer und die dortigen höchsten Befehlshaber von Militär und Staatssicherheit den Feuerbefehl erteilten. Die Repressionsmaßnahmen können mit ihren Namen in Verbindung gebracht werden.

Nach dem 4. November 1956 entstand eine neue Lage in der Geschichte der ungarischen Revolution. Die Machtverhältnisse gestalteten sich neu. Bis zum 4. November konnten wir einen heroischen Kampf von Imre Nagy zur Stabilisierung der Macht und zur Konsolidierung der Situation beobachten. Imre Nagy musste innerhalb seiner eigenen Partei gegen die dogmatischen linken Kräfte kämpfen, die die „Frage der Konterrevolution" mit Waffengewalt lösen wollten. Außerdem musste er sich den guten Willen der sowjetischen Politik sichern, und er musste ein Auskommen mit den Freiheitskämpfern finden. Er musste bei jenen Freiheitskämpfern für Verständnis werben, die eindeutige Gegner der sowjetischen politischen Führung waren und keinerlei Bereitschaft zeigten, eine Übereinkunft mit dem Bolschewismus zu treffen. Die Revolution bzw. die Freiheitskämpfer, deren Situation auch von inneren Streitigkeiten geprägt war, waren aber zur Erreichung ihrer Ziele – da sie alleine nicht stark genug waren, um die Macht an sich zu reißen – auf Imre Nagy als Vermittler angewiesen, um zumindest einen kleinen Teil ihrer Interessen zu verwirklichen. Nagy seinerseits war wiederum auf die Unterstützung der Freiheitskämpfer angewiesen, um sich gegen die Linke in seiner Partei durchsetzen zu können. Neben der Unterstützung durch die Sowjetunion sicherte nämlich der „gute Wille der Straße" seine Legitimation.

Nach dem 4. November 1956 klärten sich die politischen Verhältnisse. Mit dem Sturz der Regierung von Imre Nagy verschwand in Ungarn das „politische Zentrum". Auf der einen Seite standen nun die Freiheitskämpfer, auf der anderen Seite die Sowjetunion bzw. die von ihr unterstützte Kádár-Regierung.

Die angreifenden sowjetischen Truppeneinheiten vernichteten bis etwa zum 12. November 1956 die wichtigsten Basen des Widerstandes. Der Fall der revolutionären Zentren am Corvin-Platz, am Szena-Platz, in der Tűzoltó-Straße, in der Tompa-Straße und anderenorts in Budapest bedeutete für die Revolution nicht nur, dass die eine oder andere Basis gefallen war, sondern auch, dass die Freiheitskämpfer keinen Unterschlupf mehr fanden.

Wir könnten dann von „Nachhutgefechten" der Revolution sprechen, wenn nach dem Fall der revolutionären Zentren auch der Widerstand ein Ende gefunden hätte. Das war aber nach dem 4. November nicht der Fall. Die Revolutionäre und Freiheitskämpfer ergaben sich nicht der bewaffneten Übermacht. Vielmehr organisierten sie sich neu. In Ungarn gab es auch weiterhin Revolutionäre und Freiheitskämpfer: Diejenigen, die in der Hauptstadt blieben, also diejenigen, die wegen des Zusammenbruchs des Verkehrswesens nicht aufs Land flüchten konnten, errichteten in den verschiedenen Krankenhäusern (z.B. im Krankenhaus an der Sándor-Péterffi-Straße oder an der Domokos-Straße) und in den Arbeiterquartieren neue revolutionäre Stützpunkte. Während die bewaffneten Kämpfe abflauten, entstanden andere, neue Formen des Widerstandes.

In den Archivbeständen des Staatssicherheitsdienstes zur Aufständischengruppe am Baross-Platz steht zu lesen, dass es Novembertage gab, an denen das Krankenhaus an der Sándor-Péterffi-Straße den Revolutionären mehr als tausend Teller Suppe zukommen ließ. Es geht daraus auch hervor, dass die verschiedenen Gruppen untereinander Kontakt aufnahmen und gemeinsame Einheiten bildeten.[28] Ihre Hauptaufgaben sahen sie – neben der lokal begrenzten Fortsetzung des bewaffneten Kampfes – darin, Zeitungen und Flugblätter zu vervielfältigen und zu verteilen, sich auf eine neue Revolution vorzubereiten und Beziehungen zum Westen aufzubauen. Daneben kam in diesen Tagen die wichtigste, von jeder Macht unabhängige Interessenvertretung der Revolution zustande, nämlich der Zentrale Arbeiterrat von Groß-Budapest (Nagy Budapesti Központi Munkástanács) unter Führung von Sándor Rácz und Sándor Báli.

Das Kádár-Regime war damals in einer schwierigen Lage. Serow berichtete am 28. Oktober 1956 noch an Mikojan, dass sie Agenten hätten, die in Verbindung zu den Aufständischen stünden.[29] Bereits am 29. meldete er aber, dass die Bemühungen um Aufdeckung der Organisatoren unterbrochen seien.[30] Das Agentennetz, dessen Verlust auch die ungarische Führung empfindlich traf, konnte erst irgendwann nach dem 10. November 1956 wieder in Aktion versetzt werden. Arbeit hatte es genügend. „Die revolutionären Ausschüsse haben" – so berichtete Serow am 11. November 1956 – „außerdem Waffenlager eingerichtet, um im Falle einer vorübergehenden Niederlage weitere bürgerliche Kräfte mobilisieren und bewaffnen zu können. [...] Gegenwärtig setzen wir mit Hilfe unseres Agentennetzes unsere Bemühungen fort, um die geheimen Treffplätze und Waffenlager zu erkunden und die dort versteckten Waffen zu beschlagnahmen.[31]

---

[28] Siehe hierzu das Fahndungsmaterial über Benjámin Herczegh und seine Mitstreiter, über László Iván Kovács und seine Mitstreiter, über Géza Péch und seine Mitstreiter, über Ottó Szirmai und seine Mitstreiter sowie über Ilona Tóth und ihre Mitstreiter.
[29] Vgl. Hiányzó lapok, S. 120.
[30] Vgl. ebenda, S. 123.
[31] Ebenda, S. 145.

Nach der zweiten Intervention blieben zunächst alle Aktivitäten – wegen des Zerfalls des ungarischen Staatsapparates, insbesondere der Organisation des Innenministeriums – den Organen der sowjetischen Armee überlassen. Diese Situation änderte sich ab Mitte November 1956 langsam. Malenkow konnte so dem Zentralkomitee der KPdSU am 22. November bereits folgendes berichten: „Mit dem Ziel, die illegalen Zentren der Aufständischen zu entdecken und zu zerschlagen, setzen die Mitarbeiter der Staatssicherheit zusammen mit der ungarischen Polizei ihre Aktivitäten fort, um die aktivsten Teilnehmer des bewaffneten Aufstandes in Gewahrsam zu nehmen und zu verhaften. Insgesamt wurden 1.437 Personen verhaftet und 5.820 in Gewahrsam genommen. Gegen diese wurden Ermittlungen eingeleitet. Wir verhaften die Führer und Organisatoren des Aufstandes, jene Personen, die die Aufständischen mit Waffen und Munition versorgt haben, sowie außerdem die aktiven Mitglieder der so genannten revolutionären Ausschüsse aus der Zeit während des Aufstandes."[32] Im selben Bericht machte Malenkow noch eine weitere wichtige Feststellung: „Genosse Münnich ergreift gegenwärtig Maßnahmen zur Verstärkung der Organe der politischen Polizei. Genosse Serow und seine Mitarbeiter unterstützen Genossen Münnich aktiv."[33]

Am Sonntag, den 4. November 1956, hatte János Kádár in den frühen Morgenstunden eine Radioansprache an die ungarische Bevölkerung gehalten. In dieser sagte er unter anderem Folgendes: „Ziel der Regierung ist es, den Bruderkampf zu beenden und die Ordnung und den Frieden wiederherzustellen. Die Regierung duldet es nicht, dass Arbeiter unter irgendeinem Vorwand verfolgt werden, weil sie an den Handlungen der jüngsten Zeit teilgenommen haben."[34]

Es ist nicht die Aufgabe dieser Arbeit zu klären, wie sich die Vorstellungen János Kádárs über die taktischen und strategischen Bedingungen der Machtausübung seit dem 2. November 1956 veränderten. Tatsache ist, dass man sich im Kreml auf der Sitzung des Parteipräsidiums der KPdSU am 2. November 1956 mit folgenden Gedanken befasste: „Auf dem Lande gab es Massendemonstrationen. Ihr Ziel war nicht der Sturz der volksdemokratischen Ordnung. Es gab zahlreiche Forderungen nach Demokratisierung und soziale Forderungen. […] Das haben wir anfangs nicht gesehen und damit die Leute gegen uns aufgebracht – sie haben die Geschehnisse nicht als Konterrevolution betrachtet."[35]

---

[32] Ebenda, S. 168.
[33] Ebenda.
[34] Zitiert in Kahler, Joghalál.
[35] Vgl. Vjacseszlav Szereda/ János M. Rainer (Hrsg.), Döntés a Kremlben, 1956. A szovjet pártelnökség vitai Magyarországról [Entscheidung im Kreml, 1956. Diskussionen des sowjetischen Parteipräsidiums über Ungarn], Budapest 1996, S. 75.

In der Rede Kádárs, die dieser am 11. November 1956 bereits in Budapest hielt, können wir eine interessante Doppelgesichtigkeit feststellen. Kádár beschäftigte es offensichtlich, was in Ungarn zwischen dem 23. Oktober und dem 4. November 1956 geschehen war. Um seine weitere Strategie entwickeln zu können, war er sogar dazu bereit, sich mit den Fehlern der Führer der kommunistischen Partei und auch mit seinen eigenen Fehlern zu beschäftigen.[36] Den an die Festigung seiner Macht denkenden Kádár interessierte die Geschichte der jüngsten Zeit aber nicht ernsthaft. Er erwähnte die gesetzeswidrigen Salvenfeuer nicht, die auf die demokratische Rechte einfordernden Demonstranten abgegeben wurden, und verurteilte diese Taten nicht, und es interessierte ihn nicht wirklich, warum es noch immer Straßenkämpfe gab. Ihn interessierte zu diesem Zeitpunkt nur, wie er unter Anwendung jeglichen Mittels seine Macht festigen konnte. „Über die gegenwärtige Lage und die bewaffneten Kämpfe habe ich irgendeine Rede zusammengeschustert, die ich heute gehalten habe. Und darin habe ich in etwa gesagt, was der Wirklichkeit entspricht. Es gibt keine großen kämpfenden Gruppen. In Bunkern und Kellern sind noch einige [Aufständische]. Die, die etwas davon verstehen, sagen, dass die Aufgaben, die jetzt sehr schnell erledigt werden müssen, keine militärischen sind. Was hier gemacht werden muss, ist keine militärische Aufgabe. Es ist zum Teil eine Aufgabe der Macht, eine Aufgabe der Armee, der Polizei oder der durch die Arbeitermiliz verstärkten ungarischen Einheiten, zum Teil eine Arbeit, die die Bevölkerung zur Selbstverteidigung erledigen muss. Sie soll den bewaffneten Herumtreibern keine Zuflucht und keinen Unterschlupf bieten."[37]

In Budapest bestand in der Zeit zwischen dem Beginn der sowjetischen Intervention Anfang November und der Situation Ende November eine eigenartige Lage. Nach dem Abflauen der Kämpfe begann – auch wenn einzelne Kampftätigkeiten noch Menschenleben gefährdeten – in der Stadt der Alltag. Gleichzeitig fertigten Aufständische in den Krankenhäusern und Arbeiterquartieren Flugblätter und Zeitungen an und nahmen an Aktionen gegen Kommunisten und Mitglieder der Staatssicherheit teil.[38]

---

[36] Vgl. November 11-i jegyzőkönyv [Protokoll vom 11. November], in: A Magyar Szocialista Munkáspárt ideiglenes vezető testületeinek jegyzőkönyvei [Protokolle der provisorischen Führungsgremien der Ungarischen Sozialistischen Arbeiterpartei], Bd 1: 11. November 1956 – 14. Januar 1957, Budapest o.J.

[37] Ebenda. Kádár führte während seiner Rede aus, dass von den sowjetischen Genossen eine Erlaubnis erbeten werden müsse, eine aus einigen selbständigen Regimentern bestehende ungarische Ordnungsmacht aufstellen zu dürfen, die für die Wiederherstellung der Ordnung sorge tragen solle.

[38] Damals bildete sich beispielsweise die so genannte Handschuhbrigade, deren Sitz das Krankenhaus in der Sándor-Péterffi-Straße war. Die Geschichte der Gruppe lässt sich anhand von Ermittlungsakten bruchstückhaft rekonstruieren.

Die erste bewaffnete Einheit der Kádár'schen Macht, das I. Offiziersregiment, wurde am 10. November 1956 ins Leben gerufen. Die Verhaftungen wurden allerdings auch weiterhin, jetzt zwar mit ungarischen Hilfstruppen, in erster Linie von den sowjetischen Besatzungskräften durchgeführt. Am 16. November wurden István Angyal, eine legendäre Gestalt der Revolution und des Freiheitskampfes,[39] und nahezu 100 seiner Mitstreiter im Krankenhaus an der Sándor-Péterffy-Straße verhaftet. Am 20. November erfolgte die Verhaftung der Medizinstudentin Ilona Tóth[40] und ihrer zahlreichen Mitstreiter. An diesen Aktionen waren bereits ungarische Einheiten beteiligt, die Verhöre der Verhafteten leiteten allerdings – unter Anwesenheit ungarischer Offiziere – sowjetische Offiziere.

Kádárs Verhalten und das Verhältnis der ungarischen und sowjetischen Organe offenbaren sich beispielhaft an der Verhaftung und Hinrichtung von József Dudás, einer der rätselhaftesten Persönlichkeiten der Revolution und des Freiheitskampfes.[41] Dudás schaltete sich am 27. Oktober 1956 mit einer Aufsehen erregenden Rede in die revolutionären Ereignisse ein. Am 29. Oktober gründete er den Nationalausschuss im II. Budapester Bezirk, dem sich eine Reihe von linken Intellektuellen anschloss, und gab die Zeitung „Magyar Függetlenség" heraus. Während der Revolution mehrmals kurzeitig verhaftet und am 4. November verwundet, wurde Dudás am 21. November 1956 – auf dem Weg zu einem Gespräch mit Kádár – von den Sowjets verhaftet. Am 14. Januar 1957 wurde Dudás zum Tode verurteilt und fünf Tage später hingerichtet.[42]

---

[39] Angyal war 1956 26 Jahre alt und jüdischer Herkunft. Nachdem er das Konzentrationslager Auschwitz überlebt hatte, studierte er in Budapest Geschichte und Ungarisch. Aufgrund seiner Parteinahme für den Philosophen György Lukács wurde er aus der Universität ausgeschlossen und war anschließend im Baugewerbe tätig. Die Revolution erlebte er vom ersten Tage an in Budapest. Am 27. Oktober kam er in Kontakt zur Aufständischengruppe in der Tűzoltó-Straße, deren Befehlshaber er schließlich wurde. Nach der sowjetischen Intervention verbarg er sich mit seinen Anhängern im Krankenhaus an der Sándor-Péterffi-Straße und fertigte dort Flugblätter an. Nach seiner Verhaftung wurde er in Frühjahr 1958 zum Tode verurteilt und am 1. Dezember 1958 hingerichtet.

[40] Tóth wurde am 23. Oktober 1956 24 Jahre alt. Nach dem Ausbruch der Revolution nahm sie an der Arbeit des Freiwilligen Rettungsdienstes teil. Im Laufe der Revolution wurde sie Leiterin des Hilfskrankenhauses an der Domokos-Straße und am 4. November zu einer führenden Persönlichkeit des politischen Widerstandes. Nach ihrer Verhaftung wurde sie wegen Mordes an einem Mitarbeiter der Staatssicherheit angeklagt, im April 1957 zum Tode verurteilt und am 28. Juni 1957 hingerichtet.

[41] Der 1912 geborene Dudás hatte 1956 bereits eine bewegte politische Vergangenheit in der Arbeiterbewegung hinter sich, 1944 war er Führer einer der bedeutendsten antifaschistischen Organisationen in Ungarn und Mitglied einer ungarischen Delegation, die inoffiziell Kontakt mit der Roten Armee aufnahm. Nach dem Krieg war er für die Unabhängige Kleinlandwirte-Partei (FKGP) aktiv. In der Ära Rákosi verbrachte er aufgrund fiktiver Anklagen mehrere Jahre im Gefängnis und in Internierungslagern. 1954 wurde er rehabilitiert.

[42] In einem von Malenkow, Suslow und anderen verfassten Brief an das Zentralkomitee der KPdSU vom 19. Dezember 1956 wird Dudás namentlich erwähnt: „Die ungarischen Genossen wählen zusammen mit Genossen Serow diejenigen vor Gericht zu stellenden 6 bis 8 Personen aus, die die

Ein nicht unbedeutender Teil der Verhafteten wurde nach dem Verhör und der Erfassung freigelassen. Grund hierfür war zum Teil Platzmangel, zum anderen waren die entsprechenden Organe noch nicht in der Lage, ernsthafte Ermittlungen durchzuführen. Es sei allerdings bemerkt, dass die Personen, die im November 1956 freigelassen wurden, später erneut verhaftet und im Laufe der Jahre 1957/1958 wegen „konterrevolutionärer Verbrechen" verurteilt wurden.

Für Kádár ergab sich die Notwendigkeit, mit militärischer Rückendeckung der Roten Armee einen Generalangriff auf die gesamte Gesellschaft durchzuführen. Nur so konnten die neuen Machthaber ihr Ziel erreichen: die Schaffung eines „Landes der Ruhe". Einer der wichtigsten Schritte hierzu war es, die bestehende Strafverfahrensordnung zu ändern, um so schnell neue Voraussetzungen für die Repression zu schaffen.

Für das Kádár-Regime verschlechterte sich die politische Lage aufgrund der Folgen der „zweiten Revolution", also wegen des Widerstandes der ländlichen Gebiete Ungarns. Die Streikwelle flaute nicht ab, das Ansehen des Zentralen Arbeiterrates von Sándor Bali und Sándor Rácz nahm ständig zu und Kádár musste sich zurecht vor einer neuen Gefahr für seine kommunistische Diktatur fürchten, nämlich vor der Entstehung einer „doppelten Macht".

Vor diesem Hintergrund wurde das Gesetz XXVIII/1956 über das Standgericht unter Federführung von Sándor Feri, Richter am Obersten Gericht, ausgearbeitet und am 11. Dezember 1956 verkündet. Die Standgerichte begannen am 15. Dezember 1956 ihre Tätigkeit. Die Militärgerichte setzten ihre Tätigkeit allerdings noch bis 3. November 1957 fort.[43]

Kádár machte deutlich, dass er an die Einführung eines beschleunigten Verfahrens dachte. Auf der Sitzung des Zentralkomitees am 28. Dezember 1956 sprach er über „administrative und repressive" Maßnahmen sowie – erstmals – über die Notwendigkeit der „Schnellgerichtsbarkeit".[44] Das Gesetz IV/1957 machte es dann zudem möglich, ab dem Alter von 16 Jahren die Todesstrafe zu verhängen. Kádár sah zudem die Notwendigkeit, einen Volksgerichtsrat des Obersten Gerichts einzurichten. Ein diesbezügliches Konzept erarbeiteten Géza Szénási, Ferenc Nezvál, József Szalai und József Domonkos.[45] Ein weiterer Schritt war der Aufbau eines landesweiten Netzes von Volksgerichtsräten.

Budapester bewaffnete Erhebung unmittelbar führten, Kommunisten verhafteten und erschossen. Unter den Personen, die vor ein Kriegsgericht gestellt werden, befindet sich József Dudás [...]." (Hiányzó lapok 1956 történetéből, S. 183 f).
[43] Siehe hierzu Hiányzó lapok, S. 182.
[44] Vgl. Kahler/ Kiss, Kinek a forradalma, S. 215.
[45] Kern der Sache war, dass ein fünfköpfiges Gericht in allen Angelegenheiten entscheiden sollte, die ihm vom Obersten Staatsanwalt zugewiesen wurden. Von den fünf Personen brauchte lediglich eine Person über eine Ausbildung als Richter verfügen. Der Volksgerichtsrat sollte auch über das Rechtsmittel des Einspruchs entscheiden. Damit eröffnete sich die Möglichkeit, in Fällen, die bereits mit

Die Entwicklung rechtlicher Verfahren reichte selbstverständlich nicht aus. Es mussten auch die personellen Voraussetzungen, die ideologischen Grundlagen und ein entsprechender Apparat geschaffen werden. Über die Resonanz bei den Richtern haben wir vom damaligen Präsidenten des Obersten Gerichts aufschlussreiche Informationen: „Zehn der 47 Richter des Obersten Gerichts, darunter auch der Präsident, erklärten ihren Rücktritt, da sie am beschleunigten Anklageverfahren nicht beteiligt sein wollten."[46]

Auch der Tonfall der Machthaber verschärfte sich zunehmend. Der anfänglich versöhnliche Ton ging allmählich in einen Ton der Rache über. Auf der Sitzung der Obersten Staatsanwaltschaft am 15. Februar 1957 sagte György Marosán, der die Repression als Partei-Funktionär leitete, folgendes: „Die chinesischen Genossen habe gesagt, dass es hier [in Ungarn] [bislang] keine Diktatur des Proletariats gegeben habe. Diese habe die Aufgabe, die Konterrevolution physisch zu vernichten [...]. Wenn es 1945 dazu keine Gelegenheit gab, dann muss das eben 1957 gemacht werden."[47] Und Kádár selbst ärgerte sich Anfang 1957: „Man hätte die etwa 1.600 Faschisten im November [1956] ins Jenseits befördern müssen. Im Dezember konnte man dies so ja nicht mehr tun und im Januar kann man das noch viel weniger. Die Möglichkeiten waren am Anfang die besten [...] und unsere Kräfte waren [damals] am stärksten."[48]

Am 15. Februar 1957 erläuterte der Regierungsbeauftragte im Innenministerium Ferenc Nezál auf einer landesweiten Konferenz der Richterschaft die Grundsätze der Repressions- und Vergeltungspolitik: „Die Schlüsselfrage der richtigen und gesetzmäßigen richterlichen Praxis, die in Zukunft entwickelt werden muss, ist die Frage, ob unsere Richter und Gerichte die Ereignisse vom Oktober [1956] als Konterrevolution oder als irgendeinen Freiheitskampf betrachten. Für unsere Gerichte ist diese Entscheidung nicht irgendeine abstrakte akademische Diskussion, sondern eine unverzichtbare theoretische und zugleich praktische Frage. Wenn der Ausgangspunkt richtig ist, dann dienen unsere Gerichte dem Aufbau des Sozialismus, dem Frieden, der Ordnung und dem Aufstieg unseres Volkes. Wenn die Beurteilung der Oktobergeschehnisse falsch ist, dann erleichtert der Richter auch unabsichtlich den konterrevolutionären Kräften

---

einem rechtskräftigen Urteil abgeschlossen worden waren, erneut ein Urteil zu Fällen. Außerdem hatte er das Recht, eine Wiederaufnahme des Verfahrens zu initiieren (Näheres siehe Kahler/ Kiss, Kinek a forradalma, S. 215f).

[46] Domokos József a legfelsőbb Bíróság elnökének jelentése Marosán György számára [Bericht von József Domokos, Präsident des Obersten Gerichts, an György Marosán], in: Iratok az igazságszolgáltatás történetéből [Schriften aus der Geschichte des Gerichtswesens], Bd. 2, o.O., o.J., S. 668.

[47] Ebenda, S. 614.

[48] Ebenda, S. 614.

ihre Lage. [...] Wir haben immer betont, dass die Rechtsprechung in erster Linie eine politische Arbeit ist."[49]

Im Rahmen der rechtlichen Vergeltung wurden unter dem Vorwurf konterrevolutionärer Aktivitäten etwa 30.000 Personen verhaftet und nahezu 400 Personen exekutiert. Dazu kommen noch die Personen, die in Sicherheitsverwahrung genommen wurden. Ihre Zahl betrug nahezu 15.000.[50] Die Regierung griff auch außerhalb des rechtlichen Rahmens zum Mittel der Repression. Am 6. Dezember 1956 kam es erneut zu Salvenfeuern, die bis Mitte Januar 1957 andauerten.[51]

Die erste Aktion dieser Art am 6. Dezember fand auf dem Platz vor dem Budapester Westbahnhof statt. Hierbei handelte es sich um die so genannte Demonstration der roten Fahnen.[52] Zu einem ähnlichen Blutvergießen kam es im Dezember 1956 in Salgótarján, in der Hochburg des ungarischen Bergbaus, wo ungarische und sowjetische Einheiten auf Demonstranten schossen. Am 12. Dezember 1956 folgte das Salvenfeuer von Eger, zu dem der bereits in der ersten Phase des Freiheitskampfes „berühmt" gewordene Lajos Gyurkó den Befehl gegeben hatte. Außerdem wurde in Tinnye, Tatabánya, Pécs, Zala und an anderen Orten auf Demonstranten geschossen. Zum letzten Salvenfeuer kam es am 11. Januar 1957 im „roten Csepel". Csepel war die Hochburg der Budapester Arbeiterschaft; es ist besonders zu betonen, dass sich die Arbeiter dort noch Anfang 1957 der Staatsmacht entgegenstellten.

Was das Kádár-Regime mit der bewaffneten Repression im Dezember 1956 bezweckte, war eindeutig. Um seine Macht zu stabilisieren bzw. um die „doppelte Machtpraxis" zu beenden, musste es die Arbeiterräte ausschalten. Der englische Historiker Bill Lomax schreibt folgendes zu den politischen Folgen des

---

[49] Ebenda, S. 685ff.

[50] In diesem Zusammenhang sei darauf verwiesen, dass die diesbezüglichen Zahlen in der Literatur – aufgrund unterschiedlicher Bewertungsmaßstäbe, was als „1956"er-Handlung anzusehen ist – voneinander abweichen.

[51] Wir halten es für wichtig zu betonen, dass wir die Abgabe von Salvenfeuern nicht für an und für sich gesetzwidrig halten. Alle bewaffneten Kräfte hatten ihre Anweisungen hinsichtlich der Abgabe von Salvenfeuern. In der Regel musste der Befehlshaber der uniformierten Truppen die Masse dazu auffordern, sich zu zerstreuen. Als nächsten Schritt konnte er auf den Boden feuern lassen, dann in die Luft. Als vierter Schritt war eine Salve auf Menschen vorgesehen, allerdings unter Kniehöhe. Wenn sich die Masse dann noch immer nicht auflösten, konnte – unter Inkaufnahme des Todes – auch auf den Körper geschossen werden. Unter repressiven Salvenfeuern verstehen wir nur diejenigen, bei denen die Vorschriften nicht eingehalten wurden.

[52] Ein Mitglied der Kádár'schen Ordnungskräfte erschoss im Laufe der Demonstration mehrere Menschen. Nach den Ereignissen erklärte Kádár gegenüber dem Befehlshaber folgendes: „Ihr wisst vielleicht gar nicht, was ihr am 6. Dezember gemacht habt. Ihr wisst nur soviel, dass ihr Eure Pflicht erfüllt habt und die Demonstration der Konterrevolutionäre zerschlagen habt. [...] Ihr habt aber viel mehr gemacht, [...] ihr habt die Macht der Ordnungskräfte gezeigt" (Kádár laut Károly Csémi, Visszaemlékezések 1956 [Erinnerungen 1956], Budapest 1968).

Salvenfeuers von Csepel: „Die halblegalen Arbeiterräte [...] leisteten bis zum Ende Widerstand. Damit versuchten sie zu verhindern, dass die von den sowjetischen bewaffneten Kräften unterstützte kommunistische Parteibürokratie ihnen die Kontrolle der Fabriken aus den Händen nahm. Sie waren aber zum Scheitern verurteilt, da der illegale Zentrale Arbeiterrat von Groß-Budapest nicht mehr die notwendige Kraft hatte, um seinen Aufruf zum Widerstand vom 15. Januar [1957] umzusetzen.“[53]

In beiden Abschnitten der Revolution standen die Revolutionäre und Freiheitskämpfer der kommunistischen Macht gegenüber. In der ersten Phase der Revolution und des Freiheitskampfes gab es mit Ministerpräsident Imre Nagy einen – eine zeitlang auch von Kádár unterstützten – kommunistischen Politiker, der den Versuch unternahm, Möglichkeiten für eine friedliche Lösung zu finden, und der einen Teil der Interessen des sich erhebenden Volkes gegenüber den von Moskau unterstützen Kräften vertrat. Es gelang ihm allerdings nicht zu verhindern, dass die extremen linken Kräfte in der Führung bereits in der ersten Phase der Revolution und des Freiheitskampfes zum Mittel der bewaffneten Repression griffen bzw. mit einer Repression außerhalb des rechtlichen Rahmens antworteten.

In der zweiten Phase der Revolution und des Freiheitskampfes war die Situation eine ganz andere. Jetzt stellten sich die linksextremen Kräfte zusammen mit der Sowjetunion gegen die Revolutionäre und Freiheitskämpfer. Bereits in der ersten Phase wurde die Möglichkeit erörtert, Repressionen auf rechtlicher Grundlage durchzuführen. Dies verhinderte Imre Nagy allerdings mit mehrmaligen Interventionen. In der zweiten Phase kam es dann zu Repressionen mit den Mitteln des Rechts. Ihre Durchführung wurde von der Staats- und Parteiführung gesteuert. Zur Konsolidierung ihrer Macht griffen die Kommunisten währenddessen aber auch zu Repressionen außerhalb des rechtlichen Rahmens. Nach der Niederschlagung der Revolution und des Freiheitskampfes kam es zu keiner Beendigung der Repression, vielmehr entfaltete sie sich jetzt erst richtig.

In der ungarischen Geschichtsschreibung wird die Zeit vom November 1956 bis zum Jahre 1963 gewöhnlich als Phase der harten Diktatur bezeichnet. Das Ende dieses Zeitraums wird in der Regel mit einer Übereinkunft zwischen der ungarischen Führung und dem Westen aus dem Jahre 1963 in Zusammenhang gebracht. Diese sah vor, dass alle, die wegen ihrer Handlungen im Herbst 1956 in Haft saßen, aus dem Gefängnis zu entlassen waren. Das Kádár-Regime hat die Vereinbarung nur teilweise umgesetzt.

Die Dokumente, die im Archiv der Staatssicherheit zu finden sind, beweisen, dass die „1956er“ von der Abteilung III/III des Innenministeriums, die die

---

[53] Lomax zitiert in Kahler, Kinek a forradalma, S. 178. Formell kam es am 17. November 1957 zur Auflösung der Arbeiterräte (Verordnung mit Gesetzeskraft Nr. 63/1957 über die Arbeiterräte).

Aufgaben der Staatssicherheitsbehörde ÁVH übernommen hatte, bis zu ihrem Lebensende bzw. bis zur Wende 1989/1990 beobachtet wurden.

Aus Gründen des Umfangs haben wir all jene Menschen nicht behandelt, die „nur" ihren Arbeitsplatz verloren, die keine Aufstiegschancen erhielten, denen die Weiterbildung verwehrt wurde usw. Wir haben also die vielen tausend Opfer der „weichen Diktatur" nicht angesprochen, deren Leben zerstört wurde, nur weil man ihnen wegen ihrer tatsächlichen oder vermeintlichen Handlungen im Herbst 1956 etwas vorwarf.

Csaba Békés

Die Sowjetunion und die ungarische Revolution [1]

Nach gescheiterten Revolutionen und Aufständen stellt sich kurz- und langfristig gleichermaßen die Frage: Hätte die Sache anders verlaufen können? War die Niederlage zwangsläufig? Oder hätte es im Falle einer glücklicheren Entwicklung der äußeren und inneren Umstände doch noch eine Chance auf einen Sieg gegeben? Die ungarische Gesellschaft ist bis heute nicht in der Lage, den Zusammenbruch der Revolution von 1956 – zusammen mit anderen ähnlichen Traumata – zu verarbeiten. Die öffentliche Meinung war bis in jüngste Zeit der Ansicht, dass die Möglichkeit eines Sieges der Revolution deshalb verpasst wurde, weil die – erhoffte – Hilfe aus dem Westen ausgeblieben war. Dementsprechend stand bei der nachträglichen Erwägung der Möglichkeiten fast immer die Frage im Mittelpunkt, was der Westen und insbesondere Amerika im Herbst 1956 hätten tun können bzw. müssen, um den Ungarn zu helfen. Während die damalige öffentliche Meinung angesichts der amerikanischen Befreiungspropaganda – insbesondere in moralischer Hinsicht – mit Recht irgendeine konkrete westliche Unterstützung hätte erwarten können, kann der heutige Betrachter die internationalen Rahmenbedingungen, die das Schicksal der ungarischen Revolution grundlegend bestimmten, keinesfalls mehr außer Acht lassen. Die internationalen Faktoren zeigen allerdings, dass den Vereinigten Staaten damals in der Tat keine politischen Mittel zur Verfügung standen, mit denen sie die Sowjetunion dazu hätte zwingen können, Ungarn aufzugeben. Und jegliche militärische Intervention des Westens hätte mit größter Wahrscheinlichkeit zu einem unmittelbaren Konflikt zwischen den Großmächten und damit zum Ausbruch des Dritten Weltkrieges geführt.

Die erste sowjetische Intervention am 23. Oktober 1956

Aus alldem folgt zugleich auch, dass der Ausgang der Ereignisse in Ungarn in Wirklichkeit nicht vom Verhalten des Westens abhing, sondern davon, wie die

---

[1] Die Forschungen zu dieser Studie wurden von der 1956er Dokumentations- und Forschungsstelle der Staatlichen Széchenyi-Bibliothek und der Ungarischen Akademie der Wissenschaften (OSZK-MTA 1956-os Dokumentációs és Kutatóhelye) unterstützt.

sowjetische Führung auf die am 23. Oktober 1956 an der westlichen Peripherie ihres Reiches ausgebrochene politische Krise reagierte bzw. reagieren konnte. Obwohl allgemein bekannt ist, dass der jugoslawische Parteichef Tito in seiner Rede in Pula am 11. November 1956 die erste sowjetische Intervention als falschen Schritt beurteilte, ist es erstaunlich, dass bei der Erwägung der historischen Möglichkeiten die Tatsache bislang kaum Beachtung gefunden hat, dass die Sowjets – und alleine sie – am 23. Oktober 1956 in der Lage waren, eine substantielle Entscheidung zu treffen, d.h. sie damals auch anders hätten entscheiden können. Dies bedeutet, dass Moskau zu diesem Zeitpunkt auch in Ungarn nach dem „polnischen Drehbuch" hätten vorgehen können.[2] Diese Alternative wurde überdies auf der Präsidiumssitzung der KPdSU am 23. Oktober von einem angesehenen und die Lage in Ungarn gut kennenden Führungsmitglied, nämlich von Anastas I. Mikojan, klar skizziert: „Ohne Nagy kann man der Bewegung nicht Herr werden und so ist es für uns auch billiger […]. Was haben wir zu verlieren? Die Ungarn sollen selber Ordnung schaffen. [Wenn unsere Truppen einrücken, machen wir selbst die Sache kaputt.] Lasst es uns mit politischen Schritten versuchen und lasst uns erst danach mit unseren Truppen einrücken."[3] Mikojans Vorschlag bedeutete in der gegebenen Situation die einzig rationale Alternative. Dennoch blieb er mit seiner Meinung im Parteipräsidium alleine. Die sowjetische Führung, die in der Phase nach dem Tode Stalins 1953 die Hauptfragen der Weltpolitik im Wesentlichen pragmatisch anging und die bei der Lösung der polnischen Krise im letzten Augenblick von einer – durch den Reflex des Kalten Krieges bestimmten, grundsätzlich ideologisch-emotionell motivierten – militärischen Intervention absah, war im Falle Ungarns nicht mehr in der Lage, eine zurückhaltende, abwartende und flexible Taktik anzuwenden. Damit trafen Nikita S. Chruschtschow und seine Anhänger die – auch vom Gesichtspunkt der eigenen Interessen aus gesehen – schlechtmöglichste politische Entscheidung. Denn hiermit setzten sie Prozesse – nämlich den einzigen antisowjetischen Frei-

---

[2] Am 19. Oktober 1956 wählte das Zentralkomitee der Polnischen Vereinigten Arbeiterpartei auf ihrem 8. Plenum Władysław Gomułka zum Ersten Sekretär, obwohl Chruschtschow und andere sowjetische Führer zuvor mit der Absicht in die polnische Hauptstadt gereist waren, die zu erwartenden personellen Veränderungen innerhalb der polnischen Parteiführung zu verhindern. Die Krise, bei der eine militärische Intervention der Sowjetunion drohte, wurde schließlich mittels einer Kompromisslösung überwunden: Die Sowjets akzeptierten die neue polnische Parteiführung und Gomułka versprach seinerseits Moskau, dass die geplanten Reformen die Grundlagen der kommunistischen Ordnung in Polen nicht erschüttern und auch den Status seines Landes innerhalb des sowjetischen Bündnissystems nicht berühren würden.
[3] Zur englischen Ausgabe der so genannten Malin-Aufzeichnungen siehe The „Malin notes" on the Crisis in Hungary and Poland, 1956, in: Cold War International History Project Bulletin, Nr. 8/9, 1996/1997, S. 385-410. Die Zitate stammen aus dieser Publikation, S. 389. Die wichtige, wirklich „prophetische" Aussage in eckigen Klammern ist in der obigen Ausgabe allerdings nicht enthalten. Siehe hierzu Istoricheskii Arkhiv, Nr. 2, 1996, S. 83.

heitskampf in der Geschichte des Kalten Krieges[4] – in Gang, von deren unangenehmen Folgen sie sich gerade durch die sofortige Anwendung einer gewaltsamen Lösung hatten schützen wollen.

Wir können selbstverständlich nicht wissen, wie sich die Geschehnisse in Ungarn entwickelt hätten, wenn die Wiederherstellung der Ordnung der ungarischen Regierung und den ungarischen bewaffneten Kräften überlassen worden wäre. Es ist allerdings mehr als gewiss, dass in diesem Falle eine gewisse Chance zur Konsolidierung der Situation bestanden hätte, also zur Verwirklichung einer Reformpolitik, die – ähnlich wie in Polen – sofort eingeführt worden wäre, deren Maßnahmen aber nur ein begrenztes Ausmaß gehabt hätten. Diese hätten die Sowjets dann als Lösung akzeptiert, die für sie noch erträglich gewesen wäre und die ihre fundamentalen strategischen Interessen nicht bedroht hätte. In diesem Falle würden wir heute über den Herbst 1956 natürlich nicht als ungarische Revolution, sondern als Sieg der reformkommunistischen Strömung sprechen. Es ist allerdings ebenso vorstellbar, dass die Regierung von Imre Nagy auch so letztlich nicht in der Lage gewesen wäre, einer Radikalisierung der Geschehnisse entgegenzutreten, und die Sowjetunion deswegen einige Tage oder Wochen später selbst gezwungen gewesen wäre, den Aufstand mit Waffengewalt niederzuschlagen. Dann hätte man aber in der Tat feststellen können, sie habe alles getan, um eine friedliche Lösung zu finden, und es sei nicht ihre Schuld, dass dies nicht gelungen sei.[5] Es ist demnach keine Übertreibung zu behaupten, dass die Sowjets im Zuge der Reaktion auf die Krisen in Ostmitteleuropa zwischen 1953 und 1981 am 23. Oktober 1956 – mit Blick auf ihre eigenen Machtinteressen – eigentlich den einzigen Beschluss fassten, der völlig verfehlt war und zu einem Ergebnis führte, das ganz im Widerspruch zu den ursprünglichen Absichten stand. All dies bedeutet zugleich, dass die zweite Intervention am 4. November 1956 eine logische und unvermeidbare Konsequenz der Fehlentscheidung vom 23. Oktober 1956 war. Die erste sowjetische Intervention verlieh den Entwicklungen in Ungarn nämlich eine Dynamik, die – im Unterschied zu den Geschehnissen in Polen – ab einem gewissen Punkt nicht mehr mit politischen Mitteln im Rahmen der kommunistischen Ordnung zu beeinflussen war. Konsequenter Weise wurde ab Ende Oktober 1956 immer deutlicher, dass sich das kommunistische System in Ungarn schnell auflöste und damit gleichzeitig auch der Zusammenhalt des Sowjetblocks gefährdet war. Zu diesem Zeitpunkt gab es für

---

[4] Den Partisanenkrieg in Afghanistan, der sich nach der sowjetischen Besetzung des Landes 1979 entwickelte, ordne ich wegen der besonderen Umstände der Intervention nicht in diese Kategorie ein.
[5] Es ist bezeichnend, dass auf der nächsten ZK-Präsidiumssitzung der KPdSU nach dem 23. Oktober – obwohl die Mitglieder der Führung die außerordentlich schnelle Eskalation der Geschehnisse in Ungarn deutlich spürten – niemandem in den Sinn kam, die Entwicklungen in Zusammenhang mit der verfehlten Entscheidung zur (ersten) Intervention zu bringen und diese – mit Ausnahme von Mikojan – von allen Führungsmitgliedern auch nachträglich als richtig beurteilt wurde.

Moskau keine Entscheidungsalternative mehr: Es konnte nicht mehr anders reagiert werden als mit einer militärischen Intervention.

Imre Nagy und die sowjetische Führung

Imre Nagy, der als Regierungschef mit seiner Reformpolitik in den Jahren von 1953 bis 1955 beträchtliche Popularität gewonnen hatte, wurde zwar noch am 24. Oktober 1956 in der Hoffnung, er könne die Massen beruhigen, zum Ministerpräsidenten ernannt. In der damaligen Situation, nach der Intervention der sowjetischen Truppen, waren die diesbezüglichen Aussichten auf Erfolg allerdings sehr gering. Imre Nagy war nämlich damals nicht nur mit Forderungen konfrontiert, die eine Veränderung der inneren Ordnung in Ungarn bezweckten und von Tag zu Tag radikaler wurden, sondern von Anfang an auch mit solchen, die den internationalen Status Ungarns in seinen Grundlagen erschütterten bzw. die Position des Landes innerhalb des sowjetischen Bündnissystems in Frage stellten.

Was in den ersten Tagen der Revolution nur wenige wussten war, dass sich Imre Nagy in einer theoretischen Schrift[6], die er unter seinen Freunden verbreitet hatte, bereits im Januar 1956 für die fünf Grundprinzipien der friedlichen Koexistenz, die von der Bewegung der blockfreien Staaten formuliert worden waren, ausgesprochen hatte, also zugunsten der gegenseitigen Achtung der territorialen Integrität und Souveränität, des Aggressionsverzichts, der Nicht-Intervention in die inneren Angelegenheiten anderer Staaten, der Gleichberechtigung und zugunsten der wechselseitigen Vorteile und des friedlichen Nebeneinanders. Er tat dies in einer Weise, dass er die Summe dieser Prinzipien an und für sich mit der Kategorie der nationalen Unabhängigkeit identifizierte. Die Souveränität bedeutete für ihn allerdings nicht nur einen Wert in der internationalen Politik, sondern er sah darin auch eine grundlegende Vorraussetzung für die erfolgreiche innere Entwicklung der Nation. Auf dem Gebiet der politischen Praxis formulierte Imre Nagy bereits damals die Ansicht, dass Ungarn dem jugoslawischen Modell bei der Verwirklichung seiner nationalen Unabhängigkeit folgen müsse, d.h. also, dass es unter Bewahrung der sozialistischen Wirtschafts- und Gesellschaftsordnung eine blockfreie Außenpolitik betreiben sollte. Um all dies zu verwirklichen, stellte er sich allerdings keineswegs irgendwelche einseitigen Schritte vor; Imre Nagy hoffte, dass die positiven Veränderungen in der Weltpolitik innerhalb kurzer Zeit zur Auflösung der einander gegenüberstehenden Machtblöcke führen könnten und dies die Möglichkeit eröffnen würde, dass

---

[6] The five basic principles of international relations and our foreign policy, in: Imre Nagy, On Communism. In Defence of the New Course, London 1957.

die osteuropäischen Staaten dann auch selbständig – auf der Grundlage der nationalen Unabhängigkeit, der Gleichheit und der Nicht-Einmischung in die inneren Angelegenheiten anderer Staaten – den Sozialismus aufbauen könnten. Er konnte sich diesen Weg vor allem auch deshalb vorstellen, weil die Sowjetunion zu dieser Zeit ausgesprochen positiv gegenüber der Bewegung der blockfreien Staaten eingestellt war. So akzeptierte sie das Grundprinzip der friedlichen Koexistenz und ihre Versöhnungspolitik gegenüber Jugoslawien weckte die Illusion, die Sowjetunion sei bereit, unterschiedliche Wege zum Aufbau des Sozialismus zu akzeptieren.

Imre Nagy kam in den Tagen der ungarischen Revolution die ungeheure Aufgabe zu, diese ausgesprochen evolutionären außenpolitischen Vorstellungen den sich radikalisierenden revolutionären Forderungen gegenüberzustellen. Bei den Gesprächen, die er mit den am 24. Oktober 1956 nach Budapest entsandten KPdSU-Präsidiumsmitgliedern Anastas I. Mikojan und Michail A. Suslow[7] führte, war Nagy vom ersten Augenblick an darum bemüht, die sowjetische Führung davon zu überzeugen, dass er bei entsprechender Unterstützung in der Lage sein würde, die Situation zu konsolidieren, denn er war sich nur zu bewusst, dass das Schicksal der Revolution einzig und alleine vom Verhalten der Sowjetunion abhing. Die friedliche Lösung der polnischen Krise bestärkte Nagy wahrscheinlich in seiner Überzeugung, die Sowjets seien auch ernsthaft an einer friedlichen Regelung der Situation in Ungarn interessiert und hierfür zu bedeutenden Zugeständnissen bereit. Deshalb brachte er bereits am 25. Oktober 1956 zum Ausdruck, dass die Intervention der sowjetischen Truppen ein Fehler gewesen sei. Zur Beruhigung der Gemüter müsse er nun erklären, dass die Regierung Verhandlungen über den Abzug der sowjetischen Truppen aus Ungarn initiieren werde; eine entsprechende Erklärung gab Ministerpräsident Nagy bei seiner Radioansprache am Nachmittag des 25. Oktober 1956 – wie wir heute wissen, gegen den entschiedenen Protest der Sowjets – auch ab.[8] Und am folgenden Tag versuchte Nagy – auch unter Ausnutzung des Drucks, den die Bevölkerung auf die ungarische Führung ausübte – die Gesandten aus Moskau davon zu überzeugen, dass sich die Partei zur Beherrschung der Situation – neben der Nieder-

---

[7] Zur sowjetischen Verhandlungsdelegation gehörten außer Mikojan und Suslow auch Iwan A. Serow, Leiter des Geheimdienstes KGB, und Mihail S. Malinin, stellvertretender Generalstabschef. Während Mikojan und Suslow mit den ungarischen Parteiführern verhandelten, kamen Serow und Malinin in cognito nach Budapest. Erst Dokumente aus dem 1992 geöffneten sowjetischen Archiven enthüllten, dass beide sich ebenfalls seit Beginn der Revolution in Ungarn aufgehalten hatten.

[8] Mikojan és Szuszlov távirata az SZKP KB-nak, 1956. október 25. [Telegramm von Mikojan und Suslow an das ZK der KPdSU, 25. Oktober 1956], in: Éva Gál/ András B. Hegedűs/ György Litván/ János M. Rainer (Hrsg.), A „Jelcin-dosszié". Szovjet dokumentumok 1956-ról [Das „Jelzin-Dossier". Sowjetische Dokumente über 1956], Budapest 1993, S. 51.

schlagung des bewaffneten Widerstandes – an die Spitze der landesweiten Massenbewegung stellen müsse.[9]

Die Ereignisse der folgenden Tage schienen die Politik von Imre Nagy gegenüber den Sowjets zu bestätigen. Mit dem Versprechen, die Lage zu konsolidieren, bemühte er sich darum, den Sowjets immer wieder Zugeständnisse abzuringen: Am 29. Oktober begann der Abzug der sowjetischen Einheiten aus Budapest und die Erklärung der sowjetischen Regierung vom folgenden Tag enthielt geradewegs das Versprechen, die Sowjetunion werde das Verhältnis zu den sozialistischen Ländern – unter Beachtung des Prinzips der Gleichberechtigung und der Nicht-Einmischung in die inneren Angelegenheiten der Verbündeten – auf eine neue Grundlage stellen und die Frage des Abzugs der in Ungarn stationierten sowjetischen Truppen überprüfen.

Gleichzeitig begannen sich mit bedenklicher Geschwindigkeit allerdings auch Anzeichen zu häufen, die die wahren Absichten der Sowjets vorwegnahmen: Seit dem 31. Oktober 1956 trafen in Budapest kontinuierlich Nachrichten ein, dass neue sowjetische Truppen nach Ungarn einrücken, strategische Knotenpunkte besetzen, die Städte einkreisen und die Flugplätze besetzen würden.

Die innen- und außenpolitischen Schritte der Nagy-Regierung wurden daraufhin dadurch bestimmt, das immer unvermeidbarer erscheinende Verhängnis irgendwie abzuwenden. Es war offensichtlich, dass Ungarn, auch zum Preis eines schweren Blutzolls, nicht in der Lage sein würde, erfolgreich bewaffneten Widerstand zu leisten. In dieser aussichtslosen Lage sah die Regierung die einzige Möglichkeit darin, alles zu versuchen, um eine schnelle innere Konsolidierung herbeizuführen. Damit sollte verhindert werden, dass die Sowjets unter Berufung auf die Notwendigkeit der Beendigung der Anarchie und der Wiederherstellung der Ordnung eine erneute bewaffnete Intervention durchführen. Als der sowjetische Botschafter Juri W. Andropow auf Fragen und Proteste hinsichtlich der sowjetischen Truppenbewegungen lediglich nichts sagende bzw. irreführende Antworten gab und sich die tatsächlichen Absichten der Sowjets aus diesem Verhalten erahnen ließen, wurde die Regierung von Imre Nagy vor die Wahl gestellt, sich entweder mit der Niederlage abzufinden und sich – in der blassen Hoffnung auf die stillschweigende Wahrung einzelner Errungenschaften der Revolution – an die Spitze der Restauration zu stellen oder aber einen letzten heroischen Versuch zur Rettung der Revolution zu unternehmen. Imre Nagy wählte das letztere.

---

[9] Mikojan és Szuszlov távirata az SZKP KB-nak, 1956. október 26. [Telegramm von Mikojan und Suslow an das ZK der KPdSU, 26. Oktober 1956], in: Csaba Békés/ Malcolm Byrne/ János M. Rainer (Hrsg.), The 1956 Hungarian Revolution. A History in Dokuments, Budapest/ New York 2002, S. 235f.

Am 1. November 1956 fasste das Kabinett einstimmig den Beschluss, einseitig aus dem Warschauer Pakt auszutreten und die Neutralität des Landes zu erklären.[10] Nagy richtete zugleich einen Appell an den Generalsekretär der Vereinten Nationen. Darin bat er, die Großmächte sollten Ungarn bei der Wahrung seiner Neutralität Hilfe leisten und die ungarische Frage mit besonderer Dringlichkeit auf die Tagesordnung der folgenden Sitzungsperiode setzen.[11] Unter dem Druck der immer unabwendbarer erscheinenden Katastrophe wandte sich die Nagy-Regierung also – wenn auch mittelbar, mit Blick auf das Beispiel der österreichischen Neutralität – an die westlichen Großmächte und an die Weltorganisation. Allerdings hatte Imre Nagy weder bezüglich der möglichen Hilfe des Westens, noch der Unterstützung durch die Vereinten Nationen besondere Illusionen. Als Politiker, der die sowjetische Machtpolitik gut kannte, war er sich darüber im Klaren, dass unter den gegebenen internationalen Umständen nur sehr geringe Aussichten bestanden, dass die sowjetische Führung – die von Anfang an die Niederwerfung des Aufstandes lediglich als militärische Frage betrachtete – auf ein zu ihrem Imperium gehörendes, für sie strategisch wichtiges Land verzichtet, nur weil dessen Regierung die Unabhängigkeit erklärt hatte.

Deshalb suchte Imre Nagy, während er am 2. November 1956 erneut in einer Note auf ein Einschreiten der Vereinten Nationen drängte,[12] hinter den Kulissen bis zum letzten Augenblick verzweifelt nach einer Möglichkeit, um zu einem Ausgleich mit den Sowjets zu gelangen, und bemühte sich darum, sie von der Richtigkeit seiner Politik zu überzeugen. Gegenüber dem sowjetischen Botschafter zeigte er sich sogar bereit, für den Fall einer Garantie, dass die sowjetischen Truppen sich nicht auf eine erneute Intervention vorbereiten, den Aufruf an die Vereinten Nationen zurückzuziehen. Zugleich bat er darum, auf höchster Ebene unmittelbar mit der sowjetischen Führung verhandeln zu dürfen. Seine Bitte wurde allerdings zurückgewiesen. Während der Gespräche, die am 3. November 1956 mit einer sich in Budapest aufhaltenden Delegation der kommunistischen Partei Rumäniens geführt wurden, versuchte Nagy den rumänischen Parteichef Gheorge Gheorghiu-Dej dazu zu bewegen, für ihn ein Gipfeltreffen mit Chruschtschow zu arrangieren.[13] Die sowjetischen Führer verhandelten an genau diesem Tag in Moskau aber bereits auf einem ganz anderen Gipfeltreffen mit

---

[10] Zur diesbezüglichen Erklärung von Imre Nagy siehe ebenda, S. 334.
[11] Zum diesbezüglichen Telegramm siehe ebenda, S. 333.
[12] Zum Telegramm Nagys vom 2. November siehe ebenda, S. 346.
[13] Vgl. János M. Rainer, Nagy Imre. Politikai életrajz, Vol. 2, 1953-1958 [Imre Nagy. Politische Biographie, Bd. 2, 1953-1958], Budapest 1999, S. 323; Vjacseszlav Szereda/ János M. Rainer (Hrsg.): Döntés a Kremlben, 1956. A szovjet pártelnökség vitái Magyarországról [Entscheidung im Kreml, 1956. Diskussionen des sowjetischen Parteipräsidiums über Ungarn], Budapest 1996, S. 91.

János Kádár – den sie zur Leitung der Wiederherstellung der Ordnung auserwählt hatten – über das Drehbuch zum Sturz der Regierung von Imre Nagy.[14]

Dilemmata der sowjetischen Beschlussfassung

Die sowjetische Führung, die mit der Überwindung der am 19. Oktober 1956 ausgebrochenen politischen Krise in Polen befasst war, tat sich anfänglich – ganz im Gegensatz zu früheren Annahmen – schwer, auf Bitten des ungarischen KP-Chefs Ernő Gerő die in Ungarn stationierten sowjetischen Truppen zur Zerschlagung der Budapester Demonstration vom 23. Oktober einzusetzen. Infolge der im Laufe des Abends wiederholten Bitte um Hilfe und insbesondere auf Druck von Botschafter Andropow, der die Lage als außerordentlich bedrohlich einstufte, entschied sie sich aber schließlich doch zugunsten des Befehls zur Intervention.[15] Chruschtschow und die anderen Mitglieder der sowjetischen Führung hofften trotz des Ausbruchs bewaffneter Kämpfe noch tagelang darauf, auch in Ungarn – wie im Falle Polens – die Entwicklungen mittels gegenseitiger Zugeständnisse auf friedliche Bahnen lenken zu können sowie darauf, dass der am 24. Oktober zum Ministerpräsidenten ernannte Imre Nagy Herr der Lage werden würde. Bei den Verhandlungen mit Nagy bzw. mit der ungarischen Führung am 26. Oktober wiesen Mikojan und Suslow dementsprechend kategorisch auf die Grenzen der für die Sowjets akzeptablen Zugeständnisse hin: In die Regierung dürfen Politiker eintreten, die früher zu anderen Parteien gehörten (es ging also keineswegs um ein Mehrparteiensystem und eine Koalitionsregierung), nach der Wiederherstellung der Ordnung ziehen sich die sowjetischen Truppen auf ihre Militärbasen zurück (wie sie dies in Polen getan hatten). Die ungarische Führung wurde auch darauf aufmerksam gemacht, dass weitere Zugeständnisse zum Sturz

---

[14] Zu den Verhandlungen von János Kádár und Ferenc Münnich am 2. und 3. November 1956 mit den Mitgliedern des ZK-Präsidiums der KPdSU siehe Békés/ Byrne/ Rainer (Hrsg.), The 1956 Hungarian Revolution, S. 336-340, S. 356 ff. Kürzlich bekannt gewordene sowjetische Quellen beweisen, dass János Kádár ursprünglich nicht an die Bildung einer Gegenregierung gedacht hatte, als er am 1. November 1956 zusammen mit Ferenc Münnich in die Sowjetunion reiste. Bei der ersten Verhandlung mit der sowjetischen Parteiführung am 2. November versuchte er die Präsidiumsmitglieder davon zu überzeugen, dass es noch möglich sei, die Krise auf friedliche Weise zu überwinden. Auf dem Treffen am nächsten Tag, als auch Chruschtschow und Malenkow nach Moskau zurückgekehrt waren, wurde Kádár mit der Tatsache konfrontiert, dass die sowjetische Entscheidung bereits gefallen war und ihm nur die Möglichkeit blieb zu entscheiden, mit den Sowjets zu kooperieren oder nicht.

[15] Zur ersten sowjetischen Intervention am 23. Oktober 1956 siehe Békés/ Byrne/ Rainer (Hrsg.), The 1956 Hungarian Revolution, S. 217f, S. 222-227. Zur Vorbereitung und Durchführung der sowjetischen Intervention siehe Jenő Györkei/ Miklós Horváth (Hrsg.), Soviet Military Intervention in Hungary. 1956, Budapest 1999.

der kommunistischen Ordnung in Ungarn führen würden, und sie ließen keinen Zweifel daran, dass die Sowjetunion dem nicht tatenlos zusehen würde.[16] Die sowjetische Führung dachte nämlich keinen Augenblick daran, gegen ihre langfristigen, auch durch den bestehenden status quo in Europa gesicherten strategischen Interessen zu handeln bzw. zur Auflösung des osteuropäischen Sicherheitsgürtels der Sowjetunion beizutragen, indem sie Ungarn erlaubte, ein kapitalistisches System wiederherzustellen, das ihr gegenüber kaum eine freundschaftliche Außenpolitik verfolgen würde.

Neben den militärisch-strategischen Aspekten sind auch die ideologischen Gesichtspunkte wegen der möglichen Bedeutung der Entwicklungen als Präzedenzfall nicht zu vernachlässigen. Zur Ausweitung des Einflussbereichs des seit 1945 kontinuierlich expandierenden kommunistischen Weltreichs leitete die Sowjetunion gerade in diesen Jahren eine umfassende Wirtschaftshilfe- und Propagandakampagne ein, die sich vor allem an die Staaten der Dritten Welt richtete; man kann sich vorstellen, welche negativen Wirkungen es gehabt hätte, wenn nach nahezu zehnjährigem Bestand der kommunistischen Ordnung in einem mittelosteuropäischem Land die frühere parlamentarische Demokratie und das Mehrparteiensystem als Ergebnis eines antisowjetischen Aufstandes wiedererrichtet worden wären.

Ihre langfristigen Interessen, also den Erhalt der kommunistischen Ordnung, sahen die Sowjets in den osteuropäischen Satellitenländern grundsätzlich durch die Stabilität der folgenden vier Institutionen als gewährleistet an: 1) eine einheitliche und zu entschlossenem Handeln bereite Parteiführung, die sich gegenüber Moskau loyal verhält; 2) der „Sache des Sozialismus", also der Lenkung durch Moskau verpflichtete, effektiv arbeitende und entschlossene Staatssicherheitsorgane; 3) eine gegenüber Moskau loyale militärische Führung und disziplinierte Armee; 4) das Informationsmonopol, d.h. von der Partei nach den Vorgaben Moskaus gelenkte und kontrollierte Massenmedien. Im sowjetischen Beschlussfassungsmechanismus löste die Erschütterung einer dieser Institutionen eine Alarmreaktion aus. Und auf die Herausforderung, die eine Krise aller vier Institutionen darstellte, konnte es nur eine einzige Antwort geben: die militärische Intervention.[17]

---

[16] Vgl. Mikojan és Szuszlov távirata az SZKP KB-nak, 1956. október 26. [Telegramm von Mikojan und Suslow an das ZK der KPdSU, 26. Oktober 1956], in: Békés/ Byrne/ Rainer (Hrsg.), The 1956 Hungarian Revolution, S. 236.

[17] Zu den ersten drei Faktoren siehe János M. Rainer, Szovjet döntéshozatal Magyarországról 1956-ban [Sowjetische Beschlussfassung über Ungarn 1956], in: 1956-os Intézet (Hrsg.), Évkönyv 2 (1993), Budapest 1993, S. 9-38. Auf die Rolle der Massenmedien in diesem Zusammenhang weist Péter Kende hin. Die ursprünglichen Kategorien habe ich anhand der Ergebnisse eines Vergleichs der ungarischen Revolution von 1956 mit dem „Prager Frühling" von 1968 modifiziert und konkretisiert, so dass diese auf beide Krisen angewendet werden können (siehe hierzu Csaba Békés, Európából

Die kurzfristigen Interessen der Sowjetunion hingegen diktierten, dass es nur dann zu einem derart radikalen Schritt kommen sollte, wenn es überhaupt keine Hoffnung mehr gab, zu einer friedlichen Lösung zu gelangen. Die Bewahrung der Einheit des kommunistischen Blocks, der sowjetisch-jugoslawische Versöhnungsprozess, die Propaganda der „friedliebenden Sowjetunion" gegenüber den Entwicklungsländern, die Situation der kommunistischen Parteien in Westeuropa und – nicht zuletzt – die Möglichkeit der friedlichen Lösung der polnischen Krise waren alle zusammen Faktoren, die damals gegen eine bewaffnete Intervention in Ungarn sprachen.

Zur positiven Beeinflussung der Ereignisse waren die Sowjets daher neuerlich zu taktischen Zugeständnissen gezwungen: Am 28. Oktober 1956 stimmten sie der Verkündung eines Waffenstillstandes zu und erklärten auch ihr Einverständnis zum Abzug der sowjetischen Einheiten aus Budapest – ohne dass zuvor die bewaffneten Aufständischengruppen liquidiert worden wären. Außerdem erhoben sie auch keinen Einwand mehr gegen den Satz in der Regierungserklärung vom 28. Oktober, dass Verhandlungen über den späteren Abzug der in Ungarn stationierten sowjetischen Truppen initiiert würden. Und die sowjetische Regierungserklärung vom 30. Oktober[18] über das Verhältnis der Sowjetunion zu ihren Verbündeten – deren Publikation in Moskau bereits seit geraumer Zeit vorbereitet worden war und nun nur noch der aktuellen Lage angepasst wurde[19] – enthielt das dezidierte Versprechen, dass die Möglichkeit des Truppenabzugs aus Ungarn überprüft werde.

Innerhalb der sowjetischen Führung fanden – wie dies bereits auch früher angenommen werden konnte – von Anfang an heftige Diskussionen statt. Den Ernst der Lage signalisiert, dass das Präsidium der KPdSU vom 23. Oktober bis zum 4. November 1956 fast täglich zusammentrat. Die zentrale Frage auf diesen Sitzungen war, welche Zugeständnisse der Regierung von Imre Nagy gemacht werden könnten, um diese in die Lage zu versetzen, die Verhältnisse zu konsolidieren.

Európába. Magyarország konfliktusok kereszttüzében, 1945-1990 [Von Europa nach Europa. Ungarn im Kreuzfeuer der Konflikte, 1945-1990], Budapest 2004, S. 223-236).

[18] Zum vollständigen Text der Erklärung siehe Békés/ Byrne/ Rainer (Hrsg.), The 1956 Hungarian Revolution, S. 300 ff.

[19] Zur Analyse der Erklärung siehe Csaba Békés, The 1956 Hungarian Revolution and World Politics. Cold War International History Project, Woodrow Wilson International Center for Scholars, Washington D.C., September, 1996, Working Paper No. 16 (http://cwihp.si.edu).

Die Entscheidung des Parteipräsidiums vom 30. Oktober 1956: Aufgabe Ungarns oder Prinzip des größtmöglichen Zugeständnisses?

Seit der teilweisen Öffnung der einstigen sowjetischen Archive sind hinsichtlich der sowjetischen Entscheidungsprozesse in Zusammenhang mit dem Herbst 1956 wichtige neue Informationen zum Vorschein gekommen. Eine besondere Bedeutung kommt den Aufzeichnungen zu, die über die Präsidiumssitzung vom 30. Oktober 1956 angefertigt wurden. Hier traf die sowjetische Führung nämlich die einstimmige (!) Entscheidung, dass Moskau zur friedlichen Lösung der Krise bereit sei, die sowjetischen Truppen aus Ungarn abzuziehen, sofern die ungarische Regierung dies offiziell beantragen sollte.[20]

Seit der Publikation der Malin-Aufzeichnungen im Jahre 1996 hat die Neubewertung der sowjetischen Politik hinsichtlich des ungarischen Aufstandes im Kreise der Historiker neuen Schwung erhalten. Die inoffiziellen, vielfach bruchstückhaften, aber auch so außerordentlich informativen Aufzeichnungen, die über die Gespräche des Präsidiums der KPdSU bezüglich der Krise in Ungarn angefertigt wurden, erlauben nämlich erstmals einen Einblick in die Diskussionen der obersten Moskauer Führung, als deren Ergebnis schließlich die wohlbekannten Entscheidungen fielen. Diese Dokumente bekräftigen die früheren Vermutungen, dass im Kreml ernsthafte, nicht selten sehr scharfe Diskussionen über den zukünftigen politischen Kurs stattfanden. Worum es bei diesen ging, darüber sind auch in Kenntnis der neuen Quellen die Meinungen der Forscher geteilt. Zur Untermauerung der zwei gegensätzlichen Positionen, die sich in den vergangenen Jahren herausgebildet haben, dient beiden Seiten eigenartiger Weise gerade der obig genannte Präsidiumsbeschluss.

Gemäß der einen Interpretationslinie war die sowjetische Führung bei der Bewältigung der Krise offener und flexibler, als man früher dachte. Wichtigstes Beispiel hierfür sei der Beschluss des Parteipräsidiums vom 30. Oktober über die Möglichkeit des sowjetischen Truppenabzugs. Folglich sei die bewaffnete Niederschlagung des Aufstandes nicht die einzige Möglichkeit gewesen und im Falle einer – zumeist nicht näher ausgeführten – günstigeren Entwicklung der Umstände hätte so die Chance eines Sieges der Revolution bestanden. Einige Studien postulieren sogar, dass die 1989/1990 erfolgte Befreiung ganz Ostmitteleuropas vom Kommunismus so bereits 33 Jahre früher hätte erfolgen können.[21]

---

[20] Vgl. Békés/ Byrne/ Rainer (Hrsg.), The 1956 Hungarian Revolution, S. 295-299.
[21] Dieser Standpunkt wird am entschiedensten von Mark Kramer vertreten (Mark Kramer, A Szovjetunió válasza az 1956-os eseményekre [Die Antwort der Sowjetunion auf die Ereignisse von 1956], in: 1956-os Intézet (Hrsg.), Évkönyv 5 (1996/1997), Budapest 1997, S. 73-92; Ders., New Evidence on Soviet Decision-Making and the 1956 Polish and Hungarian Crisis, in: Cold War International History Project Bulletin, Nr. 8/9, 1996/1997, S. 358-385. Eine im wesentlichen ähnliche Meinung vertritt auch Zubok, der folgendes schreibt: „Wir können sicher sein, dass die sowjetischen Panzer,

Laut der anderen, hierzu gegensätzlichen Meinung steht die Botschaft der Malin-Aufzeichnungen nicht im Widerspruch zur früher entwickelten Bewertung der sowjetischen Politik, sondern bekräftigt sie im Wesentlichen sogar. Die Diskussionen im Parteipräsidium waren in der Tat ernsthaft und noch heftiger, als früher angenommen werden konnte. Beim Konflikt zwischen den „Liberalen" und den „Konservativen"[22] ging es allerdings nicht um die Aufgabe Ungarns (also um die Anerkennung des Sieges der Revolution bzw. der Unabhängigkeit des Landes), sondern einzig und allein um die Frage, welche Zugeständnisse der Regierung von Imre Nagy unter den gegebenen Umständen gemacht werden könnten, damit diese in die Lage versetzt werden würde, die Situation im Rahmen der kommunistischen Ordnung zu konsolidieren. Das Ergebnis der Konsolidierung sollte also sein, dass Ungarn weder seine Gesellschaftsordnung, noch seine Position innerhalb der sowjetischen Bündnisordnung verändert.

Der Verfasser selbst vertritt zwar letztere Meinung[23], es ist aber dennoch interessant zu untersuchen, welche Fakten und Informationen zur Stützung des Standpunktes herangezogen wurden, die Sowjets seien gegebenenfalls bereit gewesen, Ungarn aufzugeben. Es überrascht vielleicht, aber die Aufzeichnungen über die Präsidiumssitzungen vom 23. Oktober 1956 bis zum 4. November 1956 enthalten insgesamt nur eine einzige wirklich wichtige, allerdings keineswegs entscheidende Information, die zur Untermauerung dieser Interpretation überhaupt zu verwenden ist, nämlich die erwähnte Entscheidung des Parteipräsidiums vom 30. Oktober 1956, dass die sowjetischen Truppen im Falle eines entsprechenden Gesuchs der ungarischen Regierung aus Ungarn abgezogen werden sollten.[24] Der Schlüssel zur Interpretation der oftmals äußerst bruchstückhaften Malin-Aufzeichnungen ist allerdings, dass jede einzelne neue Information nur in Zusammenhang mit der Analyse aller bislang bekannten bzw. gerade gewonnenen Informationen zu bewerten ist und noch dazu in den Gesamtkontext der allgemeinen weltpolitischen Lage und der Ost-West-Beziehungen gestellt werden muss. Ähnliche Bedeutung hat ein von den Forschern oft vernachlässigter Gesichtspunkt, nämlich die Rolle der so genannten negativen Informationen, also

---

wenn sich die Machtkonstellation um Chruschtschow anders entwickelt und anstelle von ihm ein weniger gewaltbereiter Führer an der Spitze des Kremls gestanden hätte, nicht nach Budapest gerollt wären und sich die Geschichte Osteuropas und – zusammen damit – auch der Sowjetunion anders entwickelt hätte." (Vlagyiszlav M. Zubok, Hatalmi harc a Kremlben és a magyar válság [Machtkampf im Kreml und die ungarische Krise], in: 1956-os Intézet (Hrsg.), Évkönyv 5 (1996/1997), Budapest 1997, S. 65.

[22] Diese Kategorien stammen von János M. Rainer (vgl. Rainer/ Szereda (Hrsg.), Döntés a Kremlben, S. 111-154).

[23] Siehe hierzu auch den Artikel von Csaba Békés und Melinda Kalmár in Népszabadság, 22. Oktober 1996.

[24] Siehe hierzu Rainer/ Szereda (Hrsg.), *Döntés a Kremlben,* S. 51-57.

die Untersuchung der Frage, worüber die Mitglieder des Parteipräsidiums nicht sprachen. Hierbei wird beispielsweise deutlich, dass die sowjetische Führung – da die Aufzeichnungen keine diesbezüglich wesentlichen Bemerkungen enthalten – keine Intervention der Westmächte in Ungarn befürchtete. Hätte sie mit einer solchen Gefahr gerechnet, wäre darüber nicht nur intensiv diskutiert worden, sondern es hätten sofort auch wirksame Sicherheitsmaßnahmen getroffen werden müssen (vollständige Mobilisierung der Armee usw.).

Beachtet man all diese Gesichtspunkte, so wird besonders deutlich, dass die Entscheidung der sowjetischen Führung vom 30. Oktober 1956 keinesfalls auf die „Freilassung" Ungarns gerichtet war, sondern gerade auf das Gegenteil. Der Abzug der sowjetischen Truppen wäre das größtmögliche politische Zugeständnis gewesen, das die sowjetische Führung – unter Vermeidung der auch von ihr als schlechteste Lösung betrachteten bewaffneten Wiederherstellung der Ordnung – noch zu machen bereit gewesen wäre, wenn es der Regierung von Imre Nagy dadurch gelungen wäre, die Situation unter Wahrung der kommunistischen Ordnung und der Einheit des Sowjetblocks zu konsolidieren. In Bezug darauf, dass ein Truppenabzug nur im Falle der Erfüllung dieser beiden Voraussetzungen in Frage gekommen wäre, sind in den Malin-Aufzeichnungen zahlreiche konkrete Hinweise zu finden. In diesem Zusammenhang genügt es, zwei markant formulierte bzw. dokumentierte Meinungen zu erwähnen. Außenminister Dimitri T. Schepilow, der zumeist als Vertreter der „liberalen Alternative" an den Diskussionen teilnahm, führte zur Unterstützung der obigen Entscheidung folgendes an: „Im Einvernehmen mit der Regierung Ungarns sind wir bereit, aus Ungarn abzuziehen. Es muss dann ein langer Kampf gegen den nationalen Kommunismus geführt werden."[25] Die kalkulierte Folge des Abzugs war also nicht die Restauration der kapitalistischen Ordnung, sondern eine Verfestigung des Zustandes, wie er in Polen herrschte, d.h. das Zustandekommen eines reformierten, über größere Selbständigkeit verfügenden Systems, das sich gegenüber Moskau aber loyal verhalten und innerhalb des sowjetischen Blocks verbleiben sollte.

Es ist bezeichnend, dass gerade Mikojan, der sonst innerhalb der Führung von Anfang an die liberalste Position bezüglich Ungarn vertrat, die Bedingung des Erhalts des status quo um jeden Preis am unmissverständlichsten formulierte. „Wir dürfen Ungarn nicht aus unserem Lager entlassen" – sagte er auf der Präsidiumssitzung vom 1. November 1956, also einen Tag nach dem Beschluss über die Notwendigkeit der Invasion. Gleichzeitig versuchte er aber, die anderen Führungsmitglieder davon zu überzeugen, dass die Möglichkeiten einer politischen Lösung noch nicht vollkommen erschöpft seien und mit der Intervention noch zehn bis fünfzehn Tage gewartet werden solle.[26] Es ist eine Ironie des Schicksals,

---

[25] The „Malin notes", S. 392.
[26] Ebenda, S. 394.

dass das – konsequente – Festhalten an der Taktik des Abwartens durch Mikojan, der am 23. Oktober der einzige gewesen war, der die Situation realistisch beurteilte, am 1. November bedeutete, dass er in der Führung jetzt der einzige war, der nicht verstand (oder nicht verstehen wollte), dass die Ereignisse in Ungarn in der Tat den von der Sowjetunion tolerierbaren Rahmen bereits gesprengt hatten. Es wird heute nämlich kaum mehr von irgendjemandem in Frage gestellt, dass Ende Oktober 1956 in Ungarn ein rasanter demokratischer Umbruch begann, der ohne äußere Intervention innerhalb kürzester Zeit zwangsläufig zur vollständigen Liquidierung der kommunistischen Diktatur geführt hätte. Die Ereignisse vom 1. bis zum 3. November untermauern diese Erkenntnis nur und es ist kein Zufall, dass Mikojan selbst auf der Präsidiumssitzung am 3. November János Kádár als neuen Regierungschef vorschlug.[27]

Es bleibt also festzustellen, dass die Malin-Aufzeichnungen keine einzige Tatsache oder Information enthalten, die darauf verweisen würde, dass auch nur ein einziges Mitglied der sowjetischen Führung bereit gewesen wäre, die Veränderungen in Ungarn zusammen mit ihren immer deutlicher hervortretenden Konsequenzen, also der Bildung eines bürgerlichen demokratischen Systems, zu akzeptieren. Dies ist, wenn wir es gut überlegen, auch nicht besonders überraschend. Diesbezüglich sei nochmals auf eine wohlbekannte Tatsache verwiesen: Wir wissen seit langem, dass der jugoslawische KP-Chef Tito in der Nacht vom 2. auf den 3. November 1956, während des Treffens auf der Insel Brioni, mit dem Plan einverstanden war, das kommunistischen System in Ungarn durch eine sowjetische Intervention zu retten, und dass er diese später auch öffentlich als unvermeidbaren Schritt bezeichnete. Und es steht außer Frage, dass es niemanden gab, der mehr an der Machtübernahme eines nationalen Kommunismus bzw. an der Unterstützung der Regierung von Imre Nagy interessiert war, als Tito. Wenn also selbst Tito, trotz seiner positiven Einstellung gegenüber dem Ziel eines nationalen Kommunismus in Ungarn, Anfang November 1956 zu dem – übrigens richtigen – Urteil gelangte, dass die kommunistische Herrschaft in Ungarn in Gefahr war, dann wäre es wirklich komisch gewesen, wenn die sowjetischen Führer – die früher auch wesentlich geringere Veränderungen im Rahmen des Systems nur unter dem Druck einer Krise akzeptiert hatten – jetzt eine nachgiebigere Haltung an den Tag gelegt hätten, als die Jugoslawen.[28]

---

[27] Ebenda, S. 397.

[28] Über den jugoslawischen Standpunkt zur sowjetischen Intervention sind neue Fakten aus den in den letzten Jahren publizierten sowjetischen Quellen hervorgegangen. Nach diesen Dokumenten machten im November/Dezember 1956 jugoslawische Führungsmitglieder, darunter auch Tito, im Zuge von Verhandlungen mit sowjetischen Partnern die Bemerkung, dass, wenn die Sowjetunion am 4. November nicht zur Niederschlagung des Aufstandes in Ungarn eingeschritten wäre, dies dann von jugoslawischen Truppen getan worden wäre (siehe hierzu Vjacseszlav Szereda/ Aleksandr Sztikalin (Hrsg.), Hiányzó lapok 1956 történetéből. Dokumentumok a volt SZKP KB Levéltárából [Fehlende

Nach der Intervention vom 4. Oktober 1956 erschien es so, dass das die Grundlagen des Systems nicht berührende, dennoch historisch bedeutende Angebot, das das sowjetische Parteipräsidium am 30. Oktober formuliert hatte, ein für allemal seine Gültigkeit verloren hatte. Paradoxer Weise gelang es unter den ostmitteleuropäischen Staaten in den Jahrzehnten nach 1956 gerade der damals an die Macht gelangten, ihre Herrschaft mit der Doppeltaktik von Zuckerbrot und Peitsche schnell stabilisierenden ungarischen Führung unter János Kádár, eine relativ unabhängige innere Entwicklung einzuleiten, die die jeweiligen Grenzen der Moskauer Toleranz kontinuierlich auf die Probe stellte. Und paradoxer Weise diente Rumänien, das hinsichtlich seiner inneren Ordnung in vielerlei Hinsicht noch retrograder war als das poststalinistische sowjetische System, als Beispiel für eine für die Sowjets noch ertragbare Außenpolitik, die im Westen den Anschein einer relativen Unabhängigkeit erweckte.

Die im Herbst 1956 verloren gegangene und von vielen bis heute gesuchte historische Chance lag also keineswegs darin, dass unter glücklicheren Umständen die Möglichkeit für einen Sieg der ungarischen Revolution, also für die Wiederherstellung der Demokratie und nationalen Unabhängigkeit, bestanden hätte.

Es handelte sich vielmehr darum, dass – nach dem Zeugnis der Malin-Aufzeichnungen – die sowjetische Führung am 30. Oktober 1956 bereit gewesen wäre, ihre Truppen aus Ungarn abzuziehen, sofern die Regierung von Imre Nagy – infolge irgendeines Wunders – in der Lage gewesen wäre, den sich mit außerordentlicher Geschwindigkeit entfaltenden Prozess der Demokratisierung aufzuhalten. Dies bedeutet letztlich, dass Moskau im Falle Ungarns zu einem beträchtlichen Zugeständnis bereit gewesen wäre, wie bei der Lösung der polnischen Krise, wo diese Gefahr nicht wirklich bestand. Dies zeigt wiederum, dass Moskau – selbstverständlich unter Wahrung der kommunistischen Ordnung und der Einheit des Sowjetblocks – bereit war, einem gegebenen Land, also in diesem Falle Ungarn, das Privileg einer relativen inneren bzw. äußeren Selbständigkeit zu gewähren. Chruschtschow und seine Führungsgarde neigten damals in dieser

---

Seiten aus der Geschichte von 1956. Dokumente aus dem ZK-Archiv der KPdSU], Budapest 1993, S. 249; József Kiss/ Zoltán Ripp/ István Vida (Hrsg.), Iratok a magyar–jugoszláv kapcsolatok történetéhez. 2. köt. Magyar–jugoszláv kapcsolatok, 1956 december-1959. február. A magyar–jugoszláv kapcsolatok és a Nagy Imre-csoport sorsa. Dokumentumok. [Akten zur Geschichte der ungarisch-jugoslawischen Beziehungen, Bd. 2: Ungarisch-jugoslawische Beziehungen, Dezember 1956-Februar 1959. Die ungarisch-jugoslawischen Beziehungen und das Schicksal der Imre-Nagy-Gruppe. Dokumente], Budapest 1997, S. 99. Auf diese überraschende, durch jugoslawische Quelle allerdings bis heute nicht bekräftigte Tatsache hat als erster der Schweizer Historiker Pierre Maurer hingewiesen (vgl. Csaba Békés (Hrsg.), Az 1956-os magyar forradalom helye a szovjet kommunista rendszer összeomlásában [Der Platz der ungarischen Revolution von 1956 beim Zusammenbruch der sowjetischen kommunistischen Ordnung], Budapest 1993, S. 53.

krisenhaften Ausnahmesituation dazu, komplexe Zugeständnisse zu machen, zu deren Akzeptanz die sowjetische Führung in späteren Jahrzehnten niemals mehr Bereitwilligkeit zeigte: Nach 1956 wurde – vom Gesichtspunkt der sowjetischen Imperialinteressen aus gesehen – eine relativ unabhängige Innen- und Außenpolitik in einem verbündeten Land bereits als besonders gefährlich bewertet. Wie die Analyse der sowjetischen Intervention vom 23. Oktober zeigt, gab es allerdings eine derartige historische Chance in der Realität nicht. Denn die Regierung von Imre Nagy – und auch jede andere Regierung – hätte die zwei Grundbedingungen des historischen sowjetischen Angebots, nämlich den Erhalt der kommunistischen Ordnung und die Wahrung der Einheit des Sowjetblocks, inmitten der gewaltigen revolutionären Veränderungen, die infolge der ersten sowjetischen Intervention einsetzten, niemals erfüllen können.

Die „optimistische" Phase in der Politik der sowjetischen Führung bezüglich der ungarischen Krise ging so bereits einen Tag nach der Entscheidung vom 30. Oktober 1956 zu Ende, denn die Radikalisierung der politischen Situation in Ungarn zwang den Kreml zum Handeln. Die gründliche Analyse der Ereignisse, die in den wenigen Tagen vom 28. bis zum 30. Oktober stattgefunden hatten, und die damals entstandene Situation – d.h. die Bewertung der Geschehnisse als Revolution, die Wiederherstellung des Mehrparteiensystems, die Auflösung der Staatssicherheitsbehörde (ÁVH) bzw. der vollständige Zerfall der Parteiführung, die Handlungsunfähigkeit der Armee sowie die Gewaltakte gegenüber Kommunisten – überzeugten die sowjetische Führung schließlich davon, dass die kommunistische Ordnung leninistisch-stalinistischer Prägung in Ungarn in höchste Gefahr geraten war. Sie kam so zu dem – übrigens richtigen – Urteil, dass Imre Nagy, den sie sowieso für opportunistisch und wankelmütig hielt, im Strom der Ereignisse nicht mehr fähig und – viel schlimmer – nicht mehr bereit war, die Prozesse, die den Zerfall der kommunistischen Ordnung herbeizuführen drohten, zu zügeln. Für die sowjetische Führung bedeutete diese Lageanalyse, dass die Möglichkeiten zur friedlichen Beilegung der Krise erschöpft waren. Auf der Sitzung des ZK-Präsidiums der KPdSU am 31. Oktober 1956 fiel dementsprechend die politische Entscheidung über die Notwendigkeit der bewaffneten Intervention, also über die Vorbereitung der Operation „Wirbelwind".

In den ersten Novembertagen verhandelte Chruschtschow in Begleitung von anderen Präsidiumsmitgliedern intensiv mit den Führern der osteuropäischen sozialistischen Staaten – mit den Polen in Brest am 1. November 1956, mit den Rumänen und Tschechoslowaken in Bukarest am 2. November und mit den Bulgaren noch am selben Tag. Alle sagten den Sowjets ihre Unterstützung zu. Die ostdeutsche, die tschechoslowakische, die rumänische und die bulgarische Führung beobachteten die Entwicklungen in Ungarn von Anfang an mit großer Sorge. Für sie bedeutete der Beschluss der Sowjets, die Ordnung wiederherzustellen, eine große Beruhigung: In Prag wurde ernsthaft erwogen, sich notfalls an der sowjetischen Invasion zu beteiligen und auch die rumänische Führung teilte Moskau ihre Bereitschaft zu solch einem Schritt mit.[29]

Die im Zuge der Oktoberkrise in Polen erneuerte polnische Führung mit Władysław Gomułka an der Spitze unterstützte währenddessen entschieden die Bemühungen von Imre Nagy zur Konsolidierung der Lage und verurteilte die erste sowjetische Intervention. Dementsprechend brachte auch die polnische Gesellschaft – auf eine im Sowjetblock einzigartige Weise – ihre Solidarität mit der ungarischen Revolution mittels Massendemonstrationen, Erklärungen sowie durch Blutspende- und Hilfsaktionen offen zum Ausdruck, und die polnische Presse berichtete wahrheitsgetreu über die Geschehnisse in Ungarn. Ende Oktober reiste eine zweiköpfige polnische Parteidelegation mit dem Auftrag nach Budapest, unmittelbare Informationen von der ungarischen Führung, insbesondere von Imre Nagy und János Kádár, zu gewinnen und sie davon zu überzeugen, dass ein weiterer Wandel auch in Ungarn nur im Rahmen einer „polnischen Lösung" eine reale Chance auf Erfolg habe. Die grundlegenden politischen Veränderungen, die in Ungarn in den ersten Novembertagen erfolgten, wurden auch von der polnischen Führung mit wachsender Besorgnis betrachtet. Die Kündigung des Warschauer Pakts und die Erklärung der Neutralität durch Ungarn wurden von der polnischen Führung dann als Schritt verurteilt, der die nach 1945 entstandene geopolitische Struktur und damit potentiell auch die Sicherheit der polnisch-deutschen Grenze gefährde. Die mit der Rettung des Sozialismus gerechtfertigte sowjetische Entscheidung zur Intervention wurde von Gomułka so gezwungenermaßen zur Kenntnis genommen. Wahrscheinlich hoffte der polnische Parteichef aber – ebenso wie Imre Nagy – bis zum letzten Augenblick, dass die Intervention schließlich, infolge irgendeines Wunders, doch noch zu vermeiden sei. Deshalb enthielt der Aufruf an die Nation, den die polnische Parteiführung am 1. November 1956, nach dem Brester Treffen mit Chruschtschow, verabschiedete und am nächsten Tag veröffentlichte, noch den Satz, dass der Sozialismus in Ungarn durch das ungarische Volk und nicht durch eine äußere Intervention gerettet werden müsse.[30]

---

[29] Zu den – in englischer Übersetzung veröffentlichten – Sitzungsprotokollen der tschechoslowakischen, polnischen und rumänischen führenden Parteigremien siehe Békés/ Byrne/ Rainer (Hrsg.), The 1956 Hungarian Revolution.

[30] Zur Reaktion der polnischen Führung auf die Ereignisse in Ungarn siehe János Tischler, Warschau-Budapest 1956, in: Aus Politik und Zeitgeschichte 17-18/2006, 24. April 2006, S. 16-24; János Tischler, Die Führung der Polnischen Vereinigten Arbeiterpartei und die ungarische Revolution von 1956, in: Winfried Heinemann/ Norbert Wiggershaus (Hrsg.), Das internationale Krisenjahr 1956. Polen. Ungarn. Suez, München 1999, S. 317-337; János Tischler, „Hogy megcsendüljön minden gyáva fül". Lengyel-magyar közelmúlt [„Damit alle feigen Ohren erklingen". Die jüngste polnisch-ungarische Vergangenheit], Budapest 2003; János Tischler (Hrsg.), Revolucja wegierska 1956 w

Die chinesische Führung, die gerade zu dieser Zeit ihr Verhältnis zur Sowjetunion als führender Kraft des sozialistischen Lagers neu zu bestimmen begann, sympathisierte anfänglich mit den Entwicklungen in Polen und Ungarn, da sie hoffte, dass diese beiden Staaten den sowjetischen Einfluss in Osteuropa begrenzen würden. Bald stellte sich aber heraus, dass Peking selbst eine Reform des Systems maximal bis zur Ebene der Veränderungen in Polen für akzeptabel hielt. Von ihrem eigenen Standpunkt aus bewerteten die Chinesen – wie die Sowjets – die Anfang November in Ungarn entstandene Lage logischerweise als Konterrevolution und betrachteten Imre Nagy als Verräter. Die chinesische Parteidelegation unter Führung von Liu Shao-Tschi, die am 24. Oktober 1956 wegen der Ereignisse in Polen in Moskau eingetroffen war und ihren Standpunkt kontinuierlich mit der sowjetischen Führung abstimmte, war dementsprechend in allen wesentlichen Punkten mit den geplanten Maßnahmen einverstanden.[31]

In der Nacht vom 2. auf den 3. November kam es auf der Insel Brioni zu Verhandlungen der Sowjets mit der jugoslawischen Führung. Hinsichtlich dieser Gespräche hatte Moskau die größten Befürchtungen, denn man wusste sehr wohl, welch bedeutende Auswirkungen die jugoslawische Propaganda, insbesondere im Laufe der Jahre 1955/1956, auf die Aktivitäten der parteiinternen Opposition in Ungarn und so indirekt auf die geistige Vorbereitung der ungarischen Revolution hatte. Noch dazu hatte Tito in einem Brief an die Zentrale Führung der Partei der Ungarischen Werktätigen (MDP) vom 29. Oktober 1956 der Regierung von Imre Nagy und ihrer Reformpolitik seine Unterstützung zugesagt. Gleichzeitig hatte er die ungarische Regierung aber auch entschieden auf die Gefahr einer Konterrevolution hingewiesen. Die folgenden Tage in Ungarn enttäuschten aber auch Tito, der ursprünglich gehofft hatte, das neue Ungarn werde in allem dem „jugoslawischen Weg" folgen. Stattdessen machte er nun aber die Erfahrung, dass das sich entwickelnde neue System in Ungarn – unter Überspringung einer Stufe – vielmehr begann, dem österreichischen Modell zu gleichen. Dies war für Tito selbstverständlich unannehmbar. Zur großen Erleichterung von Nikita S. Chruschtschow und Georgi M. Malenkow stimmte die jugoslawische Führung daher nicht nur der Notwendigkeit einer Intervention zu, sondern gab auch das Versprechen ab, bei der Ausschaltung der Imre-Nagy-Gruppe aus dem politischen Leben behilflich zu sein.[32]

---

polskich dokumentach [Die ungarische Revolution von 1956 in polnischen Dokumenten], Warschau 1995.

[31] Aufgrund der Malin-Aufzeichnungen wissen wir, dass sich die chinesische Parteidelegation nicht nur mit sowjetischen Parteiführern traf, sondern auch an den Präsidiumssitzungen am 24., 26. und 30. Oktober teilnahm. Zur Rolle Chinas siehe Chen Jian, Mao's China and the Cold War, Chapel Hill/ London 2001, S. 145–162.

[32] Zur Rolle Jugoslawiens siehe László Varga, Moszkva-Belgrád-Budapest. A jugoszláv kapcsolat 1956. október-november [Moskau-Belgrad-Budapest. Die jugoslawischen Beziehungen im Okto-

Moskau und die internationalen Auswirkungen der ungarischen Revolution

Das passive Verhalten der westlichen Großmächte während und nach der ungarischen Revolution lieferte einen eindeutigen Beweis dafür, dass der Westen, trotz aller Propaganda, den in Europa entstandenen status quo akzeptierte, diesen also in der Praxis nicht in Frage stellte. Dies bedeutete vor allem für die sowjetische Führung eine wesentliche Erleichterung, denn anstelle der bisherigen stillen Übereinkunft erhielt sie nun einen konkreten Beweis dafür, dass sie zukünftig – selbst im Falle der Anwendung drastischster Mittel – bei der Konfliktbewältigung innerhalb der Grenzen ihres eigenen Imperiums nicht auf die Positionen des Westens achten musste. In diesem Sinne brachte die ungarische Revolution zweifellos eine Verbesserung der sowjetischen Position mit sich. Nach 1956 verlor nämlich der Unsicherheitsfaktor, der durch die amerikanische psychologische Kriegsführung („Befreiung der Sklavenvölker") hervorgerufen wurde und der den ostmitteleuropäischen Sicherheitsgürtel der Sowjetunion ständig „bedrohte", wesentlich an Gewicht.

Aufgrund all dessen wird auch klar, dass der Aufstand in Ungarn bzw. seine Niederschlagung keine wirkliche internationale Krise auslöste. Die ungarischen Ereignisse bedeuteten nämlich keinen unmittelbaren Konflikt zwischen den beiden Supermächten bzw. zwischen den beiden Militärblöcken. Die Weltöffentlichkeit hingegen erlebte die Geschehnisse als Krise, denn aufgrund der bis Oktober 1956 mit ungebrochener Kraft verfolgten amerikanischen Befreiungspropaganda hätte ein solcher Vorfall in der Tat zu einem Konflikt, folglich zu einer Krise im Ost-West-Verhältnis, führen müssen. Die – zwangsläufig – harsche (verbale) amerikanische Reaktion auf die sowjetische Intervention, die Diskussionen und Beschlüsse der außerordentlichen Vollversammlung der Vereinten Nationen sowie die Suez-Krise bzw. der durch die sowjetische Raketendrohung ausgelöste potentielle Ost-West-Konflikt verstärkten alle zusammen den Eindruck, die ungarische Revolution habe eine ernsthafte Krise im Verhältnis der Supermächte zueinander ausgelöst.

Zwar wurde der Entspannungsprozess, der sich nach dem Tode Stalins 1953 entfaltet hatte, durch die ungarische Revolution bzw. deren blutige Niederwerfung kurzzeitig gestört, er wurde aber nicht abgebrochen. Die Ereignisse von

---

ber/November 1956], in: Jalta és Szuez között - 1956 a világpolitikában [Zwischen Jalta und Suez. 1956 in der Weltpolitik], Budapest 1989; Zoltán Ripp, Belgrád és Moszkva között. A jugoszláv kapcsolat és a Nagy Imre-kérdés (1956 november--1959 február). [Zwischen Belgrad und Moskau. Die Beziehungen zu Jugoslawien und die Imre-Nagy-Frage], Budapest 1994; Veljko Micunovic, Moscow Diary, London, 1980; Pierre Maurer, La réconciliation sovéto-yougoslave 1954-1958: Illusions et désillusions de Tito, Cousset (Fribourg) 1991; József Kiss/ Zoltán Ripp/ István Vida (Hrsg.), Top Secret. Magyar-jugoszláv kapcsolatok 1956. Dokumentumok [Top Secret. Ungarisch-jugoslawische Beziehungen 1956. Dokumente], Budapest 1995.

1956 hatten auf den späteren Entspannungsprozess keine besondere Wirkung. Die Spannungen, die infolge der westlichen Verurteilung der sowjetischen Intervention hervortraten, offenbarten sich tatsächlich vor allem auf dem Gebiet der Propaganda bzw. auf den Foren der Vereinten Nationen. Die sich bereits früher abzeichnende Verhandlungsbereitschaft sowohl der amerikanischen (sowie britischen und französischen) als auch der sowjetischen Seite blieb währenddessen erhalten. Seit Frühjahr 1957 konnte so eine erneute Belebung des Dialogs der Supermächte beobachtet werden, und gegen Ende des Jahres kam der Prozess der Vorbereitung von Ost-West-Gipfeltreffen wieder in Gang.

Während des Jahres 1957 erfolgte im Verhältnis der beiden Supermächte allerdings ein Wende, die die internationale Politik grundlegend beeinflussen sollte. Zu einer ähnlich bedeutsamen Veränderung war es weder zuvor gekommen, noch sollte es später noch einmal dazu kommen. Die Sowjetunion entwickelte im Sommer 1957 die erste Generation von ballistischen Interkontinentalraketen und führte im August 1957 erste erfolgreiche Versuche mit diesen durch. Im September 1957 setzte sie dann den ersten Satelliten, den Sputnik, in eine Erdumlaufbahn. Diese Entwicklungen bedeuteten, dass die sowjetischen Atomraketen von nun an nicht mehr nur Westeuropa bedrohten, sondern unmittelbar auch das Gebiet der Vereinigten Staaten. Damit fand die Unverletzbarkeit der USA ihr Ende und das bisherige relative Kräftegleichgewicht entwickelte sich zu einem wirklichen Gleichgewicht. Von da an handelte es sich auch beim Wettrüsten nur mehr um die Frage, welche Seite die andere mit mehr Raketen bedrohen konnte. Durch diese Wende wuchs das Selbstbewusstsein Chruschtschows und der sowjetischen Führer in einer gleichsam irrationalen Weise und rief für kurze Zeit ein Überlegenheitsgefühl bei ihnen hervor. Auch hiernach verschloss sich die sowjetische Führung aber Verhandlungen mit dem Westen nicht, sondern versuchte sogar, diesen Prozess zu beschleunigen. All dies tat sie nun aber aus einer radikal gewandelten, wesentlich stärkeren und selbstsichereren Verhandlungsposition heraus. In den Jahren 1955/1956, als es zu einer seit 1945 einmaligen Verbesserung der sowjetisch-amerikanischen Beziehungen gekommen war, hatte Moskau noch ein viel größeres Interesse gehabt, auch zum Preis von bedeutenden Kompromissen zu einem Ausgleich mit den Vereinigten Staaten zu kommen, insbesondere bei den Verhandlungen über Rüstungsbeschränkungen. Ab Mitte 1957, in ihrer neuen strategischen Position, versuchten die Sowjets hingegen, die Verhandlungen vor allem zur Festigung ihrer eigenen Position auszunützen und sich Vorteile zu verschaffen. Diese neue sowjetische Haltung war dann wesentlich dafür verantwortlich, dass es – auch wenn es zu einzelnen erfolgreichen Verhandlungen kam – in den sechziger und siebziger Jahren nicht zur „vollständigen Abrüstung" kam, sondern sich ein bislang einmaliges Wettrüsten entfaltete. Betrachtet man all dies, so ist es vielleicht nicht ganz unbegründet, die Hypothese aufzustellen, dass die Supermächte gerade in diesen Monaten möglicherweise, wenn der Entspannungsprozess nicht durch die ungarische Revolution gestört worden wäre[33], zu einer Übereinkunft gekommen wären, die es in den späteren Jahrzehnten möglich gemacht hätte, den Rüstungswettlauf auf einem wesentlich niedrigeren Niveau zu halten und damit die internationalen Spannungen erheblich zu verringern. Es existiert diesbezüglich aber auch eine andere, hierzu gegensätzliche Lesart: Wenn sich nämlich die oben skizzierten positiven Tendenzen in den internationalen Verhältnissen nach 1956 durchgesetzt hätten, hätte dies zugleich auch ermöglicht, die sowjetische Wirtschaft von der drückenden Last zu befreien, die ihr das von den Amerikanern diktierte Wettrüsten aufzwang. (Diese Last führte letztlich zum wirtschaftlichen Zusammenbruch der Sowjetunion und zugleich zum Sturz des kommunistischen Weltsystems.) Eine derartige internationale Entspannung bzw. ökonomische Entlastung hätte auch die Periode der Stagnation und des „Vegetierens" der Sowjetunion um Jahrzehnte verlängern können. In diesem Fall wäre es natürlich Ende der achtziger Jahre auch nicht zum Zusammenbruch der kommunistischen Systeme in Ostmitteleuropa gekommen.

Die Sowjets lehnten es verständlicher Weise von Anfang an ab, dass sich die Vereinten Nationen mit der Situation in Ungarn befassten. Vielmehr bezichtigten sie – entsprechend ihrer eigenen Logik – die Westmächte, sich in die inneren Angelegenheiten Ungarn einzumischen. In Moskau erwartete man von der amerikanischen Führung, dass sie sich – so wie sie die sowjetische Intervention in einem Land der sowjetischen Interessenssphäre pragmatisch zur Kenntnis genommen hatte –genau so leidenschaftslos auch vor der Öffentlichkeit mit der Angelegenheit auseinandersetzen würde. Ausgehend von der – sich als sehr realistisch erweisenden – Annahme, dass bei der Gestaltung der Weltpolitik in Zukunft den beiden Supermächten die entscheidende Rolle zukäme, hofften sie, die Vereinigten Staaten würden diesem Aspekt alles andere unterordnen.

Dieses Bestreben spiegelte ein Telegramm wider, das der sowjetische Ministerpräsident Nikolai A. Bulganin am 5. November 1956 an Dwight D. Eisenhower schickte und in dem er auf ein gemeinsames militärisches Auftreten der beiden Supermächte zur Überwindung der Krise im Nahen Osten drängte. Als Reaktion auf eine Note des amerikanischen Präsidenten erklärte er darin gleichzeitig die sowjetische Intervention in Ungarn mit „edler Einfachheit" zur ausschließlichen inneren Angelegenheit der beiden betroffenen Länder. Zwei Tage später gratulierte der sowjetische Regierungschef in einem erneuten Telegramm Eisenhower zu seiner Wiederwahl. Dieser Schritt war nicht nur eine in der bisherigen Geschichte des Kalten Krieges einmalige Geste, sondern er erhielt seine

---

[33] In diesen Monaten wurden die substantiellen Verhandlungen unterbrochen.

besondere Bedeutung auch dadurch, dass die Sowjets während der Kampagne zur Präsidentschaftswahl offen Eisenhowers Gegenkandidaten, den Demokraten Adlai E. Stevenson „unterstützten". Die sowjetischen Führer wollten überdies ihre Interessiertheit an der Weiterführung des Entspannungsprozesses demonstrieren, in dem sie am 17. November 1956 der amerikanischen Führung einen umfassenden Vorschlag zur Abrüstung und Rüstungsbegrenzung zukommen ließen, der in zahlreichen Punkten eine wesentlich flexiblere Position als zuvor widerspiegelte. Diese gut abgestimmten Schritte bezweckten natürlich nicht zuletzt, die internationale Erregung wegen des sowjetischen Eingreifens in Ungarn zu beschwichtigen. Es wäre allerdings falsch, all dies nur als Propagandamaßnahme zu bewerten: Die Sowjets dachten damals tatsächlich an die Möglichkeit einer neuartigen Kooperation der Supermächte. Die Erfolgsaussichten für eine derartige Zusammenarbeit wurden allerdings durch die Diskussion der „ungarischen Frage" in der Vollversammlung der Vereinten Nationen wesentlich verringert. Dort sahen sich die westlichen Großmächte, vor allem die Vereinigten Staaten, nämlich dazu gezwungen, die sowjetische Intervention in Ungarn scharf zu verurteilen. Für die Moskauer Führung, die sich zu Zeiten Stalin nicht besonders um die Meinung der Weltöffentlichkeit gekümmert hatte, war es unter den neuen Umständen allerdings ausgesprochen unangenehm, dass die „friedliebende Sowjetunion" im Plenum der Vereinten Nationen permanent, d.h. über Monate und Jahre hinweg, als Aggressor abgestempelt wurde. Diese Situation beunruhigte die Sowjets selbstverständlich nicht mit Blick auf die westliche Welt, sondern sie befürchteten vor allem, dass sich die ständige Thematisierung der ungarischen Frage ungünstig auf das Verhältnis der Sowjetunion zu den blockfreien Entwicklungsländern, das sich bislang viel versprechend entwickelt hatte, auswirken würde. Im Kampf um Einfluss in der Dritten Welt stellte allerdings die Suez-Krise und nicht Ungarn den Bezugspunkt dar. Kurzfristig gesehen gewannen daher die Sowjets diesen Wettkampf. Hoffnungen im Westen, die blutige Niederschlagung des Ungarn-Aufstandes würde den Entwicklungsländern die Augen über den wahren Charakter der sowjetischen Politik öffnen, verwirklichten sich so nicht. Ganz im Gegenteil: Der Einfluss Moskaus auf diese afrikanischen und asiatischen Staaten war in der Phase nach 1956, vor allem in den sechziger Jahren, am stärksten.

Die Entwicklung des sowjetisch-jugoslawischen Verhältnisses wurde zweifellos durch die Situation negativ beeinflusst, die sich nach dem 4. November 1956 in der Frage der Imre-Nagy-Gruppe herausbildete. Die jugoslawische Führung hatte sich nämlich in der Hoffung, dadurch zur Konsolidierung der auch ihrer Meinung nach gefährdeten kommunistischen Ordnung beizutragen, zur Mitarbeit an der politischen „Kaltstellung" der Nagy-Gruppe bereit erklärt. Tito betrachtete allerdings das „Beiseitestellen" von Imre Nagy und seiner Anhänger durch die Asylgewährung in der jugoslawischen Botschaft in Budapest lediglich als einen vorübergehenden Schritt, und er hoffte, dass die Nagy-Gruppe nach der Wiederherstellung der kommunistischen Ordnung erneut eine Rolle in der ungarischen Führung erhalten würde. Auf diese Weise sollte die von ihr vor dem Oktober 1956 repräsentierte nationalkommunistische, Tito-freundliche Strömung in irgendeiner Weise doch noch Platz im restaurierten politischen System finden. Der von den Jugoslawen als historische Notwendigkeit betrachtete Ausgleich zwischen János Kádár und Imre Nagy konnte aber unter den gegebenen Umständen nicht zustande kommen. Das Asylrecht stellte so nach einiger Zeit für die Belgrader Führung eine unangenehme Falle dar. Das gemeinsame Manöver der ungarischen und der sowjetischen Führung, die die freiwillig die Botschaft verlassende Nagy-Gruppe – trotz einer schriftlichen Garantie über ihre Nicht-Behelligung – sofort nach Rumänien deportierten, brachte an erster Stelle Jugoslawien in eine außerordentlich unangenehme Situation vor der Weltöffentlichkeit. Die ungarische und die sowjetische Regierung hatten zu diesem Zeitpunkt hingegen nicht viel zu verlieren. Die Jugoslawen sahen sich daher gezwungen, gegen die Entführung der Nagy-Gruppe heftig zu protestieren. Damit begann ein jugoslawisch-ungarischer bzw. jugoslawisch-sowjetischer „Notenkrieg", der beide Seiten gezwungenermaßen auf eine Bahn der Konfrontation führte, die schließlich eine nicht zu unterschätzende Rolle bei der erneuten Abkühlung des sowjetisch-jugoslawischen Verhältnisses spielte. Die Angelegenheit der Nagy-Gruppe war allerdings nur ein Katalysator in diesem Prozess, denn der primäre Grund für den Verfall der Beziehungen war, dass den Sowjets bis Frühjahr 1958 klar wurde, dass Jugoslawien nicht bereit war, in den sowjetischen Block zurückzukehren, sondern vielmehr eine immer aktivere Rolle in der Bewegung der blockfreien Staaten übernehmen wollte.

In der Sowjetunion selbst kam es aufgrund der ungarischen Revolution zu einer zeitweiligen Unterbrechung des Entstalinisierungsprozesses: Unter Berufung auf das ungarische Beispiel konnten die stalinistischen Kräfte in der Führung eine weitere Liberalisierung der innenpolitischen Verhältnisse vorübergehend verhindern. Nach dem erfolglosen Putschversuch vom Sommer 1957 stabilisierte sich die Position der Chruschtschow-Führung allerdings und sie konnte so der auf dem XX. Parteitag der KPdSU verkündeten Politik der Entstalinisierung neuen Schwung verleihen. Diese führte bis zum Sturz des Ersten Sekretärs im Jahre 1964 – unter Beibehaltung der Stalin'schen politischen und ökonomischen Ordnung – in der Praxis zu zahlreichen wesentlichen und dauerhaften Veränderungen beim „Aufbau des Sozialismus". Für das Scheitern des mit dem Namen von Chruschtschow verbundenen Entstalinisierungsprozesses und für seine Entfernung aus dem politischen Leben spielte aber nicht die infolge der ungarischen Revolution vorübergehend erstarkte Reformfeindlichkeit die entscheidende Rolle, sondern in erster Linie die Persönlichkeit des Parteiführers. Mit seinen immer weniger berechenbaren innen- und außenpolitischen Schritten hatte er nämlich die innere und äußere Stabilität der Sowjetunion aufs Spiel gesetzt.

Vom Standpunkt der Moral aus gesehen war es von besonders enthüllender Wirkung, dass die Führung in Moskau, die in diesen Jahren viel dafür Tat, sich in der internationalen Politik als zuverlässiger und zivilisierter Partner zu zeigen, in Ungarn währenddessen mit einer Brutalität, die an die Stalin'sche Zeit erinnerte, die kommunistische Ordnung wiederherstellte. Die internationale Position der Sowjetunion wurde im weiteren aber nicht dadurch bestimmt, sondern durch den 1955/1956 begonnenen, in den sechziger Jahren dann ausgeweiteten Prozess, als dessen Ergebnis die Weltpolitik im wesentlichen durch die Absichten der beiden Supermächte und durch das jeweilige Verhältnis zwischen ihnen entschieden wurde. Zur Entwicklung des Zusammenspiels der zwei Supermächte, das grundsätzlich eine Folge des – im Zuge des Wettrüstens entstandenen – sowjetisch-amerikanischen Kräftegleichgewichts war, trug auch die offene amerikanische Anerkennung der europäischen Interessensphären, die mit den Ereignissen im Jahre 1956 erfolgte, in beträchtlichem Maße bei.

Andreas Schmidt-Schweizer

Der Kádárismus – das „lange Nachspiel" des ungarischen Volksaufstandes

4. November 1956

Am frühen Morgen des 4. November 1956 begann die militärische Intervention der Sowjetunion zur endgültigen Niederschlagung des ungarischen Volksaufstandes. Wenige Stunden, nachdem Ministerpräsident Imre Nagy im Radio der Weltöffentlichkeit den Angriff der Sowjets auf Budapest bekannt gegeben und – trotz der Aussichtslosigkeit der Lage – bewaffneten Widerstand angekündigt hatte, wandte sich die kurz zuvor von Moskau eingesetzte neue Regierungsmacht unter János Kádár[1] mit einem Aufruf an die Bevölkerung: „Ungarische Brüder und Schwestern! Arbeiter! Bauern! Soldaten! Genossen! Unsere Nation durchlebt schwere Tage. Die Macht der Arbeiter und Bauern, die heilige Sache des Sozialismus ist in Gefahr. In Gefahr sind all die Errungenschaften der vergangenen zwölf Jahre […]. Die Konterrevolutionäre werden immer unverfrorener. Gnadenlos verfolgen sie die Anhänger der Demokratie. Die Pfeilkreuzler[2] und andere wilde Tiere ermorden ehrliche Patrioten, unsere besten Genossen. Wir wissen, dass es in unserem Land noch viele ungelöste Fragen gibt und wir noch mit vielen Schwierigkeiten zu kämpfen haben! Das Leben der Werktätigen ist bei weitem noch nicht so, wie es in einem Land, das den Sozialismus aufbaut, sein müsste. […] Die Rákosi-Gerő-Clique [hat] viele schwere Fehler begangen und die Legalität schwer verletzt. All dies hat die Werktätigen zu Recht unzufrieden gemacht. Die Reaktionäre […] haben die Hand gegen unsere volksdemokratische Ordnung erhoben. Das bedeutet, dass sie die Fabriken und Betriebe den Kapitalisten zurückgeben wollen und den Boden den Grundbesitzern. […] Wir müssen dem Unwesen der konterrevolutionären Elemente ein Ende setzen […]."[3] Mit diesem Aufruf kündigten die zukünftigen Machthaber Ungarns zum einen

---

[1] Zur Biographie Kádárs siehe Tibor Huszár, Kádár János politikai életrajza [Politische Biographie János Kádárs], Bd. 1: 1912-1956, Budapest 2001; Bd. 2: 1957-1989, Budapest 2003; Ders., Kádár. A hatalom évei 1956-1989 [Kádár. Jahre der Macht 1956-1989], Budapest 2006.
[2] Die Pfeilkreuzler, d.h. die ungarischen Faschisten unter Ferenc Szálasi, hatten in der Endphase des Zweiten Weltkrieges ein Terrorregime in Ungarn errichtet.
[3] Zitiert nach Lajos Izsák u.a. (Hrsg.), 1956 plakátjai és röplapjai [Plakate und Flugblätter des Jahres 1956], Budapest 1991, S. 276f.

an, rigoros gegen die – angeblich reaktionären und faschistischen[4] – „Konterre-volutionäre" vorgehen und die volksdemokratische Ordnung wiederherstellen zu wollen. Zum anderen verurteilten sie aber auch die – nicht zu leugnenden – Ver-fehlungen der ungarischen Stalinisten um Mátyás Rákosi und Ernő Gerő, äußer-ten Verständnis über die Unzufriedenheit der Bevölkerung und signalisierten die Absicht, die Lebensumstände zu verbessern. Die Proklamation nahm damit zwei wesentliche „Markenzeichen" des Systems, das sich – vor dem Hintergrund der Erfahrungen vom Herbst 1956 – in den folgenden drei Jahrzehnten unter Kádár entwickeln sollte, vorweg: 1) den so genannten zentristischen Kurs, der die Herr-schaftsmethoden des Stalinismus ebenso verwarf, wie den (sozialdemokrati-schen) Revisionismus, und 2) das Prinzip des „sozialistischen Wohlfahrtsstaats" bzw. die Politik des wachsenden Lebensstandards.

Restauration, Repression und Lebensstandardpolitik

Nach der Beendigung der Straßenkämpfe zwischen den übermächtigen sowjeti-schen Verbänden und den ungarischen Aufständischengruppen in Budapest Mitte November 1956 begann das Kádár-Regime damit, die politisch-institutionelle Ordnung gemäß den Prinzipien der kommunistischen Einparteienherrschaft wie-derherzustellen.[5] Die kommunistische Partei, die Ende Oktober 1956 starke Zer-fallserscheinungen gezeigt hatte, wurde – im Zeichen weitgehender personeller Kontinuität – als Organisation mit Monopolstellung und gemäß dem Prinzip des „demokratischen Zentralismus" streng hierarchisch neu aufgebaut. An die Stelle der Partei der Ungarischen Werktätigen (MDP) trat nun die – bereits Anfang November 1956 von Kádár und Nagy noch gemeinsam ins Leben gerufene – Ungarische Sozialistische Arbeiterpartei (MSZMP). Gleichzeitig ließ das Re-gime den kommunistischen Staatsapparat wiedererrichten und die Massenorgani-sationen, darunter die Patriotische Volksfront (HNF), den Gewerkschaftsverband (SZOT) und den Kommunistischen Jugendverband (KISZ), als Instrumente der

---

[4] Wie aus dem Artikel über die Ideen der ungarischen Revolution von 1956 von Éva Standeisky in diesem Band hervorgeht, spielte faschistisches und reaktionär-autoritäres Gedankengut bei den bedeutsamen revolutionären Strömungen keine Rolle. Die Rückgängigmachung der Verstaatlichung der Großbetriebe und die Wiederherstellung des Großgrundbesitzes wurden von keiner relevanten politischen Kraft gefordert.
[5] Siehe hierzu Mária Ormos, A konszolidáció problémái 1956 és 1958 között [Die Probleme der Konsolidierung zwischen 1956 und 1958], in: Társadalmi Szemle, 44 (1989), H. 8/9, S. 48-65; Tibor Huszár/ János Szabó (Hrsg.), Restauráció vagy kiigazítás. A kádári represszió intézményesülése 1956-1962 [Restauration oder Korrektur. Die Institutionalisierung der Kádár'schen Repression 1956-1962], Budapest 1999; Gábor Kiszely, Állambiztonság (1956-1990) [Staatssicherheit (1956-1990)], Budapest 2001; Tibor Huszár, A hatalmi gépezet újjáépítése és a represszió [Der Neuaufbau des Machtapparats und die Repression], in: Mozgó Világ, 25 (1999), H. 8, S. 90-105.

Massenmobilisierung und als „Transmissionsriemen" für die politischen Entscheidungen der Parteiführung reaktivieren bzw. neu gründen. Zur Absicherung seiner Herrschaft reorganisierte das Regime nicht nur die Polizei, die Armee und die Staatssicherheitorgane, sondern ließ auch eine bewaffnete Ordnungstruppe aufstellen, die schrittweise die von den sowjetischen Interventionstruppen ausgeübten Bewachungs- und Kontrollaufgaben übernahm. Außerdem schuf es mit der Arbeitermiliz Anfang 1957 eine unmittelbar der Parteiführung unterstehende „Parteiarmee", die rund 60.000 Angehörige umfasste. Im ökonomischen Bereich wurde den Grundsätzen der kommunistischen Planwirtschaft mit ihren detaillierten und obligatorischen Vorgaben wieder Gültigkeit verschafft. Gleichzeitig ließ man die autonomen Organisationen der Arbeiter, die Arbeiterräte, die sich im Herbst 1956 gebildet und die Niederschlagung des Volksaufstandes „überlebt" hatten, bis Herbst 1957 schrittweise auflösen und schaffte das − Ende Oktober 1956 gewährte − Streikrecht wieder ab.

Mit der Restauration der kommunistischen Ordnung nahm das Kádár-Regime − wie angekündigt − Anfang Dezember 1956 einen systematischen und kompromisslosen Kampf gegen „Revisionismus" und „Konterrevolution" auf.[6] Dieser − zweifellos auch aufgrund von politischem Druck aus Moskau besonders scharfe − Repressionskurs ging mit Massenentlassungen, Festnahmen, Anklagen vor Sondergerichten und harten Strafen für die aktiv am Volksaufstand beteiligten Personen einher. Bis Ende 1963 ließ das Kádár-Regime insgesamt 26.621 Personen verurteilen und 367 Todesurteile verkünden. 12.900 Personen wurden ohne Gerichtsurteil in Internierungslagern festgehalten. Von den 341 tatsächlich vollstreckten Todesurteilen können 229 eindeutig auf Vergehen in Zusammenhang mit dem Volksaufstand zurückgeführt werden. Der Vergeltungspolitik des Regimes fielen am 16. Juni 1958 − nach einem Geheimprozess − auch Imre Nagy und drei seiner engsten Mitstreiter zum Opfer.

Ganz im Sinne der Erklärung von 4. November 1956 hatte das Kádár-Regime Ende 1956/Anfang 1957 auch damit begonnen, den − extrem niedrigen − Lebensstandard der Bevölkerung anzuheben.[7] Hierzu entschärfte es das Tempo der Industrialisierung, weitete die Produktion von Konsumartikeln aus und erhöhte die Einkommen der „werktätigen" Bevölkerung. In der Landwirtschaft stellte Kádár nicht nur die (erneute) Kollektivierung zurück und schaffte Anbaupflicht und Zwangsabgaben ab, sondern hob auch die staatlichen Ankaufpreise

---

[6] Siehe hierzu Tibor Zinner, A kádári megtorlás rendszere [Das System der Kádár'schen Vergeltung], Budapest 2001; Attila Szakolczai, Repression and Restoration, 1956-1963, in: Lee W. Congdon/ Béla K. Király (Hrsg.), The Ideas of the Hungarian Revolution. Suppressed and Victorious, 1956-1999, Boulder 2002, S. 167-193.
[7] Näheres siehe Iván T. Berend, A magyar gazdasági reform útja [Der Weg der ungarischen Wirtschaftsreform], Budapest 1988, S. 82-138.

für Agrarprodukte an. Darüber hinaus legalisierte es den privaten Bodenbesitz bis zu 2,9 Hektar, verringerte die Steuer- und Abgabenlast und bot den Bauern eine staatliche Abnahmegarantie. Mit dieser Wirtschaftspolitik, die durch – für Ungarn günstige – Kredit- und Handelsvereinbarungen mit den sozialistischen „Bruderländern" unterstützt wurde, führte Kádár spürbare wirtschaftliche Erleichterungen für die Masse der Bevölkerung herbei und beschleunigte damit auch die innenpolitische Befriedung.

Innenpolitische Liberalisierung

Nach Jahren der brutalen Repression gegenüber den aktiv am Volksaufstand beteiligten „Konterrevolutionären" und ersten Schritten zur Verbesserung des Lebensstandards setzte in der ungarischen Innenpolitik Anfang der sechziger Jahre ein – beachtlicher – innenpolitischer Liberalisierungsprozess ein.[8] Dieser war dadurch möglich geworden, dass es dem Kádár-Regime – mit Moskauer Rückendeckung[9] – gelungen war, das Einparteiensystem und seine Herrschaft zu stabilisieren. Positiv für diesen Kurswechsel wirkte sich auch aus, dass KPdSU-Chef Nikita S. Chruschtschow in der Sowjetunion zu dieser Zeit eine neue Welle der Entstalinisierung einleitete. In den Jahren von 1961 bis 1963 verkündete die Budapester Führung – auch mit Blick auf den Westen – mehrere Amnestien für „Konterrevolutionäre", löste die 1956/1957 eingerichteten Volksgerichte auf und distanzierte sich nun nicht mehr nur vom „konterrevolutionären Revisionismus der Nagy-Clique", sondern verurteilte – erstmals seit Ende 1956 wieder – öffentlich auch den Personenkult und die totalitären Machtpraktiken des „ungarischen Stalin" Mátyás Rákosi. In diesem Sinne rückte Kádár die Ideologie des Klassenkampfes in den Hintergrund und begann, nach einem Ausgleich mit der Bevölkerung zu suchen. Unter dem erstmals im Dezember 1961 verkündeten politischen Leitsatz „Wer nicht gegen uns ist, der ist für uns" beendete er die seit 1948/1949 andauernde Politisierung aller Lebensbereiche und verzichtete auf permanente öffentliche Loyalitätsbekundungen, d.h. er ging zu einer Politik der Nicht-Politisierung der Bevölkerung über.

---

[8] Näheres siehe János M. Rainer (Hrsg.), „Hatvanas évek" Magyarországon. Tanulmányok [„Sechziger Jahre" in Ungarn. Studien], Budapest 2004; Miklós Szabó, A klasszikus kádárizmus 1960-1968. A puha diktatúra is rendőrállam [Der klassische Kádárismus 1960-1968. Auch die weiche Diktatur ist ein Polizeistaat], in: Árpád Rácz (Hrsg.), Ki volt Kádár? Harag és részrehajlás nélkül a Kádár-életútról [Wer war Kádár? Ohne Zorn und Voreingenommenheit über den Lebensweg Kádárs], Budapest 2001, S. 78-84.
[9] Diese „Rückendeckung" wurde durch die permanente Anwesenheit sowjetischer Truppen gewährleistet. Deren „zeitweiliger Aufenthalt" in Ungarn wurde im Mai 1957 vertraglich zwischen Ungarn und der Sowjetunion geregelt.

Gleichzeitig eröffnete Kádár den Ungarn nun auch eine Reihe „kleiner Freiheiten".[10] Er lockerte die „Zügel" im kulturellen Bereich, ließ eine – relativ – freie Religionsausübung zu und gestattete in zunehmendem Maße Reisen, auch in den Westen. Überdies machte er die „proletarische" Herkunft nicht mehr zur Voraussetzung für eine höhere Bildung, ermöglichte es auch qualifizierten Parteilosen, in Führungspositionen im wirtschaftlichen und gesellschaftlichen Leben aufzusteigen, und strebte eine Befriedung des Verhältnisses zur katholischen Kirche an. Im Bereich der Rechtsprechung verlor das Prinzip der „sozialistischen Parteilichkeit", d.h. der Grundsatz der politischen Zweckmäßigkeit, seine bisherige zentrale Bedeutung. Staatliches Handeln wurde nun, unter dem Motto der „sozialistischen Gesetzlichkeit", in zunehmenden Maße an die Rechtsordnung gebunden. Mitte der sechziger Jahre setzte das Kádár-Regime überdies auf eine neue geschichtspolitische Strategie: Zwar hielt es weiterhin an der parteioffiziellen Beurteilung der Geschehnisse vom Herbst 1956 als „Konterrevolution" fest, verzichtete aber auf ihre – letztlich wirkungslose – propagandistische Thematisierung.[11] Damit strebte es ein „Vergessen" der Geschichte an, das ebenfalls der innenpolitischen Entspannung dienen sollte.

Der „Neue Ökonomische Mechanismus"

Mitte der sechziger Jahre ging das Kádár-Regime daran, radikale Veränderungen innerhalb der Zentralverwaltungswirtschaft einzuleiten.[12] Mit dem Ziel, die immer deutlicher werdende ökonomische Ineffizienz der Planwirtschaft sowjetischen Typus' bzw. die Grenzen des extensiven Wirtschaftswachstums zu überwinden und solide ökonomische Grundlagen für die „sozialistische Aufbauarbeit" und die Politik des wachsenden Lebensstandards zu schaffen, ließ Kádár tief greifende Wirtschaftsreformen vorbereiten. Von seinen diesbezüglichen Zielen ließ Kádár trotz der ideologischen Verhärtung und Reformfeindlichkeit, die sich nach dem überraschenden Sturz Chruschtschows im Oktober 1964 und der Machtübernahme durch Leonid Breschnew abzeichnete, nicht ab. Mit der Implementierung des „Neuen Ökonomischen Mechanismus" wurde zum Jahresbeginn 1968 begonnen. Der Grundgedanke der Reform war es, das starre bürokratisch-hierarchische System der Wirtschaftslenkung, das durch die Vorgabe

---

[10] Zum innenpolitischen Kurswechsel siehe auch Kádárs Grundsatzrede vom 8. Dezember 1961 (Kádár János művei. Másodlk kötet. 1958-1962 [János Kádárs Werke. Zweiter Band. 1958-1962], Budapest 1988, S. 425-433).

[11] Vgl. Miklós Szabó, Restauration oder Aufarbeitung? Geschichte und politische Kultur in Ungarn, in: Transit, 2 (1991), H. 2, S. 72-80, hier S. 72 f.

[12] Ausführlich siehe Berend, A magyar gazdasági reform útja, S. 177-316; Nigel Swain, Hungary. The Rise and Fall of Feasible Socialism, London/ New York 1992, S. 98-177.

detaillierter Planziffern gekennzeichnet war, abzuschaffen. Die zentrale Planung sollte weitgehend auf die Makroebene beschränkt werden. Mit neuen Methoden der Wirtschaftslenkung sollte den staatlichen Unternehmen die Möglichkeit eröffnet werden, innerhalb bestimmter Rahmenbedingungen freie Entscheidungen nach dem Prinzip der ökonomischen Rationalität bzw. des materiellen Eigeninteresses zu treffen. Darüber hinaus sah das Konzept vor, das staatliche Außenhandelsmonopol teilweise aufzuheben.

Von besonderer Bedeutung für den Dezentralisierungsprozess war die am 1. Januar 1968 implementierte Preisreform, die dazu führte, das die Preise von über 50 Prozent aller Waren[13] von den Unternehmen frei festgelegt werden konnten. Auf dem Gebiet des Arbeitsrechts traten zur gleichen Zeit Änderungen ein, die die starre Bindung der Beschäftigten an ihr Unternehmen aufhoben. Bezüglich der Einkommen der Arbeitnehmer wurden den staatlichen Betrieben erlaubt, das Arbeitsentgelt gemäß der individuellen Arbeitsleistungen und der Unternehmensbilanz innerhalb eines nach verteilungspolitischen Kriterien bestimmten Rahmens flexibel festzusetzen. Zudem erhielten die Betriebe – ausgenommen in den „strategischen" Bereichen der Volkswirtschaft – das Recht, über einen Teil ihrer Investitionen frei zu entscheiden. Hierzu konnten sie ihre Einnahmen verwenden oder Bankkredite aufnehmen. Und schließlich wurde einzelnen größeren Unternehmen erlaubt, eigene Außenhandelsaktivitäten zu entfalten. In anderen Bereichen gelang es den Wirtschaftsreformern um Rezső Nyers allerdings nicht, ihre ursprünglichen Pläne durchzusetzen. Der Widerstand von Kräften, die den „reinen" Prinzipien der Planwirtschaft anhingen (z.B. die Planbürokratie und die Gewerkschaftsführung) und die mit der gewaltsamen Niederschlagung des „Prager Frühlings" in der Tschechoslowakei im Sommer 1968 starken Aufwind erhielten, veranlasste Kádár zu einem besonders vorsichtigen Vorgehen. Weitere Reformen, vor allem im Bereich der Währungs- und Investitionspolitik, unterblieben so.

In der Landwirtschaft, die Anfang der sechziger Jahre unter Betonung der „Freiwilligkeit", keineswegs aber unter Verzicht auf wirtschaftliche und administrative Druckmittel, erneut (weitgehend) kollektiviert worden war, ließ das Kádár-Regime bereits in den Jahren 1962 bis 1967 – neben einem Schuldenerlass und umfangreichen Investitionen zur Modernisierung der Großbetriebe – tief greifende Reformen durchführen.[14] So wurde den Bauern in den landwirtschaft-

---

[13] In den „strategischen" Bereichen, z.B. bei den Energieträgern, Rohstoffen, Grundnahrungsmitteln, und bei grundlegenden Dienstleistungen, blieben die Festpreise allerdings erhalten.

[14] Siehe hierzu György Fehér, Die ungarische Agrarpolitik von 1945 bis 1988/89, in: Heiner Timmermann (Hrsg.), Ungarn nach 1945, Saarbrücken 1990, S. 223-232; Pál Romány, A „változatlan agrárpolitika" változásai, 1957-1989 [Veränderungen in der „unveränderlichen Agrarpolitik", 1957-1989], in: Rácz (Hrsg.), Ki volt Kádár?, S. 122-131.

lichen Großbetrieben nicht nur die Möglichkeit eröffnet, private Hoflandwirt-schaften mit durchschnittlich 0,6 Hektar Nutzfläche zu bewirtschaften, eigene Tiere zu halten und zusätzlichen Boden zu pachten, sondern diese ergänzenden privatwirtschaftlichen Tätigkeiten wurden – vor allem mittels Kooperations- und Abnahmeverträgen – auch gezielt gefördert und in die kollektivierte Landwirt-schaft integriert. Bei der Lenkung der landwirtschaftlichen Kollektivwirtschaften ging die MSZMP-Führung – weitergehend als später in der Industrie – von den verbildlichen Plankennziffern des sowjetischen Kolchossystems ab und zu indi-rekten Lenkungsinstrumenten über. Die Betriebe gewannen dadurch umfangrei-che Entscheidungsfreiheiten im Bereich von Planung, Investition, Produktion und Absatz. Den Genossenschaften und Staatsbetrieben wurde überdies erlaubt, sich neben der Landwirtschaft auch in den Bereichen Industrie, Handel und Dienstleistungen zu betätigen. Dieser nicht-agrarischen Nebentätigkeit sollte in den folgenden Jahrzehnten große Bedeutung zukommen: Sie ergänzte die Pro-duktion in anderen Wirtschaftssektoren und steigerte zugleich die Rentabilität der Agrarbetriebe.

Eine Eigentumsreform war im Rahmen des Neuen Ökonomischen Mecha-nismus weder in der Landwirtschaft noch in der Industrie vorgesehen, d.h. die absolute Dominanz der sozialistischen Eigentumsformen wurde von den Verän-derungen nicht berührt. Ebenso wenig stellten die Reformen, auch wenn sie mit einer Ausweitung des Handels mit dem kapitalistischen Westen einhergingen, die Integration Ungarns in den Rat für Gegenseitige Wirtschaftshilfe (RGW) in Frage. Wirkliche Marktverhältnisse, wie es die damals geläufige Bezeichnung „sozialistische Marktwirtschaft" suggeriert, wurden durch die Reformen nicht begründet, vielmehr handelte es sich um eine „künstliche Nachahmung markt-ähnlicher Zustände".[15]

Die liberalisierte Zentralverwaltungswirtschaft, die aus diesen pragmati-schen, aufgrund orthodoxer Widerstände allerdings „verwässerten" Reformen hervorging, brachte in den folgenden Jahren eine positive Wirtschaftsentwick-lung mit sich.[16] Das Nationaleinkommen, die industrielle und landwirtschaftliche Produktion, die Produktivität, die Reallöhne und das Pro-Kopf-Einkommen der Bevölkerung wiesen einen kontinuierlichen und spürbaren Zuwachs auf. Diese Entwicklungen bildeten seit Ende der sechziger Jahre die Grundlage für einen im Vergleich zu den „Bruderländern" hohen Lebensstandard, für die deutliche quan-titative und qualitative Verbesserung der Versorgungslage sowie – wenn auch auf bescheidenem Niveau – für die Entwicklung eines „sozialistischen Wohl-

---

[15] Andreas Oplatka, Die Folgen für Osteuropa am Beispiel Ungarns, in: Willy Linder (Hrsg.), Glas-nost und Perestroika. Der Sozialismus im Wandel, Zürich 1990, S. 3-109, hier S. 96.
[16] Vgl. Swain, Hungary, S. 107ff, 115ff.

fahrtsstaates". Die fünf Jahre von 1968 bis 1972 gingen in die Wirtschaftsge-
schichte des sozialistischen Ungarn als die „goldenen Jahre" ein.

Westöffnung und „sozialistischer Internationalismus"

Nach der Niederschlagung des Volksaufstandes im November 1956 war Ungarn
– zumindest auf der „sichtbaren" Ebene der internationalen Politik[17] – jahrelang
der Ächtung durch die westliche Welt ausgesetzt und die „ungarische Frage"
hatte ein Dauerthema in der Vollversammlung der Vereinten Nationen gebildet.[18]
Die ungarische Außenpolitik dieser Jahre hatte sich nahezu ausschließlich auf die
Festigung der wirtschaftlichen, politischen und militärischen Beziehungen zu
den Staaten des Warschauer Paktes und des RGW gerichtet und war – ganz im
Zeichen des „proletarischen Internationalismus" – durch eine absolute außenpoli-
tische Konformität gegenüber Moskau gekennzeichnet. Erst mit dem Übergang
zur innenpolitischen Liberalisierung und begünstigt durch die internationale
Entspannung nach der Kuba-Krise vom Oktober 1962 war es der ungarischen
Diplomatie gelungen, deutliche Fortschritte bei der Annäherung an die westliche
Welt zu erzielen. Infolgedessen war die „ungarische Frage" im Juli 1963 von der
Tagesordnung der Vereinten Nationen genommen und das Land als legitimes
Mitglied der Weltgemeinschaft akzeptiert worden. Diese Erfolge waren für Un-
garn vor allem wegen seiner Abhängigkeit von westlicher Technologie zur Ent-
wicklung seiner Wirtschaft bzw. zur Fundierung seiner Politik des wachsenden
Lebensstandards von herausragender Bedeutung.

Auch in der zweiten Hälfte der sechziger Jahre wurde die Außenpolitik Ungarns vor allem durch die Akzeptanz der Vormachtstellung der Sowjetunion und
die Befolgung ihrer außenpolitischen Grundlinien gekennzeichnet. Allerdings
unternahm die Budapester Führung nun in zunehmendem Maße den Versuch,
den eigenen Handlungsspielraum auszuweiten und den nationalen Interessen
einen höheren Stellenwert zukommen zu lassen. Für diese Politik der „konstruk-

---

[17] Auf der „unsichtbaren" Ebene der Wirtschaftsbeziehungen kam es hingegen zu keinem derartigen
Bruch. Bereits im Jahre 1957 gelang es der ungarischen Diplomatie, mit mehreren westlichen Ländern, darunter auch Westdeutschland, Handels- und Warenaustauschabkommen zu schließen bzw. zu
verlängern, Ende 1957 erreichten die Wirtschaftsbeziehungen Ungarns zum Westen erneut den Stand
der Zeit vor dem Volksaufstand (vgl. Csaba Békés, Európából Európába. Magyarország konfliktusok
kereszttüzében, 1945-1990 [Von Europa nach Europa. Ungarn im Kreuzfeuer der Konflikte, 1945-
1990], Budapest 2004, S. 243).
[18] Zur Außenpolitik unter Kádár siehe hierzu Jungwon Park, Conformity and relative autonomy in the
soviet bloc: Hungary's westward policy since 1956 revolution, Budapest 1994; Andrew Felkay,
Hungary and the USSR, 1956-1988: Kádár's Political Leadership, New York 1988; Csaba Békés, A
kádári külpolitika 1956-1968 [Die Kádár'sche Außenpolitik 1956-1968], in: Rubicon 9 (1998), H. 1,
S. 19-22.

tiven Loyalität"[19] war das Verhalten der ungarischen Diplomatie während des „Prager Frühlings" von 1968 besonders aufschlussreich.[20] Anfang 1968 lösten die Reformen, die in der Tschechoslowakei unter Alexander Dubček eingeleitet worden waren, zunehmende Spannungen innerhalb des sozialistischen Lagers aus. Dubčeks Absicht, durch eine radikale Entstalinisierung die Voraussetzung für einen „Sozialismus mit menschlichem Antlitz" zu schaffen, stieß bei fast allen Staaten des Warschauer Pakts auf Ablehnung. Lediglich die ungarische Führung äußerte – anfänglich – Sympathien für die tschechoslowakische Politik und hoffte offenbar auf positive Auswirkungen der tschechoslowakischen Reformvorhaben auf die ungarischen Wirtschaftsreformen. Als sich die Kritik der „Bruderländer" an der Prager Führung verschärfte und die Forderung nach einer militärischen Intervention immer lauter wurde, bemühte sich Kádár weiterhin intensiv um eine Beilegung der blockinternen Streitigkeiten. Erst als die Entwicklungen in der Tschechoslowakei im Sommer 1968 – mit der Bildung von „bürgerlichen" politischen Parteien – außer Kontrolle gerieten, erfüllte Ungarn schließlich seine „internationalistische Pflicht" und beteiligte sich im August 1968 an der militärischen Niederschlagung des „Prager Frühlings". Die „Breschnew-Doktrin", die im August 1968 ihre Geburtsstunde hatte und zwei Jahrzehnte lang die begrenzte Souveränität der Staaten des Warschauer Paktes zum Ausdruck brachte, wurde von Kádár – trotz der permanenten Betonung des Rechts auf einen „eigenen Weg zum Sozialismus" – nie ernsthaft in Frage gestellt.

Auch nach den Ereignissen in der Tschechoslowakei bemühte sich das Kádár-Regime weiterhin um den Ausbau der Beziehungen zum Westen und – im Gegensatz zum Konfrontationskurs Breschnews – um eine Entspannung zwischen den „Blöcken". Ziel der ungarischen Diplomatie war in erster Linie die Intensivierung der wirtschaftlichen Zusammenarbeit mit den westlichen Industriestaaten, um so die Schwächen der RGW-Kooperation zu kompensieren bzw. die ungarischen Wirtschaftsreformen abzustützen. Hinsichtlich des westlichen Europas spielte in diesem Zusammenhang zweifellos auch die Überlegung eine Rolle, vor dem Hintergrund des sich immer stärker integrierenden westeuropäischen Marktes zu versuchen, einen „Fuß in die Türe" der westeuropäischen Wirtschaft zu stellen.[21] Im Zuge dieser Wirtschaftsdiplomatie, die auch politi-

---

[19] Békés, Európából Európába, S. 248.
[20] Siehe hierzu István Vida, A magyar pártvezetés és a csehszlovák válság. 1968 január-október [Die ungarische Parteiführung und die tschechoslowakische Krise. Januar - Oktober 1968], in: História, 15 (1993), H. 9/10, S. 35-50; Péter Sipos, Kádár János és az 1968. évi bevonulás [János Kádár und der Einmarsch des Jahres 1968], in: História, 14 (1992), H. 8, S. 22-25.
[21] 1969 beantragte Ungarn den Beitritt zum Allgemeinen Zoll- und Handelsabkommen (GATT), der schließlich am 19. September 1973 erfolgte.

sche Schritte – wie die Ausreisegenehmigung für Erzbischof Mindszenty 1971[22] – begleiteten, gelang es Ungarn, die Handelsbeziehungen zur Bundesrepublik, zu Italien und Österreich weiter zu intensivieren. 1972 machten die Westexporte Ungarns bereits über 25 Prozent seiner Gesamtexporte aus, die Importe aus dem Westen bereits über 28 Prozent aller Importe. Auch die Aufnahme voller diplomatischer Beziehungen zu Westdeutschland am 21. Dezember 1973 ging in erster Linie auf außenwirtschaftliche Motive zurück. „Nebenwirkung" dieser Westöffnungspolitik war allerdings, dass Ungarn in eine doppelte ökonomische Abhängigkeit geriet: Neben diejenige vom RGW (Rohstoffe und Energie) trat nun eine wachsende Abhängigkeit von den Entwicklungen auf dem Weltmarkt.

„Gegenreform" in der Wirtschafts- und Innenpolitik

Währenddessen kam es in den siebziger Jahren in der Wirtschaftspolitik zur Rücknahme wesentlicher Elemente des Neuen Ökonomischen Mechanismus.[23] Als sich infolge der Reformen von 1968 zunehmende Einkommensdifferenzierungen offenbarten und die Ökonomen zudem 1971/1972 eine zweite Reformphase ankündigten sowie eine Umgestaltung des östlichen Wirtschaftsbündnisses nach ökonomischen Gesichtspunkten befürworteten, regten sich bei den neostalinistischen Kräften in der Sowjetunion und in Ungarn heftige Widerstände. Nachdem Kádár im Februar 1972 in die Sowjetunion „zitiert" worden war und entsprechende „Ratschläge" des Kremls erhalten hatte, war eine „Wende rückwärts" nicht mehr zu verhindern. Im November 1972 sah sich der – sogar seinen Rücktritt erwägende – ungarische Parteichef schließlich gezwungen, die „sozialistischen Aspekte" der Wirtschaftsreform gegenüber deren „kapitalistischen" und den Schutz der Interessen der Werktätigen besonders zu betonen.[24] Im Mittelpunkt der nun einsetzenden Re-Zentralisierung stand die Bildung von 50 „privilegierten" Industriekomplexen, die mit einem 50-prozentigen Anteil an der Gesamtproduktion das Rückgrat der ungarischen Wirtschaft bildeten. Sie wurden der direkten Kontrolle des Parteistaates unterstellt, arbeiteten unabhängig von jeglichen makroökonomischen Einflüssen und erhielten umfangreiche staatliche Subventionen. Gewinnbringende Kleinunternehmen und private Nebeneinkünfte hingegen wurden kräftig besteuert. Der Entscheidungsspielraum der Unterneh-

---

[22] Mindszenty war nach der Niederschlagung des Volksaufstandes 1956 in die US-Botschaft in Budapest geflüchtet und hatte sich dort 15 Jahre lang aufgehalten.
[23] Siehe Hierzu Iván T. Berend, A magyar reform sorsfordulója az 1970-es években [Die Schicksalswende der ungarischen Reform in den 1970er Jahren], in: Társadalmi Szemle, 31 (1988), H. 1, S. 1-26; Huszár, Kádár, Bd. 2, S. 233-256; György Földes, Kötélhúzás felső fokon. Kádár és Brezsnyev [Tauziehen auf höchster Ebene. Kádár und Breschnew], Rácz (Hrsg.), Ki volt Kádár?, S 103-113.
[24] Vgl. János Kádár, Selected Speeches and Interviews, Budapest 1985, S. 348-356.

men im Investitionsbereich und beim Außenhandel wurde eingeschränkt, ebenso die Mobilität der Arbeitskräfte und die Flexibilität der Lohngestaltung. Zu einer vollständigen Rückkehr zur Kommandowirtschaft der fünfziger Jahre kam es dennoch nicht, d.h. der Prozess der Differenzierung der wirtschaftlichen Interessen und der Entwicklung marktwirtschaftlichen Denkens, der mit den Reformen in Gang gesetzt worden war, erfuhr keinen totalen Bruch.

Ende 1972/ Anfang 1973 erfolgte auch in der ungarischen Innenpolitik eine Phase der Verhärtung und Wiederbelebung der Ideologie des Klassenkampfes.[25] In Übereinstimmung mit dem Kurs der sowjetischen Führung sprach sich Kádár im November 1972 zugunsten einer „Arbeiterpolitik", d.h. für die Stärkung der sozialen Stellung der Arbeiterklasse, sowie gegen „kleinbürgerliche Phänomene" und „irrigen Individualismus" aus.[26] Erneut wurde die Rolle des Marxismus-Leninismus im gesellschaftlichen Leben hervorgehoben und der „proletarischen" Herkunft eine entscheidende Bedeutung bei der Ausbildungs- und Arbeitsplatzverteilung zugeschrieben. Den Höhepunkt der innenpolitischen Kursänderung bildeten die Parteiausschlüsse mehrerer bekannter Intellektueller, die der „Budapester Schule" des neomarxistischen Philosophen György Lukács entstammten und für ihre unabhängig-kritischen Meinungen bekannt waren. Unter ihnen befanden sich der Soziologe und einstige Ministerpräsident András Hegedüs sowie die Philosophen János Kis und Mihály Vajda. Gleichzeitig erfuhr auch der Reformflügel innerhalb der MSZMP eine deutliche Schwächung: Im März 1975 verloren vier herausragende Reformer, nämlich Rezső Nyers, Lajos Fehér, György Aczél und Jenő Fock, ihre Sitze im Politbüro. Wie in der Wirtschaftspolitik kam es aber auch in der Innen- und Kulturpolitik in diesen Jahren zu keinem gänzlichen Durchbruch der orthodoxen Kräfte bzw. zu keiner Rückkehr zur stalinistischen Politik der fünfziger Jahre.

Fortsetzung des innenpolitischen Reformkurses

Die Jahre der politischen Re-Ideologisierung und wirtschaftlichen Re-Zentralisierung fanden 1977/1978 ihr Ende. Vor dem Hintergrund der internationalen Entspannung im Rahmen des Helsinki-Prozesses leitete Kádár erneut eine innenpolitische Liberalisierungswelle ein. Im Juni 1977 verabschiedete die Parteiführung einen Beschluss, der die Ausweitung der künstlerischen und kulturellen Freiräume beinhaltete.[27] Anstelle des Systems der behördlichen Zensur setzte sie nun auf das Prinzip der „freiwilligen Selbstbeschränkung" und führte als

---

[25] Siehe hierzu Jörg K. Hoensch, Geschichte Ungarns 1867-1983, Stuttgart 1984, S. 231-237.
[26] Vgl. Kádár, Selected Speeches, S. 348-356.
[27] Vgl. Magyar Tudomány 22, (1977), H. 9, S. 641-655.

Richtlinie für das Kultur- und Geistesleben die so genannten „drei T-Kategorien" ein. Letzteres bedeutete, dass die Machthaber nicht mehr ausschließlich zwischen kulturellen Aktivitäten, die „unterstützt" (támogatott) oder die „verboten" (tiltott) werden sollten, unterschieden, sondern zusätzlich die Kategorie der „tolerierten" (tűrt) Tätigkeiten vorsahen. Damit ließen sie auch Aktivitäten zu, die zwar nicht in Übereinstimmung mit der marxistisch-leninistischen Ideologie standen, die sie aber als „politisch ungefährlich" einstuften, und verzichteten somit auf das „geistige Monopol" der Partei.[28] Überdies kennzeichnete diese Phase, in deren Verlauf auch der herausragende Vertreter des orthodoxen Flügels der MSZMP Béla Biszku entmachtet wurde, eine weitere Normalisierung der Beziehungen zu den Kirchen.[29] Deren Höhepunkt bildete der Besuch von János Kádár bei Papst Paul VI. im Juli 1977. Die Partei gestand den Kirchen von da an weitgehend ungehinderte Tätigkeiten bei der Seelsorge zu, hielt sie aber weiterhin vom Schul- und Kulturbereich fern. Gegenüber oppositionellen Aktivitäten ging das Kádár-Regime nunmehr zu einer Doppelstrategie von „Zuckerbrot und Peitsche" über. Dies bedeutete, dass es zwar weiterhin zu einzelnen polizeistaatlich-administrativen Maßnahmen griff, aber auch versuchte, die „Andersdenkenden" durch Vergünstigungen (z.B. Stipendien oder Studienaufenthalte im Westen) zu kompromittieren.

Die Fortsetzung des ökonomischen Reformprozesses

Im Bereich der Wirtschaft leitete das Kádár-Regime Ende der siebziger Jahre, nachdem sich infolge der beiden Ölkrisen die Wirtschaftslage in Ungarn sichtlich verschlechtert hatte und es zur Beschleunigung der Auslandverschuldung gekommen war, eine neue Welle von Reformen ein.[30] Dabei wurde nicht nur an der Reformpolitik der sechziger Jahre angeknüpft bzw. der Neue Ökonomische Mechanismus „repariert", sondern mit Zustimmung der Sowjetunion auch eine Reihe weitergehender Maßnahmen ergriffen. Auch diesmal stellte man aber die Grundlagen der sozialistischen Wirtschaftsordnung, also das Prinzip der zentralen Planung und der Dominanz des „gesellschaftlichen" Eigentums an den Produktionsmitteln, nicht in Frage. Einer der ersten Schritte war die Reduzierung

---

[28] Vgl. Szabó, A klasszikus kádárizmus 1960-1968, S. 82 f.
[29] Siehe hierzu György T. Varga, Nemzetközi enyhülés és egyházpolitika [Internationale Entspannung und Kirchenpolitik], in: História, 13 (1991), H. 5/6, S. 27-30; Jenő Gergely, A párt első titkára a pápánál. Kádár János vatikáni látogatása 1977 [Der Erste Sekretär der Partei beim Papst. János Kádárs Vatikanbesuch 1977], in: História, 19 (1997), H. 9/10, S. 25 f.
[30] Siehe hierzu Berend, A magyar gazdasági reform útja, S. 367-439; Teréz Laky/ László Neumann, Small Entrepreneurs of the 1980's, in: Rudolf Andorka u.a. (Hrsg.), Social Report [1990], Budapest 1992, S. 188-199.

der Unternehmenskonzentration. Mit dem Ziel, den „sozialistischen Wettbewerb" und ökonomisches Denken zu fördern, wurden 14 der 28 Trusts und zahlreiche Großbetriebe in kleinere, voneinander unabhängige Einheiten aufgeteilt oder einzelne Unternehmensbereiche abgesondert. Im Zuge dieser Reorganisationsmaßnahmen entstanden zwischen 1979 und 1983 300 neue Betriebe. Die Entscheidungskompetenzen der Unternehmen wurden mit den Preisreformen der Jahre 1979/1980 und 1984 erneut deutlich ausgeweitet. Im Jahre 1985 konnten schließlich 10 bis 20 Prozent der Preise in Industrie und Landwirtschaft völlig frei, d.h. gemäß Angebot und Nachfrage, gestaltet werden. Gleichzeitig stärkte eine Reform der Betriebsverfassung die Unabhängigkeit des Managements gegenüber den zentralen Behörden und erhöhte seine Verantwortlichkeit gegenüber der Belegschaft. Bereits 1981 waren zudem verschiedene Formen von Kleinunternehmen eingeführt worden. Die Arbeiter in den staatlichen Großbetrieben erhielten die Möglichkeit, innerhalb ihrer Unternehmen mittels „Betriebsinterner Wirtschaftlicher Arbeitsgemeinschaften" und „Kooperativer Fachgruppen" nach der offiziellen Arbeitszeit einer privaten Nebentätigkeit nachzugehen. Dadurch eröffneten sich einerseits den Arbeitern neue Möglichkeiten zur Einkommenssteigerung innerhalb des staatlichen Sektors, andererseits konnte der Staat die Produktionskapazitäten der Unternehmen besser ausnutzen. Zudem ging die Parteiführung Anfang der achtziger Jahre daran, kleinbetriebliche privatwirtschaftliche Tätigkeiten, vor allem im Dienstleistungsbereich, zu erleichtern bzw. die „zweite Wirtschaft" zu legalisieren. Auch dahinter verbarg sich die Absicht, die – meist effizientere – private Kleinproduktion zur „Ergänzung" des staatlichen Sektors zu nutzen.

Die Fortsetzung der Wirtschaftsreformen, die mit wachsenden Import- und Exportbedürfnissen einhergingen, wirkte sich Ende der siebziger/ Anfang der achtziger Jahre auch auf die Außenpolitik aus. Trotz der neuen „Eiszeit" in den internationalen Beziehungen, die mit der Afghanistan-Intervention der Sowjetunion 1979, der Polenkrise 1980/1981 und den „Krieg-der-Sterne"-Plänen der Vereinigten Staaten 1981 ihren Höhepunkt erreichte, stellte die ungarischen Diplomatie auch in diesen Jahren die „friedliche Koexistenz" der Systeme besonders heraus und bemühte sich um eine weitere Intensivierung der ökonomischen Beziehungen zu Westeuropa.[31] Dieser Kurs führte – trotz starker Widerstände aus Moskau – zu einer Reihe von Treffen Kádárs und der ungarischen Diplomaten mit westlichen Spitzenpolitikern, darunter Helmut Schmidt, François Mitterand und George Bush. Im Zuge dieser Begegnungen konnte Ungarn nicht

---

[31] Siehe hierzu Békés, Európából Európába, S. 257-274; Ignác Romsics, Magyarország története a XX. században [Geschichte Ungarns im 20. Jahrhundert], Budapest 1999, S. 519f.

nur seine Wirtschaftskontakte weiter vertiefen, sondern als „salonfähigstes Land des Ostblocks"[32] auch eine Vermittlerrolle zwischen Ost und West übernehmen.

Seit 1979/1980 richtete sich die „Westdiplomatie" Ungarns in wachsendem Maße auf Finanzfragen.[33] Seit Mitte der siebziger Jahre, d.h. nach der ersten Ölkrise, sah sich die ungarische Führung nämlich gezwungen, den Rohölbedarf des Landes wegen der beschränkten Förder- und Lieferkapazitäten der Sowjetunion durch wachsende Importe aus dem Westen zu decken. Hierzu mussten beträchtliche Devisensummen aufgebracht werden. Da Ungarn seinen Devisenbedarf aber weder durch eine Ankurbelung des Westtourismus in Ungarn noch durch eine Steigerung der Exporte decken konnte, war das Land gezwungen, auf Kredite westlicher Geldgeber zurückzugreifen. Der engere Führungskreis um Kádár, der zudem – mit Blick auf 1956 – an der Politik des wachsenden Wohlstands festhielt, sah sich in den folgenden Jahren immer öfter dazu veranlasst, Kredite aus dem Westen in Anspruch zu nehmen. Ungarn geriet so seit der zweiten Hälfte der siebziger Jahre in die „Schuldenfalle".[34] Dies führte schließlich dazu, dass sich das Land – gegen den Willen der sowjetischen Führung – um eine Aufnahme in den Internationalen Währungsfonds (IWF) und in die Weltbank bemühte. Die Aufnahme in beide Organisationen, die für Ungarn vor allem den Zugang zu günstigen Krediten bedeutete, erfolgte schließlich im Jahre 1982 und führte zu einer weiteren Verstärkung der Abhängigkeit Ungarns gegenüber dem Westen.

Die Reform der politischen Institutionen

In der ersten Hälfte der achtziger Jahre initiierte die Parteiführung erstmals auch politisch-institutionelle Reformen.[35] 1983 wurde ein Verfassungsrechtsrat, ein rudimentärer Vorläufer des Verfassungsgerichts, eingerichtet und ein neues Wahlgesetz verabschiedet. Dieses sah unter anderem die obligatorische Aufstellung von mindestens zwei Kandidaten pro Ein-Mann-Wahlkreis bei den Parlaments- und Kommunalwahlen (Rätewahlen) sowie eine Liberalisierung des Nominierungsverfahrens vor. Neben der offiziellen Nominierung von Kandidaten

---

[32] Békés, Európából Európába, S. 274.

[33] Siehe hierzu Huszár, Kádár, Bd. 2, S. 280-283.

[34] Näheres siehe György Földes, Az eladósodás politikatörténete 1957-1986 [Politische Geschichte der Verschuldung 1957-1986], Budapest 1995.

[35] Siehe hierzu Georg Brunner, Partei und Staat in Ungarn, in: Südosteuropa, 33 (1984), H. 3/4, S. 155-196; Ferenc Majoros, Wahlrechtsreform in Ungarn (= Berichte des Bundesinstituts für ostwissenschaftliche und internationale Studien 57/1984), Köln 1984; Sándor Molnár, Das neue Wahlsystem in Ungarn, in: Südosteuropa Mitteilungen, 26 (1986), H. 1, S. 61-66; Götz Mavius, Die Parlamentswahlen Ungarn 1985, in: Südosteuropa, 34 (1985), H. 10, S. 536-560.

durch die Volksfront war es nun auch möglich, „spontane" Kandidaten unmittelbar durch die Wahlbevölkerung aufstellen zu lassen.[36] Mit dieser Wahlrechtreform eröffnete die Führung zwar keine politischen, immerhin aber personelle Alternativen. Bei den Parlamentswahlen vom Juni 1985 wurden 70 der insgesamt 762 Kandidaten direkt von der Bevölkerung vorgeschlagen. 45 der „spontanen" Kandidaten errangen ein Mandat.

Das Hervortreten der Opposition

Mitte 1985 traten in Ungarn zwei, bislang vor der breiten Öffentlichkeit kaum in Erscheinung getretene oppositionelle Strömungen hervor, nämlich die urbanliberale „demokratische Opposition" und die national-traditionalistische „volkstümliche Opposition". Die demokratische Opposition war in den siebziger Jahren, vor dem Hintergrund der Gegenreform in der Wirtschafts- und Innenpolitik, in Budapester Intellektuellenkreisen entstanden.[37] Damals hatte sich – erstmals seit 1956 – wieder prinzipielle Kritik am kommunistischen System geregt. Vor allem der Kreis um den aus der MSZMP ausgeschlossenen János Kis kam damals zu dem Schluss, dass der „Realsozialismus" nicht reformierbar sei, und wandte sich nun dem Liberalismus zu. Der demokratischen Opposition schlossen sich in den folgenden Jahren – informell – einige hundert Budapester Intellektuelle an. In den siebziger Jahren fiel sie vor allem durch die Verbreitung von Untergrundliteratur auf. Im Mittelpunkt ihrer politischen Aktivitäten stand das Ziel der Verwirklichung der Menschen- und Bürgerrechte sowie der schrittweisen Durchsetzung der Prinzipien Pluralismus, Demokratie und Selbstverwaltung.

Die national-traditionalistische (volkstümliche) Opposition war erst in der ersten Hälfte der achtziger Jahre in Erscheinung getreten.[38] Sie hatte ihre ideologischen Wurzeln in einer Bewegung, die bereits in den dreißiger Jahren um die Schriftsteller Gyula Illyés, László Németh und Imre Kovács entstanden war. Mit deutlich nationalistischen und antisemitischen Implikationen hatte sie damals die

---

[36] Wie der „Fall Rajk", d.h. der Versuch eines „Andersdenkenden", sich als Kandidat nominieren zu lassen, zeigte, war das Kádár-Regime allerdings darum bemüht, mittels organisatorischer Maßnahmen eine Kandidatur von Oppositionellen zu verhindern.

[37] Zur Geschichte der demokratischen Opposition siehe Ervin Csizmadia (Hrsg.), A Magyar Demokratikus Ellenzék (1968-1988) [Die Ungarische Demokratische Opposition (1968-1988)], 3 Bde., Budapest 1995; György Dalos, Archipel Gulasch. Die Entstehung der demokratischen Opposition in Ungarn, Bremen 1986; Hans-Henning Paetzke, Andersdenkende in Ungarn, Frankfurt a. M. 1986.

[38] Zur Geschichte der volkstümlichen (populistischen) Strömung bzw. Opposition siehe Gyula Borbándi, A magyar népi mozgalom [Die ungarische volkstümliche Bewegung], New York 1983; Árpád Szécsi, Az MDF megalakulása. 1979-1990 [Die Gründung des MDF. 1979-1990], in: História, 24 (2002), H. 8, S. 21-24; Pierre Kende/ Jenő Bango, Anzeichen des Nonkonformismus in Ungarn (= Berichte des Bundesinstituts für ostwissenschaftliche und internationale Studien 1/1984), Köln 1984.

Anschauung vertreten, das sich die ungarische Gesellschaft nur aus ihren eigenen „Quellen", insbesondere aus den kulturellen Traditionen des ländlichen Ungarns und der Bauernschaft, erneuern könne und einen spezifisch ungarischen Weg zwischen „jüdischem" Liberalismus und faschistischer bzw. kommunistischer Diktatur einschlagen müsse. In den sechziger Jahren war es dem Kádár-Regime gelungen, die führenden Vertreter der volkstümlichen Intellektuellen für seinen neuen Kurs in der Innen- und Wirtschaftspolitik zu gewinnen. Nach dem Tode von Gyula Illyés im Jahre 1983 ging die jüngere Generation der national-traditionalistischen Intellektuellen um Sándor Csoóri, István Csurka, Gyula Fekete, Lajos Für und Sándor Lezsák allerdings auf wachsende Distanz zu den Machthabern. Mit zunehmender Schärfe brachten sie nun in ihren Publikationen – weitgehend ungestört von Eingriffen des Regimes – „nationale Schicksalsfragen" zur Sprache, insbesondere die ungünstige demographische Situation und den Verfall von Moral und nationalen Werten. Darüber hinaus versuchten sie – aufgrund der Intervention der Machthaber allerdings ohne Erfolg[39] – die schwierige Lage der ungarischen Minderheiten in den Nachbarländern öffentlich zu thematisieren.

Einen ersten Höhepunkt fanden die oppositionellen Aktivitäten Mitte Juni 1985, als sich Vertreter der liberal-urbanen und der national-traditionalistischen Opposition zu einem – von der Öffentlichkeit allerdings kaum wahrgenommenen – Gedankenaustausch in der Kleinstadt Monor trafen.[40] Bei dieser Gelegenheit diskutierten die Teilnehmer die sozialen, ökonomischen und kulturellen Probleme Ungarns unter Kádár – ohne allerdings die politische Ordnung offen in Frage zu stellen – und erklärten es zu ihrem Ziel, gemeinsam einen Ausweg aus der schwierigen Lage des Landes zu suchen.

In der ersten Hälfte der achtziger Jahre trat in Ungarn erstmals auch eine Umweltbewegung hervor, die sich insbesondere gegen die Pläne eines Donaustaudamms bei Gabčikovo-Nagymaros richtete, und es entstand eine unabhängige Friedensgruppe sowie eine Vereinigung von Kriegsdienstverweigerern.[41]

All diese Entwicklungen wurden von der Parteiführung – aufgrund der zahlenmäßigen Schwäche[42] und weitgehenden Isolation der Opposition von der

---

[39] In diesem Zusammenhang kam es unter anderem zur Entlassung von Journalisten und Eingriffen in die Arbeit von Zeitschriftenredaktionen.

[40] Näheres siehe János M. Rainer (Hrsg.), A monori tanácskozás 1985. június 14-16 [Das Treffen von Monor, 14.-16. Juni 1985], Budapest 2005.

[41] Näheres siehe Hubertus Knabe, Umweltproteste in Ungarn. Innen- und außenpolitische Implikationen (= Berichte des Bundesinstituts für ostwissenschaftliche und internationale Studien Nr. 65/1989). Köln 1989; Kathrin Sitzler, Opposition und intellektueller Dissens in Ungarn (unveröffentlichtes Manuskript, Januar 1987), S.13 f.

[42] Ungarns Oppositionelle bezeichneten sich selbst als „0,01 Prozent".

Bevölkerung – zwar nicht als akute Bedrohung empfunden.[43] Sie weckten bei Kádár und seiner „Alten Garde" aber dennoch Erinnerungen an den Herbst 1956 und wurden daher nicht ohne Besorgnis verfolgt. Wohl mit dem Ziel, die oppositionellen Aktivitäten langfristig in „geregelte Bahnen" zu lenken, beschloss die Parteiführung daher noch 1985, die politische Rolle der von Imre Pozsgay geleiteten Patriotischen Volksfront aufzuwerten und in ihrem Rahmen Platz für begrenzte „alternative" Aktivitäten zu schaffen. Auf ein massives polizeistaatliches Vorgehen verzichtete das Kádár-Regime auch weiterhin und beschränkte seine Maßnahmen gegen unliebsame Oppositionelle zumeist auf Schikanen wie Publikations- und Berufsverbote.

Die Krise des Kádárismus

Nachdem sich bereits in den Jahren 1978/1979 ökonomische Wachstumsstörungen in Ungarn gezeigt hatten, war Mitte der achtziger Jahre die Krise der liberalisierten Zentralverwaltungswirtschaft nicht mehr zu bemänteln.[44] Eindeutiges Indiz hierfür war die Tatsache, dass selbst die bescheidenen Vorgaben des VI. Fünfjahresplans nicht realisiert werden konnten. So stieg das Bruttosozialprodukt zwischen 1981 und 1985 nach offiziellen Angaben anstelle der vorgesehenen 15 bis 18 Prozent lediglich um knapp 12 Prozent, das Volkseinkommen konnte statt der geplanten 14 bis 17 Prozent nur um 7 Prozent angehoben werden, der Nettoproduktionswert pro Beschäftigtem nahm anstelle von 18 bis 19 Prozent lediglich um 12 Prozent zu und die industrielle Produktion erreichte statt der angestrebten 19 bis 22 Prozent einen Zuwachs von 12 Prozent. Bei den Reallöhnen musste die Bevölkerung zwischen 1981 und 1985 einen Rückgang um 5 Prozent hinnehmen. Der allgemeine Lebensstandard konnte nur mehr durch wachsende sozialstaatliche Zuwendungen und die Erweiterung der Nebenerwerbstätigkeit gesichert werden. Bestimmte Schichten der Bevölkerung, darunter vor allem Rentner, kinderreiche Familien, Hilfsarbeiter und allein erziehende Elternteile,

---

[43] Bezeichnend hierfür sind folgende Worte Kádárs auf der Politbüro-Sitzung vom 1. Juli 1986: „Das System und die Politik haben es ausgehalten und sie müssen es auch in Zukunft aushalten, dass da und dort drei Dutzend Leute ihren Mund aufmachen." (Kádár laut Csizmadia (Hrsg.), A Magyar Demokratikus Ellenzék, Dokumentumok, S. 293).

[44] A VI. ötéves terv teljesítése [Die Erfüllung des VI. Fünfjahresplans], in: Magyarország 1986 [Ungarn 1986], Budapest 1986, S. 59-64. Zu den grundsätzlichen Problemen der Planwirtschaft siehe Attila Ágh, A századvég gyermekei. Az államszocializmus összeomlása a nyolcvanas években [Die Kinder des ausgehenden Jahrhunderts. Der Zusammenbruch des Staatssozialismus in den achtziger Jahren], Budapest 1990; János Kornai, The Economics of Shortage, Amsterdam 1980.

rutschten an oder sogar unter die Armutsgrenze.[45] Gleichzeitig verschlangen Staatsunternehmen und Genossenschaften in immer größerem Maße Subventionen. Innerhalb der Betriebe entstand latente Arbeitslosigkeit. Die Entwicklung der Infrastruktur blieb weit hinter den Erfordernissen zurück, das Defizit im Staatshaushalt stieg kontinuierlich, die internationale Wettbewerbsfähigkeit der ungarischen Produkte sank und anstelle der erwarteten positiven Außenhandelsbilanz hatte Ungarn einen Negativsaldo zu verzeichnen. Zudem hatte die ungarische Führung – mit dem zunehmenden Griff nach Krediten aus dem Westen – eine Verschuldungsspirale in Gang gesetzt. Im Jahre 1985 erreichten die (Brutto-) Auslandsschulden Ungarns, nachdem sie in den vorangegangenen Jahren bei ca. 8 Milliarden Dollar gelegen hatten, fast 12 Milliarden. Die kritische Wirtschaftslage Ungarns Mitte der achtziger Jahre machte deutlich, dass auch die liberalisierte Variante der Zentralverwaltungswirtschaft nicht in der Lage war, eine ausreichende materielle Grundlage für den wachsenden Konsum der Bevölkerung, für die Gewährleistung des technisch-wissenschaftlichen Fortschritts und für die ökonomische Modernisierung zu schaffen. Die über zwei Jahrzehnte lang erfolgreiche „stillschweigende Übereinkunft" zwischen Herrschern und Beherrschten, die auf der stetigen Erhöhung des Lebensstandards der Bevölkerung als Gegenleistung für die Duldung der Kádár'schen Herrschaft beruht hatte, musste unter diesen Umständen brüchig werden.

Zugleich zeigten sich auch auf sozialem Gebiet wachsende Probleme.[46] Negative Tendenzen waren beim Alkoholismus und bei den damit verbundenen Krankheiten zu verzeichnen. Hinsichtlich der Suizid-Rate, die sich zwischen 1950 und 1983 mehr als verdoppelte, wurde Ungarn zum weltweiten Spitzenreiter. Zwischen 1983 und 1985 stieg darüber hinaus die Zahl der jugendlichen Drogensüchtigen um 200 Prozent auf ca. 30.000 Personen. Die Kriminalität, vor allem Eigentumsdelikte, nahm stark zu, ebenso wie Vandalismus, Rassismus und Antisemitismus. Bezüglich der Scheidungsrate rückte Ungarn an die zweite Stelle in Europa. Und schließlich sank die Lebenserwartung der männlichen Bevölkerung in Ungarn – im Gegensatz zum allgemeinen europäischen Trend – von 66,4 Jahren (1960) auf etwas mehr als 65 Jahre (1985). Diese Entwicklung hing vor allem mit der übermäßigen Arbeitsbelastung und dem damit verbundenen Dauerstress zusammen. Die ungarische Soziologie stellte als allgemeine Kennzeichen der psychischen Verfassung der Bevölkerung Anspannung, Pessimis-

---

[45] Die Zahl der Armen betrug Mitte der achtziger Jahre ca. 1,5 Millionen bzw. 15 Prozent der Bevölkerung (vgl. Ágnes Bokor, Szegénység a mai Magyarországon [Armut im heutigen Ungarn], Budapest 1987).
[46] Siehe hierzu Társadalmi beilleszkedési zavarok Magyarországon [Störungen der sozialen Integration in Ungarn], Budapest 1988; Tibor Valuch, Magyarorszag társadalomtörténete a XX. század második felében [Sozialgeschichte Ungarns in der zweiten Hälfte des 20. Jahrhunderts], Budapest 2001, S. 357-362.

mus, Apathie sowie Verunsicherung, Entwurzelung und Orientierungslosigkeit fest. Diese Entwicklungen führt sie auf wachsende Existenzunsicherheit und soziale „Entwurzelung" im Zuge der Industrialisierung sowie auf die Zurückdrängung der moralischen Erziehung auf religiöser Basis zurück.

Begleitet wurden die sozialen und ökonomischen Krisenphänomene durch eine tiefe ideologische Krise.[47] Diese wurde durch die parallele Existenz nicht nur konkurrierender, sondern unvereinbarer Werteordnungen und den eklatanten Widerspruch zwischen der weltanschaulichen Theorie und den tatsächlichen Entwicklungen in Wirtschaft und Gesellschaft verursacht. Die ideologische Schizophrenie des Kádárismus wurzelte letztlich darin, dass die Parteiführung im Zuge ihrer pragmatischen Wirtschaftsreformen bislang als „bürgerlich" kritisierte Wertvorstellungen de facto rehabilitierte, gleichzeitig aber offiziell an den Dogmen des Marxismus-Leninismus, d.h. an der stalinistischen Ideologie aus den dreißiger Jahren festhielt. Dies führte dazu, dass neben die Grundwerte „soziale Sicherheit", „Egalität", „Plan", „Kollektiv" usw. neue Leitideen wie „Markt", „Unternehmertum", „Gewinn", „Individuum" und „Risiko" usw. traten, die mit ersteren selbst durch einen „ideologischen Spagat" nicht zu vereinbaren waren. Die Diskrepanz von Theorie und Praxis offenbarte sich besonders deutlich hinsichtlich des Ziels der „klassenlosen Gesellschaft". Dieses rückte aufgrund der zunehmenden Einkommensunterschiede in der Realität in immer weitere Ferne: Mitte der achtziger Jahre stand der schmalen Schicht der relativ Wohlhabenden die wachsende Masse derer gegenüber, die unterhalb des offiziellen Existenzminimums lebten. Als illusorisch erwies sich auch die These von der „unverbrüchlichen Freundschaft" zwischen den „Bruderländern". Nachdem dieses Ideal bereits durch die sowjetische Machtpraxis der vergangenen vierzig Jahre diskreditiert worden war, führte insbesondere die schikanöse Politik des Ceauşescu-Regimes gegenüber den rund zwei Millionen ethnischen Ungarn in Rumänien zu Spannungen zwischen den beiden Ländern, die dem „sozialistischen Internationalismus" geradezu Hohn sprachen. Ideologisch besonders problematisch war überdies, dass der Realsozialismus – noch dazu vor dem Hintergrund der dynamischen wirtschaftlich-technischen Entwicklung in der westlichen Welt – nicht in der Lage war, sein Versprechen einer krisenfreien, kontinuierlichen Wirtschaftsentwicklung und eines steigenden Lebensstandards einzulösen. All diese Unstimmigkeiten zerstörten spätestens Mitte der achtziger Jahre –

---

[47] Siehe hierzu Krisztina Koenen, Die „schleichende Reform". Reformbedingte ideologische Probleme der Ungarischen Sozialistischen Arbeiterpartei, in: Osteuropa, 38 (1988), H. 9, S. 857-866; József Bayer, A politikai legitimitás. Elméletek és viták a legitimitásról és a legitimációs válságról [Politische Legitimität. Theorien und Diskussionen über die Legitimität und die Legitimationskrise], Budapest 1997, S. 251-289.

179

vor allem bei der jüngeren Generation – den Glauben an die Zukunft einer kommunistischen Gesellschaft.

Trotz der ökonomischen, sozialen und ideologischen Krisensymptome verharrte die ungarische Gesellschaft aber auch Mitte der achtziger Jahre in jener passiven Haltung, die sie nach der Niederschlagung des Volksaufstandes vom Herbst 1956 eingenommen hatte und die durch die Politik der Nicht-Politisierung des Kádár-Regimes bewusst gefördert worden war. Während die polnischen Arbeiter bereits 1980/1981 mit machtvollen Demonstrationen und Streiks gegen die sich verschlechternden Lebensbedingungen protestiert hatten, führten die unerfüllten Versprechen der ungarischen Machthaber lediglich zu einer Stimmungsverschlechterung in der ungarischen Bevölkerung.

Die letzten Jahre des Kádárismus

Vor diesem Hintergrund fand im März 1985, kurz nach dem Machtantritt Michail Gorbatschows in der Sowjetunion, der XIII. Parteitag der MSZMP statt.[48] Trotz der angespannten Lage sanktionierte der Parteitag, der bezeichnenderweise unter dem Motto „Weiter auf dem Lenin'schen Weg" stand, den bisherigen Kurs der MSZMP-Führung und verzichtete auf substantielle politische oder personelle Veränderungen. Diese Haltung ist zweifellos darauf zurückzuführen, dass dem Kádár-Zirkel – auch wegen des Fehlens von politischem Druck aus der Gesellschaft oder der Partei – das Bewusstsein für das Ausmaß der Krise fehlte und er zudem den zukünftigen Kurs Gorbatschows noch nicht abschätzen konnte. In der Wirtschaftspolitik gestand die Parteiführung zwar „vorübergehende" Schwierigkeiten bei der Fortsetzung der Politik des wachsenden Lebensstandards ein, behauptete aber dennoch, dass sich die Volkswirtschaft entsprechend dem auf dem XII. Parteitag im Jahre 1980 festgelegten Kurs entwickelt habe. Trotz der Warnung namhafter Ökonomen setzte sie im März 1985 auf eine Politik des intensiven Wirtschaftswachstums.

Ganz im Gegensatz zu den Hoffnungen der Parteispitze offenbarten sich seit Ende 1985 gravierende Störungen in der Entwicklung der ungarischen Wirtschaft.[49] Vor diesem Hintergrund, insbesondere wegen der rapiden Zunahme der Auslandsschulden, traf der Kádár-Zirkel, der den negativen Entwicklungen in

---

[48] Näheres siehe Mária Huber, Der XIII. Parteitag der USAP. Die (technische) Intelligenz auf dem langen Umweg zur Klassenmacht (= Berichte des Bundesinstituts für ostwissenschaftliche und internationale Studien 27/1985), Köln 1985.

[49] Ausführlich zu den folgenden Ausführungen siehe Andreas Schmidt-Schweizer, Vom Reformsozialismus zur Systemtransformation in Ungarn. Politische Veränderungsbestrebungen innerhalb der Ungarischen Sozialistischen Arbeiterpartei (MSZMP) von 1986 bis 1989, Frankfurt a.M. 2000, S. 36-51.

der Wirtschaft fassungslos gegenüberstand, nach langem Zögern im September 1986 den folgenreichen Beschluss, den gesamten Lenkungsmechanismus der Wirtschaft überprüfen zu lassen und auch organisatorische und personelle Veränderungen auf der Partei- und Staatsebene ins Auge zu fassen. Aufgrund der dramatischen Wirtschaftslage begann bei den Politbüro-Mitgliedern also die Erkenntnis zu reifen, dass die bisherigen Methoden zur Steuerung der ökonomischen Prozesse unzulänglich waren und die bisherige Wirtschaftsführung von den Problemen und anstehenden Aufgaben überfordert wurde. Die „Rettung" der liberalisierten Zentralverwaltungswirtschaft und damit des Kádárismus sollte nun von einer neuen Generation von Wirtschaftspolitikern in Angriff genommen werden.

Ende 1986 betraute die MSZMP-Führung einen jungen Ökonomen mit der Ausarbeitung der zukünftigen wirtschaftspolitischen Linie, nämlich Miklós Németh. Der erst 37-jährige Németh, der über gute Kenntnisse der Funktionsweise marktwirtschaftlicher Systeme verfügte, sollte in den folgenden Jahren die federführende Rolle bei der Neugestaltung der ungarischen Wirtschaftspolitik bzw. -ordnung spielen. Mitte des folgenden Jahres ließ der Kádár-Zirkel zudem den seit zwölf Jahren amtierenden Vorsitzenden des Ministerrates György Lázár durch Károly Grósz ablösen. Der 57-jährige Grósz, der über einen tadellosen „proletarischen" Hintergrund verfügte, hatte sich Jahrzehnte hindurch als regime- und linientreuer „Parteiarbeiter" bewährt und eine steile, wenn auch von Wechselfällen begleitete Funktionärskarriere durchlaufen. Protegiert von Parteichef Kádár, war er im März 1985 in das Politbüro aufgestiegen und hatte sich dort als Persönlichkeit profiliert, die „neuen Wind" in die ungarische Politik zu bringen versprach. Dies traf, obwohl Grósz kein Ökonom war, vor allem für die Wirtschaftspolitik zu. Grósz hatte eine Ausweitung der privatwirtschaftlichen Tätigkeiten sowie die Inkaufnahme von „vorübergehender" Arbeitslosigkeit befürwortet. Fragen der politischen Systemveränderung, die das Missfallen des Kádár-Zirkels hätten erregen können, waren von Grósz hingegen nicht öffentlich thematisiert worden. Seine Vorstellungen sowie sein biographischer Hintergrund machten Grósz im Sommer 1987 zweifellos zu derjenigen Politikerpersönlichkeit, der der Kádár-Zirkel am ehesten zutraute, an der Spitze der Regierung die wirtschaftlichen Probleme erfolgreich zu bekämpfen, ohne dabei die Fundamente des sozialistischen Gesellschaftssystems und die Machtstellung der Partei zu erschüttern. Zudem sahen Kádár und seine Alte Garde in dem Medienprofi Grósz offenbar den Mann, der in der Lage sein würde, die zukünftige Politik der Partei der Bevölkerung zu vermitteln und politisches Vertrauen zu gewinnen.

Mitte 1987 zeichnete sich auch ein grundlegender Wandel in der Wirtschafts- und Innenpolitik ab, der letztlich das Ende des Kádárismus bzw. der Ära Kádár einläutete. Die unter Federführung von Németh ausgearbeitete „Stellungnahme zum Programm der wirtschaftlich-gesellschaftlichen Entfaltung"[50] vom 2. Juli 1987 bezweckte, die chronischen ökonomischen Schwierigkeiten zu beseitigen, eine solide Grundlage für Wachstum zu schaffen und langfristig die ungarische Wirtschaft an den Entwicklungsstand der „ersten Welt" heranzuführen. Hierzu war vorgesehen, zuerst eine radikale Sparpolitik als Sofortmaßnahme einzuleiten und dann schrittweise Veränderungen in der Wirtschaftsordnung vorzunehmen. Mit den geplanten Sparmaßnahmen bezweckten die Wirtschaftspolitiker, den Verbrauch mit der Produktion zu harmonisieren und das Gleichgewicht im Staatshaushalt wiederherzustellen. Hierzu sollten – im Gegensatz zur bisherigen Praxis – konsequente Schritte zum Abbau der Konsum- und Produktionssubventionen, zur Durchsetzung des Leistungsprinzips und zur Schließung unrentabler Betriebe unternommen werden. Die damit zwangsläufig verbundenen sozialen Lasten, vor allem „Beschäftigungsprobleme" und ein sinkendes Lebensniveau für wirtschaftlich weniger „leistungsfähige" Schichten, wurden in Kauf genommen. Dies bedeutete auch, dass nach drei Jahrzehnten erstmals wesentliche, aber nicht mehr zu finanzierende sozialpolitische Prinzipien des Kádárismus in Frage gestellt wurden, nämlich der Grundsatz der Vollbeschäftigung und des steigenden Lebensstandards. Um – zweifellos mit Blick auf den Herbst 1956 – massiven, sozialen Spannungen vorzubeugen, wurde gleichzeitig geplant, ein sozialpolitisch kompensatorisches Instrumentarium zu entwickeln, das an den dringendsten materiellen Bedürfnissen der Problemgruppen ausgerichtet sein sollte.

In den Mittelpunkt der längerfristigen Maßnahmen, die zu einer intensiven, an die weltwirtschaftlichen Entwicklungen angepassten Wirtschaftsweise führen sollten, rückten die Parteiökonomen eine außenwirtschaftliche Neuorientierung sowie eine radikale Umgestaltung des Systems der Wirtschaftslenkung. Obwohl im Entfaltungsprogramm der Vorrang der sozialistischen Wirtschaftsintegration betont wurde, war doch unverkennbar, dass die neue Wirtschaftsführung nun der ökonomischen Kooperation mit dem hoch entwickelten Westen eine besondere Bedeutung zuschrieb. Dahinter stand die Erkenntnis, dass Ungarn nicht mehr aus eigener Kraft, sondern nur noch mit der Hilfe des Westens imstande war, der Schuldenfalle zu entkommen und seine Wirtschaftsprobleme zu überwinden. Vom RGW und vor allem von der sowjetischen Vormacht, die bekanntlich selbst mit gravierenden Wirtschaftsproblemen kämpfte, hatte Ungarn diesbezüglich wenig zu erwarten. Zur Ankurbelung der Wirtschaftskooperation mit dem Westen planten die Ökonomen nicht nur, die ungarischen Exporte durch eine besondere Förderung der international wettbewerbsfähigen Betriebe zu steigern, sondern erstmals auch, in großem Umfang westliches Kapital und Know-how „an-

---

[50] Zum Wortlaut der Stellungnahme siehe Népszabadság, 4. Juli 1987.

zulocken". Letzteres war auch wegen seiner innenpolitischen Folgen von Bedeutung. Die Parteiführung setzte sich nämlich mit diesem Vorhaben noch stärker dem – aufgrund der Verschuldung bereits bestehenden – Zwang aus, den Ruf Ungarns als politisch stabiles und relativ liberales Land zu pflegen.

Was die zukünftigen Methoden der Wirtschaftslenkung anging, sollten die direkten Interventionen des Staates in die Betriebstätigkeit beendet und nur mehr die strategischen Ziele und ökonomischen Rahmenbedingungen mittels des Instrumentariums der Finanz-, Steuer- und Entwicklungspolitik usw. bestimmt werden. Die Unternehmen sollten in Zukunft selbständig, nach dem Prinzip von Angebot und Nachfrage und mit dem Ziel der Gewinnmaximierung, wirtschaften. Eine zentrale Lenkung war nur noch im Bereich der Energieerzeugung und -versorgung, bei der Grundstoffproduktion und in „weit reichenden Fragen der RGW-Zusammenarbeit" vorgesehen. Zur schrittweisen Entwicklung der Marktverhältnisse sah die ZK-Stellungnahme unter anderem vor, die Preise weitgehend zu liberalisieren, eine freie Gestaltung der Löhne nach dem Leistungsprinzip zuzulassen, die Einkommens- und Mehrwertsteuer einzuführen sowie ein Gesetz über die Wirtschaftsgesellschaften zu verabschieden. Mit letzterem wurde beabsichtigt, mittels neuer Eigentumsformen die Grundlagen für ein gewinnorientiertes Interesse am Eigentum zu schaffen, die Entstehung flexibler kleinerer und mittlerer Unternehmen zu fördern und klare Rahmenbedingungen für Investoren zu schaffen.

Die Ausführungen zu den „sozialistischen Marktverhältnissen" ließen keinen Zweifel daran, dass die Wirtschaftsführung um Németh Veränderungen plante, die weit über die bisherigen Wirtschaftsreformen hinausgingen. Während es sich beim Neuen Ökonomischen Mechanismus um eine Reform zur Liberalisierung der Zentralverwaltungswirtschaft gehandelt hatte, sah das Entfaltungsprogramm nun vor, die Wirtschaftsprozesse im Wesentlichen durch die Kräfte des Marktes bestimmen zu lassen. Mit dieser Forderung schlossen sich die MSZMP-Ökonomen prinzipiell der Forderung nach einem „sich selbst regulierenden Markt" an, die kritische „Reformökonomen" an der Basis der MSZMP bereits Anfang 1987 in ihrer Studie „Wende und Reform" erhoben hatten.[51] Im Gegensatz zu diesen ließ sie aber noch Platz für beschränkte zentrale Interventionen, so dass der Begriff der „regulierten Marktwirtschaft" dem Charakter des geplanten Systems am nächsten kommt. Grundsätzliche Übereinstimmung zu „Wende und Reform" zeigte sich auch in der Frage der zukünftigen Eigentumsformen. So wurde dafür plädiert, im Bereich des gesellschaftlichen Eigentums – zur Steigerung des Interesses an Gewinn und ökonomischer Effizienz sowie zur

---

[51] Fordulat és reform 1987 [Wende und Reform 1987], In: Medvetánc, 7 (1987), Sondernummer 2, S. 5-45, hier S. 16-36. Die Initiatoren und federführenden Verfasser der Studie waren László Lengyel, György Matolcsy, István Csillag und László Antal.

Förderung des Wettbewerbs – neue Eigentumsformen zu schaffen. Dieser Aspekt war bei den Wirtschaftsreformen der sechziger Jahre – wie gezeigt – ausgeklammert worden.

Obwohl die wirtschaftlichen Veränderungsvorschläge in der ZK-Stellungnahme vom 2. Juli 1987 weniger radikal waren als die der „Reformökonomen" und aus ihr nicht zu entnehmen war, wie weit reichend der Wandel im System der Wirtschaftslenkung und bei den Eigentumsverhältnissen letztlich sein sollte, kann doch festgestellt werden, das das Entfaltungsprogramm deutlich über eine Reform hinausging und einen ersten wesentlichen Schritt in Richtung Transformation des ungarischen Wirtschaftssystems bedeutete. Daran ändert auch die Tatsache nichts, dass in der ZK-Stellungnahme vom Fortbestand der führenden Rolle der Partei, von der Dominanz der „sozialistischen Eigentumsverhältnisse" und von „sozialistischer Planwirtschaft" die Rede war. Diese Formulierungen dienten, ebenso wie die Betonung des Vorrangs der RGW-Zusammenarbeit oder der Verzicht auf eine nähere Behandlung der neuen Eigentumsformen, offenbar dazu, den in ökonomischen Fragen wenig versierten Kádár-Zirkel über das Ausmaß und die Radikalität des geplanten Wandels hinwegzutäuschen.

Die ZK-Stellungnahme enthielt überdies einen Aspekt, der für den späteren politischen Wandel von herausragender Bedeutung war. Sie formulierte nämlich die Erkenntnis, dass eine wirkliche Wende in der Wirtschaft ohne eine politische Mobilisierung der Bevölkerung und ohne entsprechende institutionelle Veränderungen nicht durchzuführen sei. Mittels politisch-institutioneller Reformen sollten die ungarischen Bürger zur Mitwirkung bei der Überwindung der Krise bzw. zur tatkräftigen Umsetzung des Entfaltungsprogramms motiviert werden und damit gleichzeitig auch – ganz im Sinne einer an den Prinzipien der Marktwirtschaft orientierten Wirtschaftspolitik – ihre spezifischen sozialen und wirtschaftlichen Interessen zum Ausdruck bringen. Damit zog die Wirtschaftsführung unter Németh einen klaren Schlussstrich unter den drei Jahrzehnte lang praktizierten Kurs Kádárs, die Gesellschaft in politischer Passivität zu halten. Für die Repolitisierung der ungarischen Bürger gab es allerdings noch einen weiteren, ebenfalls mit dem ökonomischen Kurswechsel verbundenen Grund: Die Gewährung politischer Rechte für die Staatsbürger sollte auch als „Entschädigung" für die zukünftigen, unvermeidlichen materiellen Einschränkungen dienen und einen drohenden Vertrauensverlust in der Bevölkerung abwenden. Veranlasst durch die Erfordernisse der ökonomischen Krisenbekämpfung gab das Entfaltungsprogramm vom 2. Juni 1987 also den „Startschuss" zu politischen Veränderungen, die weit über den Rahmen der traditionellen Kádár'schen Innenpolitik hinausgingen.

Auch wenn die Ära Kádár erst mit der außerordentlichen Konferenz der MSZMP im Mai 1988, als Kádár von Károly Grósz an der Parteispitze abgelöst wurde, ihren spektakulären offiziellen Abschluss finden sollte, so kann die Verabschiedung des Entfaltungsprogramms im Juli 1987 doch als ihre eigentliche „Endmarke" betrachtet werden. Das Programm verwarf den Grundsatz der zentralen Planung zugunsten der primären Koordinierung der Wirtschaft durch den Markt und damit – auch wenn es das Primat des „gesellschaftlichen" Eigentums nicht direkt berührte – das Modell der liberalisierten Zentralverwaltungswirtschaft. Überdies untergrub es den Grundsatz der Vollbeschäftigung und des kontinuierlich steigenden allgemeinen Lebensstandards, d.h. zentrale Prinzipien des „sozialistischen Wohlfahrtsstaats", und strebte eine politische Mobilisierung der Bevölkerung im Rahmen der ökonomischen Krisenbekämpfung an. Das Entfaltungsprogramm stellte somit grundlegende Prinzipien bzw. Merkmale des „klassischen" Kádárismus in Frage. Seine Annahme offenbarte überdies, dass eine neue Politikergeneration um Ministerpräsident Károly Grósz und ZK-Sekretär Miklós Németh nun die politische Initiative übernommen hatte.

Im Mai 1988, nach monatelangen Diskussionen innerhalb der Staatspartei, die vor allem die Art und Weise der politischen Mobilisierung und Integration der Bevölkerung zum Thema gehabt hatten, und verstärkten Aktivitäten der – allerdings noch immer schwachen und zersplitterten – Opposition übernahm Ministerpräsident Grósz offiziell den Vorsitz der MSZMP und damit die führende Position in Ungarn.[52] Unter Grósz wurden nicht nur Bemühungen unternommen, eine „sozialistische Marktwirtschaft" in Ungarn zu etablieren, sondern auch mit dem Versuch begonnen, die – im Entfaltungsprogramm skizzierte – politische Reaktivierung der Bevölkerung einzuleiten und den Pluralismus im Rahmen des Einparteiensystems zu entwickeln. Das Experiment des „sozialistischen Pluralismus" scheiterte aufgrund der dynamischen gesellschaftlichen und parteiinternen Entwicklungen im Sommer/Herbst 1988. Vor diesem Hintergrund stellten sich seit Ende 1988 führende MSZMP-Politiker, insbesondere Miklós Németh, Imre Pozsgay und Rezső Nyers, an die Spitze der politischen Veränderungsprozesse. Gegen den heftigen Widerstand der „Konservativen" um Grósz initiierten diese parteiinternen „Transformer" mehrere entscheidende Maßnahmen zur Demokratisierung Ungarns. Es kam so – unter anderem – zur Annahme eines demokratischen Maßstäben entsprechenden Vereinigungs- und Versammlungsgesetzes, zur Akzeptanz eines kompetitiven Mehrparteiensystems, zur Neubewertung der Ereignisse von 1956 als „Volksaufstand" und zur Erarbeitung eines Verfassungsentwurfes, der eine parlamentarische Demokratie vorsah. Nach den Verhandlungen am „Nationalen Runden Tisch", bei denen die Machthaber im Sommer 1989 mit der – nunmehr – vereinigten Opposition über die Modalitä-

---

[52] Ausführlich zu den Entwicklungen in den Jahren 1988/1989 siehe Schmidt-Schweizer, Vom Reformsozialismus zur Systemtransformation, S 52-393; Zoltán Ripp, Rendszerváltás Magyarországon 1987-1990 [Systemwechsel in Ungarn 1987-1990], Budapest 2006, S. 139-484.

ten des Übergangs und über die konkrete Ausgestaltung der demokratischen Ordnung verhandelten, wurde in Ungarn – bezeichnender Weise – am 23. Oktober 1989, dem 33. Jahrestag des Volksaufstandes von 1956, die Republik ausgerufen und – mittels einer Totalrevision der Verfassung – eine parlamentarische Demokratie staatsrechtlich verankert. Damit konnte eine politische Entwicklung, die 1945 bzw. 1956 begonnen worden war, aufgrund der Politik der Sowjetunion und der weltpolitischen Lage aber scheitern musste, nach einer Jahrzehnte dauernden sozialistischen „Sackgasse" doch noch zum Erfolg geführt werden.

János Kádár, der das Scheitern „seines" Sozialismus und die – damit auf das engste verbundene – Neuinterpretation der Ereignisse von 1956 als gebrochener, schwer kranker Mann verfolgt hatte, war bereits am 6. Juli 1989 verstorben – genau an dem Tag, an dem das Oberste Gericht die Urteile gegen Imre Nagy und mehrere seiner Schicksalsgefährten aufhob.

1956 und der „klassische" Kádárismus

Unter der Führung János Kádárs war in Ungarn seit den sechziger Jahren eine sozialistische Gesellschaftsordnung entstanden, die sich in bedeutendem Maße vom Stalinismus der fünfziger Jahre unterschied. Der „klassische" Kádárismus war zwar nur durch geringfügige Veränderungen des institutionellen Systems, d.h. der politischen Institutionen und der Eigentumsordnung, gekennzeichnet, hinsichtlich der Methoden der politischen Herrschaft und der Wirtschaftslenkung hatte das Kádár-Regime aber einen auffälligen qualitativen Wandel durchlaufen. Ungarn hatte sich von einem totalitär-stalinistischen System zu einer autoritär-paternalistischen Ein-Parteien-Ordnung gewandelt, die auf eine ideologische Durchdringung aller Lebensbereiche verzichtete, der Bevölkerung oftmals beachtliche Freiräume eröffnete und ökonomischen Aspekten im Wirtschaftsleben einen wesentlich größeren Stellenwert einräumte.

Nachdem der Bestand des Kádár-Regimes in seinen ersten Jahren nur mittels der „Bajonette Moskaus" gesichert worden war, konnte es sich im Zuge seiner pragmatischen Reformpolitik – neben der militärischen Rückendeckung durch Moskau – in zunehmendem Maße auch auf die „unausgesprochene Übereinkunft" zwischen den Herrschenden und den Beherrschten stützen: Die Staats- und Parteiführung gewährte der Bevölkerung eine politikfreie Privatsphäre, eine Reihe „kleiner Freiheiten" sowie – vor allem – soziale Sicherheit und steigenden Lebensstandard als Gegenleistung für die Akzeptanz oder zumindest stillschweigende Duldung ihrer Herrschaft bzw. Politik. Dieser Kurs erwies sich zwei Jahrzehnte lang als durchaus erfolgreich und führte auch zu einer wirksamen Isolation der zahlenmäßig kleinen städtisch-intellektuellen Opposition. Er barg aber zugleich auch die „Keime" der dynamischen Entwicklungen in Politik, Wirtschaft und Gesellschaft nach 1987. Während nämlich die Kádár'sche Lebensstandard- und Sozialpolitik eine wesentliche Beschleunigung der Staatsverschuldung bzw. Verschärfung der ökonomischen Situation bewirkte, brachten die Liberalisierungsmaßnahmen unüberwindbare ideologische Widersprüche hervor und ermöglichten zugleich einen „latenten Pluralismus"[53] in Wirtschaft, Gesellschaft und Partei, der in den übrigen Ländern des „Ostblocks" – mit Ausnahme Polens – unvorstellbar war.

Die Ursprünge des Kádár'schen Liberalisierungs- bzw. Reformkurses sind in den Erfahrungen zu suchen, die einerseits die kommunistischen Machthaber und andererseits die ungarische Bevölkerung im Herbst 1956 gemacht hatten.[54] Das Kádár-Regime zog aus den Ereignissen die Erkenntnis, dass das stalinistische Modell der Gewaltherrschaft, die verschärfte „Diktatur des Proletariats", langfristig nicht zum Erfolg führen könne und dass es – nach der Machtfestigung – auch zu einer „emotionalen Konsolidierung"[55] und Neulegitimierung der Macht kommen müsse. Dementsprechend verfolgte es eine Strategie, die einerseits die Grundlagen der kommunistischen Gesellschaftsordnung – d.h. das Prinzip der führende Rolle der Partei sowie die Grundsätze der Dominanz des „gesellschaftlichen" Eigentums an den Produktionsmitteln und der zentralen Wirtschaftslenkung – nicht antaste, andererseits aber – mittels der Gewährleistung sozialer Sicherheit, eines kontinuierlich wachsenden Lebensstandards und einer begrenzten politischen Liberalisierung – die Akzeptanz oder zumindest Duldung des Regimes durch die Bevölkerung herbeiführen sollte. Seinen Kurs der pragmatischen, herrschafts- und systemkonservierenden Reformen konnte Kádár in den folgenden Jahrzehnten aber nur deshalb – mit großem Erfolg – verfolgen, weil die ungarische Bevölkerung ihrerseits aufgrund des Erlebnisses der Niederschlagung des Volksaufstandes zu dem Schluss gekommen war, dass es in absehbarer Zeit kein Entkommen aus dem sowjetischen Hegemoniebereich geben werde bzw. die kommunistische Herrschaft nicht abgeschüttelt werden könne.

Das – vor allem ökonomische – Scheitern des kommunistischen Experiments sowie der – damit auf das engste verbundene – Wandel in der Sowjetunion unter „Konkursverwalter" Gorbatschow bedeuteten auch das Ende des Kádárismus als System des politischen Kompromisses, der in den Erfahrungen von 1956 wurzelte.

---

[53] József Bayer, Vom latenten Pluralismus zur Demokratie, in: Rainer Deppe/ Helmut Dubiel/ Ulrich Rödel (Hrsg.), Demokratischer Umbruch in Osteuropa, Frankfurt a.M. 1991, S. 151-166, hier S. 151.
[54] Siehe hierzu Kathrin Sitzler, Ungarn. Von der schrittweisen Reform zum Systemwechsel, in: Franz-Lothar Altmann/ Edgar Hösch (Hrsg.), Reformen und Reformer in Osteuropa, Regensburg 1994, S. 70-95.
[55] Szabó, A klasszikus kádárizmus 1960-1968, S. 79.

Rüdiger Kipke / Andreas Schmidt-Schweizer

Zum Stand der Forschung über den ungarischen Volksaufstand 1956. Kommentierte Bibliographie

Vorbemerkungen

Der „Volksaufstand" bzw. die „Revolution" in Ungarn im Jahre 1956 stellt eines der am besten aufgearbeiteten Themen der ungarischen Zeitgeschichte dar. Diese Feststellung kann nicht nur hinsichtlich der Darstellung und Analyse der Geschehnisse vom Oktober/November 1956 selbst getroffen werden, sondern auch bezüglich der internationalen Rahmenbedingungen, der Vorgeschichte, der unmittelbaren Folgen und der längerfristigen Nachwirkungen des ungarischen Volksaufstandes. Der fortgeschrittene Stand der wissenschaftlichen Forschungen ist in erster Linie darauf zurückzuführen, dass sich ein seit mehr als anderthalb Jahrzehnten tätiges Institut, nämlich die „Stiftung Dokumentations- und Forschungsinstitut zur Erforschung der Geschichte der Ungarischen Revolution von 1956", kurz „1956-er Institut" (Az 1956-os Magyar Forradalom Történetnek Dokumentációs és Kutatóintézete Közalapítvány; www.rev.hu), primär diesem Untersuchungsgegenstand gewidmet hat bzw. bis heute widmet.

Vor der politischen Wende des Jahres 1989 erfolgte die – quellenmäßig und theoretisch mehr oder weniger fundierte – geschichts- und politikwissenschaftliche Beschäftigung mit den Geschehnissen von 1956 (aus den bekannten Gründen) ausschließlich in Ländern der westlichen Welt[1]. Sie wurde anfänglich – mit der entsprechenden persönlichen, biographisch bedingten Voreingenommenheit bzw. „Färbung" – vor allem von ungarischen Emigranten vorangetrieben. Allerdings spielten seit Ende der 1950er Jahre auch Arbeiten von amerikanischen, englischen und deutschen Historikern bzw. Sozialwissenschaftlern eine bedeutende Rolle. Hinsichtlich der während der Ära des Sozialismus im Westen erschienenen Arbeiten ist festzustellen, dass diese – aufgrund der Archivsituation – zumeist nur auf einer „labilen" Quellenbasis gründeten und zumeist aus einem stark antikommunistischen Blickwinkel verfasst wurden. Für diese Zeit lassen sich zwei große „Publikationswellen" ausmachen: Die erste Welle erfolgte in unmittelbarer Nähe zum Volksaufstand, d.h. im „heißen" Zeitraum zwischen

---

[1] Auf die „wissenschaftlichen" Arbeiten zum Volksaufstand, die vom Kádár-Regime in Auftrag gegeben bzw. publiziert wurden, soll hier nicht eingegangen werden.

1957 und 1963 bzw. während der Kádár'schen Repressionsphase, die zweite Welle von Mitte der 1970er Jahre bis Mitte der 1980er Jahre, in der Phase des „entwickelten Kádárismus".

Der Systemwechsel in Ostmitteleuropa 1989/1990 brachte dann einen gewaltigen Impuls für die wissenschaftliche Forschung in Ungarn zu den Ereignissen von 1956[2]. Dies lag nicht nur an den veränderten politischen Verhältnissen und den erweiterten Möglichkeiten zur Heranziehung von Archivmaterial, sondern insbesondere auch am starken Interesse innerhalb der ungarischen Gesellschaft an der Volkserhebung von 1956 sowie am Bedürfnis von – vor allem oppositionellen – Intellektuellen und einstigen Teilnehmern der Erhebung, die damaligen Ereignisse aufzuarbeiten. Infolge dessen kam es seit der politischen Wende zu einer wahren Flut von wissenschaftlichen Publikationen zu 1956 in Ungarn[3]. Aber auch im – vor allem westlichen – Ausland erhielt die diesbezügliche Forschung einen starken Auftrieb. Seit Anfang der 1990er Jahre steht – bis in die Gegenwart – die „Tiefen-" und „Umgebungsforschung" im Mittelpunkt der Wissenschaft, d.h. das Bemühen, einzelne Aspekte der Ereignisse sowie die internationalen Zusammenhänge und Langzeitfolgen eingehend zu bearbeiten.

Quellen und Sekundärliteratur

Hinsichtlich der Darstellungen, die einen allgemeinen Überblick über die kommunistische Ära in Ostmitteleuropa insgesamt und in Ungarn liefern, sind zum einen die „philosophischen" Werke von Arendt (1, 2), Fehér, Heller und Márkus (3) zu erwähnen, zum anderen die europäischen politikgeschichtlichen Gesamtdarstellungen von Fejtő (4), Gáti (5) und Schöpflin (10). Zu den ungarischen Entwicklungen sind der „Klassiker" Kovrig (7) und Grothusen (6) sowie die – aktuellen und wissenschaftlich soliden – Werke von Romsics (9) und Valuch (11) zu nennen.

Zur Vorgeschichte des Volksaufstandes von 1956 sind, nach einem „ersten Versuch" von Balogh (12) 1989, in den Jahren 2000 bis 2002 mehrere grundlegende Arbeiten erschienen. Diese behandeln unter anderem die politische Vorgeschichte allgemein (16, 19, 21), die Nagy-Regierung 1953 und ihren „neuen Kurs" (20, 18), die Auswirkung des „neuen Kurses" in der DDR auf Ungarn (14)

---

[2] Dies betraf auch populäre Darstellungen, die allerdings im Folgenden ausgeklammert werden. Nicht behandelt wird auch die Frage der Instrumentalisierung von „1956" durch die politischen Parteien seit 1988/89.

[3] Auf die – begleitenden – Darstellungen und Diskurse zu 1956 in der ungarischen Presse kann im Rahmen dieses Beitrags nicht eingegangen werden. Die wichtigsten Zeitschriften- und Zeitungsartikel sind in den seit 1992 erscheinenden Jahrbüchern des „1956er-Instituts" angeführt.

und die Unterdrückungsinstrumente der Rákosi-Ära sowie die politische Polizei (17).

Zur allgemeinen Geschichte des Volksaufstandes selbst ist eine sehr große Zahl von – mehr oder weniger quellenmäßig fundierten und umfangreichen – Darstellungen aus verschiedensten analytischen und politischen Blickwinkeln und mit unterschiedlichem wissenschaftlichen Gewicht erschienen. Zu den „Klassikern" zählen die Arbeiten von Mikes (47), Fryer (33), Váli (54), Anderson (23), Molnár (48), Gosztonyi (34) und Lomax (45). Unter den „postsozialistischen" Werken sind die deutschsprachigen Darstellungen von Litván und Bak (44), Varga (55) sowie von Lendvai (42) hervorzuheben. Von den ungarischsprachigen Werken, die sich mit dem Volksaufstand im allgemeinen befassen, ragen die Arbeiten von Gyarmati (35), Gyurkó (36, 37), Litván (43), Ripp (49), Szakolczai (52) und – in digitalisierter Form – von Szakolczai, Lux und Germuska (53) heraus. In jüngster Zeit hat sich die ungarische Forschung, da die Budapester Geschehnisse weitgehend aufgearbeitet sind, in zunehmendem Maße auch den revolutionären Ereignissen außerhalb der Hauptstadt gewidmet. Die herausragende diesbezügliche Überblicksarbeit wurde 2003 von Szakolczai und Varga (50) publiziert. Einzelne regionale Zentren des Aufstandes (Szeged, Esztergom, Debrecen, Veszprem) beleuchten unter anderen Bálint (25), Fakász (30), Filep (32) und Mészáros (46).

In den vergangenen zehn Jahren hat die (vor allem ungarische) Forschung auch verschiedene „innere" Aspekte des Volksaufstandes in den Mittelpunkt der Untersuchung gerückt. So haben sich Berki (59), Horvát (68) und Zsitnyányi (85) mit der Rolle der Ungarischen Volksarmee während des Volksaufstandes auseinandergesetzt. Hegedűs beleuchtete die Aktivitäten des „Petőfi-Kreises" als intellektuelles Forum (67), Czettler die Träger und Leitideen der Erhebung (61), Litván die Rolle der „Nagy-Gruppe" und Rainer die politische Ideengeschichte (79, 80). Besonders eingehend wurde die Frage des Antisemitismus und der Situation der Juden 1956 behandelt, so von Karády und Vári (70), Standeisky (82), Szabó (83) und Völgyesi (84). Mit einzelnen Gruppen von Aufständischen hat sich – neben anderen – Eörsi (63, 64) auseinandergesetzt. Fragen der Begrifflichkeit „Revolution", Volksaufstand", „nationale Erhebung" haben Gaál (65) und Litván (78) aufgegriffen, das „Verschwinden" Kádárs Anfang November 1956 behandelte Huszár (69) und das Verhalten der ungarischen Parteiführung analysierten Klimó und Kunst (71).

Besonders gut beleuchtet wurden auch die internationalen Zusammenhänge des ungarischen Volksaufstandes. Im Vordergrund standen dabei die Untersuchung der Rolle der Sowjetunion und die Entscheidungen innerhalb der sowjetischen Führung. Von den zahlreichen diesbezüglichen Arbeiten seien diejenigen der ungarischen bzw. russischen Historiker Békés (89), Borhi (92), Pronko (112),

Rainer (113), Vartanov (118) und Vida (119) hervorgehoben. Näher beleuchtet wurde auch die Rolle der NATO (104, 105) und die des Warschauer Paktes (102, 110) im Jahre 1956. Gut erforscht ist auch die Rolle einzelner kommunistischer Staaten. So hat sich unter anderen Csien (94) China gewidmet, Tischler Polen (116, 117), Marušiak der Slowakei (109) und Staigl der Tschechoslowakischen Volksarmee (115). Näher auseinandergesetzt hat sich die Forschung auch mit dem „Faktor Österreich" (86, 114), mit der Rolle der USA (88, 90, 91) sowie mit derjenigen Frankreichs (101, 103) und Großbritanniens (87). Analysiert wurde zudem auch der Zusammenhang zwischen der Suez-Krise und dem Verhalten der Großmächte in der Ungarnfrage (106, 108). Überblicksweise haben sich Borhi (93), Hajdú (97, 98), Hegedűs/ Wilke (99), Pleshakov/ Zubok (111), Foitzik (95) und die deutsche Historikergruppe Hertle/ Bispinck/ Danyel/ Wentker (100) mit den internationalen Faktoren auseinandergesetzt.

Seit Ende der 1990er Jahre hat sich (insbesondere) die ungarische Historiographie der unmittelbaren Folgezeit nach der Revolution von 1956 gewidmet. Mit der Frage der Konsolidierung des Kádár-Regimes beschäftigten sich Ormos (132), Huszár (127), Szakolczai (134) und Péteri (133), mit der Reorganisation des parteistaatlichen Repressionsapparates setzten sich Bikki (120), bereits 1977 Gosztonyi (122), Huszár (128) und Kiszely (131) auseinander. Die Justiz- und Vergeltungspolitik des Kádár-Regimes, unter Einschluss des Nagy-Prozesses, untersuchten unter anderen Harsay (124), Horváth (125), Kis (130), Szerencsés (135) und Zinner (137). Die Entwicklungen innerhalb der ungarischen Gesellschaft nach 1956 analysierte Kende (129).

Intensiv wurde auch – innerhalb und außerhalb Ungarns – die Geschichte der Flucht und Emigration nach dem Volksaufstand bearbeitet. Zu nennen sind hier insbesondere die Arbeiten von Borbándi (138), Ehmann und Kanyó (139, 140), Király (143), Murber (144) und Soós (145). Einen für die Forschung besonders interessanten Aspekt, nämlich die Geschichtsschreibung der Emigranten über 1956, untersuchte Kende (141).

Insbesondere in den letzten Jahren haben die langfristigen geistesgeschichtlichen, sozialgeschichtlichen und politischen Nachwirkungen von 1956 das Interesse der Forschung geweckt. Mit den politischen Aspekten hat sich Ripp (158) auseinandergesetzt, mit der Anpassung der ungarischen Schriftsteller Standeisky (159) und mit den minderheitenpolitischen Auswirkungen Szesztay (160). Mit den ideellen Auswirkungen von 1956 in Ungarn befasste sich Deák (149) und Aczél (146), über die Folgen auf das politische Denken der westlichen Intellektuellen schrieb Congdon (148). Besonders intensiv widmete sich der ungarische Historiker und Leiter des „56er-Instituts" János M. Rainer den langfristigen Wirkungen von 1956 (154, 155, 156), mit den Auswirkungen auf die heutige Politik Ungarns befasste sich Litván (153). Ein Überblickswerk zu dem Fragenkomplex des „Erbes von 1956" stammt von Gosztonyi (150). In jüngster Zeit findet darüber hinaus auch die Geschichte des „konsolidierten" Kádárismus – vor dem Hintergrund von 1956 – besondere Beachtung, so z.B. in einem Sammelband von Rainer (157).

Eine herausragende Rolle in der Forschung zu 1956 spielen zudem biographische Arbeiten, die bislang vor allem von ungarischen Historikern verfasst wurden. Zu nennen sind hier Horváth über Pál Maléter (165), Huszár über János Kádár (166, 167), Kövér über Géza Losonczy (168, 169), Litván über den ungarischen Sozialwissenschaftler István Bibó (170) und Rainer über Imre Nagy (172, 173, 174). Einen biographischen Überblick, nicht nur über die herausragenden politischen Akteure, sondern auch über die „Straßenkämpfer" von 1956, liefert Stefka (175).

Die Forschungen zu 1956 werden heute dadurch erleichtert, dass es mittlerweile eine Reihe von Lexika, Chronologien und Bibliographien gibt. Die wichtigsten darunter wurden von Germuska, Hegedűs und Lux (161), Horváth (162), Szesztay (163) und Varga (164) herausgegeben. Die grundlegenden Quellen und Dokumente zu 1956 sind – zumeist in ungarischer Sprache, zum Teil aber auch auf Deutsch oder Englisch – mittlerweile publiziert worden (176-191). Darüber hinaus existiert auch eine Vielzahl von Memoiren als besonders subjektive Quellen zu 1956 (192-199).

Forschungsdesiderate

Wenn auch die Geschichte des ungarischen Volksaufstandes von 1956 inzwischen weitgehend erforscht ist, so gibt es doch noch interessante Desiderate, beispielsweise bei der Erforschung der Revolution und der Zeit danach auf regionaler und lokaler Ebene. Zwei andere Forschungsthemen, die der Bearbeitung harren, dürften gerade aus dem Blickwinkel der deutschen Politik- und Geschichtswissenschaft interessant sein: Zum einen die Frage des Einflusses der Ereignisse von 1953 in der DDR auf die von 1956 in Ungarn[4], zum anderen die Frage der Konsolidierung der ungarischen Außenbeziehungen zu den kleineren Staaten des Warschauer Paktes nach der Volkserhebung 1956. Hinsichtlich letzterer dürfte z.B. die Untersuchung der Kooperation zwischen der Ungarischen Volksarmee, der Tschechoslowakischen Volksarmee und der Nationalen Volksarmee der DDR ein wichtiges Forschungsfeld sein.[5] Völlig unerforscht ist über-

---

[4] Zu diesem Themenkomplex ist bislang nur eine Arbeit erschienen, nämlich die von Hegedűs und Wilke (14).

[5] Generell sei hier angemerkt, dass die sicherheitspolitische und militärische Kooperation zwischen den kleineren Staaten des Warschauer Paktes bis zum Jahr 1989 bislang kaum wissenschaftlich

dies die Frage, wie sich der Abschluss des österreichischen Staatsvertrages im Mai 1955, also die Gewährung der Neutralität für Österreich, auf die ungarischen Entwicklungen im Herbst 1956 ausgewirkt hat.

untersucht wurde. Derartige Forschungen könnten Aufschluss auch über die allgemeinen Beziehungen zwischen den Volksdemokratien geben.

Auswahlbibliographie

Allgemeine Darstellungen

1) Arendt, Hannah: The Origins of Totalitarianism, New York ²1958.
2) Arendt, Hannah: Die ungarische Revolution und der totalitäre Imperialismus, München 1958.
3) Fehér, Ferenc/ Heller, Ágnes/ Márkus, György: Diktatorship over Needs. An Analyse of Soviet Societies, Oxford 1984.
4) Fejtő, Ferenc: A history of the People's Democracies: Eastern Europe since Stalin, London 1971.
5) Gáti, Charles: Hungary in the Soviet Bloc, Durham 1986.
6) Grothusen, Klaus-Detlev (Hrsg.): Ungarn (= Südosteuropa-Handbuch, Bd. 5), Göttingen 1987.
7) Kovrig, Bennett: Communism in Hungary. From Kun to Kádár, Stanford, 1979.
8) Mack, Karlheinz (Hg.): Revolutionen in Ostmitteleuropa 1789-1989: Schwerpunkt Ungarn, Wien 1995.
9) Romsics, Ignácz: Magyarország története a XX. században [Geschichte Ungarns im 20. Jahrhundert], Budapest 2000.
10) Schöpflin, George: Politics in Eastern Europe, 1945–1992, Oxford/ Cambridge 1994.
11) Valuch, Tibor: Magyarország társadalomtörténete a XX. század második felében [Sozialgeschichte Ungarns in der zweiten Hälfte des 20. Jahrhunderts], Budapest 2001.

Vorgeschichte des Volksaufstandes

12) Balogh, Sándor: Politikai reformpróbálkozások és kudarcaik 1953 és 1956 között [Politische Reformversuche und ihr Scheitern von 1953 bis 1956], in: Társadalmi Szemle 1989, H. 8/9, S. 19-35.
13) Csonka, Emil: A forradalom oknyomozó története, 1945-1956 [Ursachenerforschende Geschichte der Revolution 1945-1956], München 1981.
14) Hegedűs, András B./ Wilke, Manfred (Hrsg.): Satelliten nach Stalins Tod. Der „Neue Kurs" in der DDR, Ungarische Revolution 1956, Berlin 2000.
15) Foitzik, Jan: Ostmitteleuropa zwischen 1953 und 1956. Sozialer Hintergrund und politischer Kontext der Entstalinisierungskrise, in: Ders. (Hrsg.): Entstalini-

sierungskrise in Ostmitteleuropa 1953-1956: Vom 17. Juni bis zum ungarischen Volksaufstand. Politische, militärische, soziale und nationale Dimensionen, Paderborn 2001, S. 21-54.

16) Germuska, Pál/ Lux, Zoltán/ Rainer, János M. (Hrsg.): Magyarország 1944-1956 [Ungarn 1944-1956] (CD-Rom), Budapest 2001.

17) Gyarmati, György: A politika rendőrsége a Rákosi-korszakban, 1945-1956 [Die politische Polizei in der Rákosi-Ära], in: Püski, Levente/ Valuch, Tibor (Hrsg.): Mérlegen a XX. századi magyar történelem. Értelmezések és értékelések [Ungarische Geschichte des 20. Jahrhunderts auf der Waage. Interpretationen und Bewertungen], Budapest/ Debrecen 2002, S. 287-299.

18) Rainer, János M.: Der „Neue Kurs" in Ungarn 1953, in: Kleßmann, Christoph/ Stöver, Bernd (Hrsg.): 1953 – Krisenjahr des Kalten Krieges in Europa, Köln 1999, S. 71-92.

19) Rainer, János M./ Lux, Zoltán: Magyarország 1944-1953 [Ungarn 1944-1953], in: <http://www.rev. hu/sulinet45/index.htm>.

20) Urbán, Károly: A Nagy Imre-kormány megalakulása, 1953 [Die Bildung der Regierung Imre Nagy 1953], in: Sipos, József/ Sipos Levente (Hrsg.): Nagy Imre és kora. Tanulmányok és forrasok [Imre Nagy und seine Zeit. Studien und Quellen], Budapest 2002, S. 39-80.

21) Varga, György T.: Zur Vorgeschichte der ungarischen Revolution von 1956, in: Foitzik, Jan (Hrsg.): Entstalinisierungskrise in Ostmitteleuropa 1953-1956: Vom 17. Juni bis zum ungarischen Volksaufstand. Politische, militärische, soziale und nationale Dimensionen, Paderborn 2001, S. 55-77.

Geschichte des Volksaufstands

22) Alföldy, Géza: Ungarn 1956. Aufstand, Revolution, Freiheitskampf, Heidelberg 1997.

23) Anderson, Ernest T.: Hungary 56, London 1964.

24) Annabring, Mattias: Der Freiheitskampf der Ungarn: Ursachen, Verlauf und Auswirkungen, Aalen 1957.

25) Bálint, László: 1956. A forradalom Szegeden és Csongrád megyében [Die Revolution in Szeged und im Komitat Csongrád], Budapest 1996.

26) Barber, Noel: Seven days of freedom. The Hungarian Uprising 1956, London 1974.

27) Bibó, István: 1956 [ungarisch], Budapest 2003.

28) Blackwood, Alan: The Hungarian Uprising, Hove 1986.

29) Borbándi, Gyula/ Molnár, József: Tanulmányok a magyar forradalomról [Studien zur ungarischen Revolution], München 1966.

30) Fakász, Tibor: Esztergom 1956-os históriája [Geschichte von Esztergom 1956], Esztergom 2000.

31) Fehér, Ferenc/ Heller, Ágnes: Egy forradalom üzenete. Magyarország 1956 [Botschaft einer Revolution. Ungarn 1956], Budapest 1989.

32) Filep, Tibor: Debrecen, 1956. Forradalom, nemzeti ellenállás, megtorlás [Debrecen 1956. Revolution, nationaler Widerstand, Vergeltung], Debrecen 2000.

33) Fryer, Peter: Ungarische Tragödie, Köln 1957.

34) Gosztonyi, Peter: Die ungarische Revolution von 1956, Frankfurt am Main 1963.

35) Gyarmati, György: Az 1956-os forradalom és szabadságharc [Revolution und Freiheitskampf von 1956], in: Tóth, István G. (Hrsg.): Millenniumi magyar történet. Magyarország története a honfoglalástól napjainkig [Ungarische Millenniumsgeschichte. Geschichte Ungarns von der Landnahme bis in die Gegenwart], Budapest 2001, S. 592-602.

36) Gyurkó, László: 1956 [ungarisch], Budapest 1996.

37) Gyurkó, László: A bakancsos forradalom [Die Revolution mit den Stiefeln], Budapest 2001.

38) Hernádi, Tibor: 1956 igaz története [Die wahre Geschichte von 1956], Baja 2000.

39) Irving, David: Felkelés! Egy nemzet küzdelme: Magyarország, 1956 [Aufstand! Kampf einer Nation: Ungarn 1956], Budapest 2003.

40) Kappelt, Olaf: Ungarische Tragödie '56, München 1987.

41) Kiss, Sándor/ Kahler, Frigyes M.: Forradalom és szabadságharc Magyarországon [Revolution und Freiheitskampf in Ungarn], Budapest 2002.

42) Lendvai, Paul: Die ungarische Revolution 1956 – eine Einleitung, in: Schmidl, Erwin A. (Hrsg.): Die Ungarnkrise 1956 und Österreich, Wien/ Köln/ Weimar 2003, S. 9-14.

43) Litván, György: Az 1956-os forradalom [Die Revolution von 1956], in: Jahn, Ágnes (Hrsg.): Sine ira et studio. Harang és részrehajlás nélkül [Sine ira et studio. Ohne Zorn und Voreingenommenheit], Budapest 2003, S. 141-161.

44) Litván, György/ Bak, János M. (Hrsg.): Die Ungarische Revolution 1956: Reform, Aufstand, Vergeltung, Wien 1994.

45) Lomax, Bill: Hungary 1956, London 1976.

46) Mészáros, Gyula: Forradalom és szabadságharc Veszprémben, 1956 [Revolution und Freiheitskampf in Veszprém 1956], Veszprém 2001.

47) Mikes, George: Revolution in Ungarn, Stuttgart 1957.

48) Molnár, Miklós: Budapest, 1956. The History of the Hungarian Revolution, London 1971.

49) Ripp, Zoltán: 1956. Forradalom és szabadságharc Magyarországon [1956. Revolution und Freiheitskampf in Ungarn], Budapest 2002.

50) Szakolczai, Attila/ Varga, László Á. (Hrsg.): A vidék forradalma, 1956 [Revolution der Provinz, 1956], Bd. 1, Budapest 2003.

51) Szakolczai, Attila: Az 1956-os forradalom legnagyobb vidéki központjai [Die größten Zentren der Revolution von 1956 in der Provinz], in: Sipos, József/ Sipos Levente (Hrsg.): Nagy Imre és kora. Tanulmányok és forrasok [Imre Nagy und seine Zeit. Studien und Quellen], Budapest 2002, S. 191-218.

52) Szakolczai, Attila: Az 1956-os forradalom és szabadságharc [Die Revolution und der Freiheitskampf von 1956], Budapest 2001.

53) Szakolczai, Attila/ Lux, Zoltán/ Germuska, Pál (Hrsg.): Az 1956-os forradalom története [Geschichte der Revolution von 1956], in: http://www.rev.hu/sulinet56/online/naviga/index. htm

54) Váli, Ferenc A.: Rift and Revolt in Hungary. Nationalism versus Communism, Cambridge 1961.

55) Varga, László: Die Ereignisse in Ungarn 1956, in: Schmidl, Erwin A. (Hrsg.): Die Ungarnkrise 1956 und Österreich, Wien/ Köln/ Weimar 2003, S. 53-71.

56) Zinner, Paul E.: Revolution in Hungary, New York/ London 1962.

Einzelaspekte des Volksaufstandes

57) Beck, Tibor/ Germuska, Pál: Forradalom a bölcsészkaron [Revolution an der Philosophischen Fakultät], Budapest 1997.

58) Békés, Csaba: A magyar semlegesség 1956-ban [Die ungarische Neutralität 1956], in: Európából Európába. Magyarország konfliktusok kereszttüzében, 1945-1990 [Von Europa nach Europa. Ungarn im Kreuzfeuer der Konflikte 1945-1990], Budapest 2004, S. 142-161.

59) Berki, Mihály: Hadsereg vezetés nélkül 1956 [Armee ohne Führung 1956], Budapest 1989.

60) Bibó, István: A magyar forradalomról [Über die ungarische Revolution], Budapest 1984.

61) Czettler, Anton: Träger und leitende Ideen der ungarischen Volkserhebung, in: Ungarn-Jahrbuch 1984/1985, München 1985, S. 149-177.

62) Dávid, János/ Geskó, Sándor/ Schiffer, Pál: Forradalom, sortűz, megtorlás [Revolution, Salvenfeuer, Vergeltung], Budapest 1990.

63) Eörsi, László: A Tűzoltó utcai fegyveres csoport a forradalomban [Die bewaffnete Aufständischengruppe der Tűzoltó-Straße während der Revolution], Budapest 1993.

64) Eörsi, László: A Széna tériek 1956 [Die Aufständischengruppe vom Széna-Platz 1956], Budapest 2004.

65) Gaál, Károly: Ungarn 1956 – Revolution oder nationale Erhebung?, in: Mack, Karlheinz (Hrsg.): Revolutionen in Ostmitteleuropa, 1789–1989. Schwerpunkt Ungarn, Wien/ München 1995, S. 126-135.

66) Granvilla, Johanna: Why Hungary and Not Poland?, in: The Slavonic and East European Review 2002, H, 4, S. 656-687.

67) Hegedűs, András B.: Petőfi Kör – a reformmozgalom fóruma 1956-ban [Der Petőfi-Kreis – Forum der Reformbewegung 1956], in: Világosság 1989, H. 1, S. 21-33.

68) Horváth, Miklós: Die ungarische Volksarmee und die Revolution von 1956, in: Foitzik, Jan (Hrsg.): Entstalinisierungskrise in Ostmitteleuropa 1953-1956: Vom 17. Juni bis zum ungarischen Volksaufstand. Politische, militärische, soziale und nationale Dimensionen, Paderborn 2001, S. 113-137.

69) Huszár, Tibor: Kádár János „eltűnése", 1956. november 1-3 [János Kádárs „Verschwinden", 1.-3. November 1956], in: Mozgó Világ 2001, H. 2, S. 57-77.

70) Karády, Viktor/ Vári, István: Félelem és részvétel: zsidók 1956-ban [Furcht und Beteiligung: Juden 1956], in: Világosság 1989, H. 6, S. 453-458.

71) Klimó, Arpád von/ Kunst, Alexander M.: Krisenmanagement und Krisenerfahrung. Die ungarische Parteiführung und die Systemkrisen 1953, 1956 und 1968, in: Hertle, Hans-Hermann/ Bispinck, Hendrik/ Danyel, Jürgen/ Wentker, Hermann (Hrsg.): Aufstände im Ostblock. Zur Krisengeschichte des realen Sozialismus, Berlin 2004, S. 287-307.

72) Kovács, András: A szociáldemokrácia 1956-ban [Die Sozialdemokratie 1956], in: Mozgó Világ 1991, H. 6, S. 96–107.

73) Kozák, Gyula: Szervezetek az 1956-os forradalomban [Organisationen während der Revolution von 1956], in: Rainer, János M./ Standeisky, Éva (Hrsg.): Évkönyv [Jahrbuch] 8 (2000), Budapest 2000, S. 219-237.

74) Litván, György: A Nagy Imre-csoport [Die Imre-Nagy-Gruppe], in: Századvég 1989, H. 1/2, S. 103-109.

75) Litván, György/ Bak, János M. (Hrsg.): Die Ungarische Revolution 1956. Reform – Aufstand – Vergeltung, Wien 1994.

76) Litván, György: Die Sozialdemokratie in der ungarischen Revolution von 1956 (= Schriftenreihe des Europa Instituts Budapest, Bd. 7), Budapest 2002, S. 33-37.

77) Litván, György: Mítoszok és legendák 1956-ról [Mythen und Legenden über 1956], in: Rainer, János M./ Standeisky, Éva (Hrsg.): Évkönyv [Jahrbuch] 8 (2000), Budapest 2000, S. 205-218.

78) Litván, György: 1956: Volksaufstand oder Revolution?, in: Mack, Karlheinz (Hrsg.): Revolutionen in Ostmitteleuropa, 1789–1989. Schwerpunkt Ungarn, Wien/ München 1995, S. 138–143.

79) Rainer, János M.: Demokratievorstellung in der Ungarischen Revolution 1956, in: Österreichische Zeitschrift für Geschichtswissenschaften 1991, H. 4, S. 118-125.

80) Rainer, János M.: A Progress of Ideas: The Hungarian Revolution of 1956, in: Congdon, Lee W./ Király, Béla K. (Hrsg.): The Ideas of the Hungarian Revolution. Suppressed and Victorious, 1956-1999, Boulder 2002, S. 7-41.

81) Ripp, Zoltán: A politika és a katonai megoldás, 1956. október 23-28. [Politik und militärische Lösung, 23.-28. Oktober 1956], in: Horváth, Miklós (Hrsg.): „Tizenhárom nap, amely...“ Tanulmányok az 1956-os forradalom és szabadságharc történetéből [„Dreizehn Tage, die...“ Studien zur Geschichte der Revolution und des Freiheitskampfes von 1956], Budapest 2003, S. 33-60.

82) Standeisky, Éva: Antiszemitizmus az 1956-os forradalomban [Antisemitismus in der Revolution von 1956], in: Élet és Irodalom, 27. Februar 2004, S. 14-15.

83) Szabó, Róbert: A Kommunista Párt és a zsidóság Magyarországon, 1945–1956 [Die Kommunistische Partei und die Juden in Ungarn 1945-1956], Budapest 1995.

84) Völgyesi, Zoltán: Kisvárosi történet. Az 1956-os forradalom és a zsidóellenes megmozdulások Hajdúnánáson [Geschichte einer Kleinstadt. Die Revolution von 1956 und die antijüdischen Ereignisse in Hajdúnánás], Budapest 2001.

85) Zsitnyányi, Ildikó: A Magyar Néphadsereg feladatai és tevékenysége a forradalom időszakában [Aufgaben und Aktivität der Ungarischen Volksarmee während der Revolution], in: Horváth, Miklós (Hrsg.): „Tizenhárom nap, amely...“ Tanulmányok az 1956-os forradalom és szabadságharc történetéből [„Dreizehn Tage, die...“ Studien zur Geschichte der Revolution und des Freiheitskampfes von 1956], Budapest 2003, S. 113-128.

Internationale Zusammenhänge

86) Adair, Bianca L.: The Austrian state treaty and Austro-Hungarian relations, 1955-1956, in: Schmidl, Erwin A. (Hrsg.): Die Ungarnkrise 1956 und Österreich, Wien/ Köln/ Weimar 2003, S. 201-213.

87) Békés, Csaba: A brit kormány és a magyar forradalom [Die britische Regierung und die ungarische Revolution], in: Európából Európába. Magyarország konfliktusok kereszttüzében, 1945-1990 [Von Europa nach Europa. Ungarn im Kreuzfeuer der Konflikte, 1945-1990], Budapest 2004, S. 187-219.

88) Békés, Csaba: Az Egyesült Államok és a magyar forradalom [Die Vereinigten Staaten und die ungarische Revolution], in: Európából Európába. Magyarország konfliktusok kereszttüzében, 1945-1990 [Von Europa nach Europa. Ungarn im Kreuzfeuer der Konflikte, 1945-1990], Budapest 2004, S. 171-186.

89) Békés, Csaba: Szovjet döntéshozatal és az 1956-os magyar forradalom. Miről szólnak a Malin-feljegyzések?, [Der sowjetische Entscheidungsprozeß und die ungarische Revolution von 1956. Wovon handeln die Malin-Aufzeichnungen?], in: Európából Európába. Magyarország konfliktusok kereszttüzében, 1945-1990 [Von Europa nach Europa. Ungarn im Kreuzfeuer der Konflikte, 1945-1990], Budapest 2004, S. 162-170.

90) Bischof, Günter: Eindämmung und Koexistenz oder „Rollback" und Befreiung? Die Vereinigten Staaten, das Sowjetimperium und die Ungarnkrise im Kalten Krieg, 1948-1956, in: Schmidl, Erwin A. (Hrsg.): Die Ungarnkrise 1956 und Österreich, Wien/ Köln/ Weimar 2003, S. 101-127.

91) Borhi, László: Liberation or inaction? The United States and Hungary in 1956, in: Schmidl, Erwin A. (Hrsg.): Die Ungarnkrise 1956 und Österreich, Wien/ Köln/ Weimar 2003, S. 129-145.

92) Borhi, László: Some Questions of Soviet-Hungarian Relations, 1948-1953, in: Hungarian Studies Review 2000, H. 1, S. 1-44.

93) Borhi, László: A vasfüggöny mögött. Magyarország nagyhatalmi erőtérben, 1945-1968 [Hinter dem Eisernen Vorhang. Ungarn im Kräftefeld der Großmächte 1945-1968], Budapest 2000.

93a) Borhi, László: Hungary in the cold war. Between the United States and the Soviet Union, Budapest/ New York 2004.

94) Csien, Csen: Peking és az 1956-os magyar válság [Peking und die ungarische Krise von 1956], in: Hegedűs, András B. (Hrsg.): Évkönyv [Jahrbuch] 5 (1996/1997), Budapest 1997, S. 186-195.

95) Foitzik, Jan: Ostmitteleuropa zwischen 1953 und 1956. Sozialer Hintergrund und politischer Kontext der Entstalinisierungskrise, in: Ders. (Hrsg.): Entstalinisierungskrise in Ostmitteleuropa 1953-1956: Vom 17. Juni bis zum ungarischen Volksaufstand. Politische, militärische, soziale und nationale Dimensionen, Paderborn 2001, S. 21-54.

96) Fuhrer, Hans Rudolf: Ungarn und Suez: Militärische Aspekte einer Doppelkrise im Kalten Krieg, in: Schmidl, Erwin A. (Hrsg.): Die Ungarnkrise 1956 und Österreich, Wien/ Köln/ Weimar 2003, S. 147-174.

96a) Granville, Johanna C.: The first domino. International decision making during the Hungarian crisis of 1956 (Eastern European studies, 26), Texas2004.

97) Hajdú, Tibor: 1956 nemzetközi háttere [Der internationale Hintergrund von 1956], in: Társadalmi Szemle 1989, H. 8/9, S. 36-47.

98) Hajdú, Tibor: 1956 – Magyarország a szuperhatalmak játékterében [Ungarn auf dem Spielfeld der Supermächte], in: Valóság 1990, H. 12, S. 40-53.

99) Hegedűs, András B./ Wilke, Manfred (Hrsg.): Satelliten nach Stalins Tod. Der „Neue Kurs" in der DDR, Ungarische Revolution 1956, Berlin 2000.

100) Hertle, Hans-Hermann/ Bispinck, Hendrik/ Danyel, Jürgen/ Wentker, Hermann (Hrsg.): Aufstände im Ostblock. Zur Krisengeschichte des realen Sozialismus, Berlin 2004.

101) Horel, Catherine: Frankreich und die Ungarnkrise 1956, in: Schmidl, Erwin A. (Hrsg.): Die Ungarnkrise 1956 und Österreich, Wien/ Köln/ Weimar 2003, S. 175-186.

102) Horváth, Miklós: Az 1956-os forradalom és szabadságharc és a Varsói Szerződés [Revolution und Freiheitskampf von 1956 und der Warschauer Pakt], in: Hadtörténelmi Közlemények 2001, H. 4, S. 600-625.

103) Kecskés, Gusztáv: A francia diplomácia és az 1956-os magyar forradalom [Die französische Diplomatie und die ungarische Revolution von 1956], in: Történelmi Szemle 2002, H. 1/2, S. 99-114.

104) Kecskés, Gusztáv: A NATO és az 1956-os magyar forradalom [Die NATO und die ungarische Revolution von 1956], in: História 2003, H. 5/6, S. 3-6.

105) Kecskés, Gusztáv: The North Atlantic Treaty Organization and the Hungarian Revolution of 1956, in: Congdon, Lee W./ Király, Béla K. (Hrsg.): The Ideas of the Hungarian Revolution. Suppressed and Victorious, 1956-1999, Boulder 2002, S. 112-141.

106) Kecskés, Gusztáv: The Suez Crisis and the 1956 Hungarian Revolution, in: East European Quarterly 2001, H. 1, S. 47-58.

107) Kovrig, Bennett: Of Walls and Bridges – The United States and Eastern Europe, New York 1991.

108) Luca, Gábor (Hrsg.): Jalta és Szuez között. 1956 a világpolitikában [Zwischen Jalta und Suez. 1956 in der Weltpolitik], Budapest 1989

109) Marušiak, Juraj: Slovakia and the Hungarian revolution of 1956, in: Sovietization in Romania and Czechoslovakia, Bukarest 2002, S. 95-111.

110) Okváth, Imre: A Varsói Szerződés és a magyar forradalom [Der Warschauer Pakt und die ungarische Revolution], in: Horváth, Miklós (Hrsg.): „Tizenhárom nap, amely..." Tanulmányok az 1956-os forradalom és szabadságharc történetéből [„Dreizehn Tage, die..." Studien zur Geschichte der Revolution und des Freiheitskampfes von 1956], Budapest 2003, S. 61-74.

111) Pleshakov, Constantine/ Zubok, Vladislav: Inside the Kremlin's Cold War – From Stalin to Khruschev, Cambridge 1996.

112) Pronko, Walentin A.: Ungarn – UdSSR: Herbst 1956, in: Heinemann, Winfried/ Wiggershaus, Norbert (Hrsg.): Das internationale Krisenjahr 1956. Polen. Ungarn. Suez, München 1999, S. 75-94.

113) Rainer, János M.: Döntés a Kremlben, 1956 – Kísérlet a feljegyzések értelmezésére [Entscheidung im Kreml 1956 – Versuch einer Interpretation der Aufzeichnungen], in: Hegedűs, András B. (Hrsg.): Döntés a Kremlben, 1956. A szovjet pártelnökség vitái Magyarországról [Entscheidung im Kreml 1956. Die Diskussionen in der sowjetischen Parteiführung über Ungarn], Budapest 1996, S. 111-154.

114) Schmidl, Erwin A.: Die Ungarnkrise 1956 und Österreich: Einführung und Zusammenfassung, in: Ders. (Hrsg.): Die Ungarnkrise 1956 und Österreich, Wien/ Köln/ Weimar 2003, S. 15-24.

115) Staigl, Jan: Die Tätigkeit der tschechoslowakischen Armee an der slowakisch-ungarischen Grenze im Herbst 1956, in: Foitzik, Jan (Hrsg.): Entstalinisierungskrise in Ostmitteleuropa 1953-1956: Vom 17. Juni bis zum ungarischen Volksaufstand. Politische, militärische, soziale und nationale Dimensionen, Paderborn 2001, S. 239-270.

116) Tischler, János: A lengyel pártvezetés és az 1956-os magyar forradalom [Die polnische Parteiführung und die ungarische Revolution von 1956], in: Ders. (Hrsg.): Lengyelország és Magyarország a két nemzeti sorsfordító történelmi eseményeinek idején, 1956-ban és 1980-81-ben [Polen und Ungarn zur Zeit der beiden historischen Schicksalswenden 1956 und 1980/1981], Pécs/ Budapest 2003, S. 32-54.

117) Tischler, János: Lengyelország és Magyarország 1956-ban [Polen und Ungarn], in: Horváth, Miklós (Hrsg.): „Tizenhárom nap, amely..." Tanulmányok az 1956-os forradalom és szabadságharc történetéből [„Dreizehn Tage, die..." Studien zur Geschichte der Revolution und des Freiheitskampfes von 1956], Budapest 2003, S. 75-94.

118) Vartanov, Valéri: Die Sowjetunion und die Ereignisse in Ungarn im Herbst 1956, in: Schmidl, Erwin A. (Hrsg.): Die Ungarnkrise 1956 und Österreich, Wien/ Köln/ Weimar 2003, S. 73-88.

119) Vida, István: Die Sowjetunion und die ungarischen Ereignisse im Herbst 1956, in: Foitzik, Jan (Hrsg.): Entstalinisierungskrise in Ostmitteleuropa 1953-1956: Vom 17. Juni bis zum ungarischen Volksaufstand. Politische, militärische, soziale und nationale Dimensionen, Paderborn 2001, S. 79-111.

Niederschlagung des Volksaufstandes, Repression und Etablierung des Kádár-Regimes

119a) Bálint, László: A megtorlás Szegeden [Die Vergeltung in Szeged], Szeged 2004.

120) Bikki, István: A politikai rendőrség újjászervezése és működése, 1956-1962 [Die Neuorganisation und Tätigkeit der politischen Polizei], in: Rubicon2002, H. 6/7, S. 36-40.

121) Darnoy, Paul: Ungarn nach dem Volksaufstand, Köln/ Berlin 1960.

122) Gosztony, Peter: Ungarische Arbeitermiliz, in: Österreichische Militärische Zeitschrift 1977, H. 3, S. 386-389.

123) Györkei, Jenő/ Horváth, Miklós (Hrsg.): Soviet Military Intervention in Hungary 1956, Budapest 1999.

124) Harsay, György: Der Imre-Nagy-Prozess in Ungarn und seine politischen Hintergründe, in: Ungarn-Jahrbuch, München 2000, S. 313-343.

125) Horváth, Miklós: A forradalmat követő megtorlás és a katonák ellen lefolytatott büntetőeljárások fő jellemzői [Die Hauptmerkmale der Vergeltung und Strafverfahren gegen Soldaten nach der Revolution], in: Ders. (Hrsg.): „Tizenhárom nap, amely...“ Tanulmányok az 1956-os forradalom és szabadságharc történetéből [„Dreizehn Tage, die...“ Studien zur Geschichte der Revolution und des Freiheitskampfes von 1956], Budapest 2003, S. 202-224.

126) Horváth, Miklós: Soviet Aggression against Hungary 1956: Operations "Wave" and "Whirlwind", in: Congdon, Lee W./ Király, Béla K. (Hrsg.): The Ideas of the Hungarian Revolution. Suppressed and Victorious, 1956-1999, Boulder 2002, S. 65-90.

127) Huszár, Tibor/ Szabó, János (Hrsg.): Restauráció vagy kiigazítás. A kádári represszió intézményesülése 1956-1962 [Restauration oder Korrektur. Die Institutionalisierung der Kádár'schen Repression 1956-1962], Budapest 1999.

128) Huszár, Tibor: A hatalmi gépezet újjáépítése és a represszió [Der Neuaufbau der Machtmaschinerie und die Repression], in: Mozgó Világ 1999, H. 8, S. 90-105.

129) Kende, Péter: Mi történt a magyar társadalommal 1956-után [Was geschah mit der ungarischen Gesellschaft nach 1956], in: Rainer, János M./ Standeisky, Éva (Hrsg.): Évkönyv [Jahrbuch] 11 (2003), Budapest 2003, S. 9-17.

130) Kis, József: A borsodi perek, 1956-1961 [Die Prozesse im Komitat Borsod 1956-1961], Miskolc 2002.

131) Kiszely, Gábor: Állambiztonság, 1956-1990 [Staatssicherheit 1956-1990], Budapest 2001.

132) Ormos, Mária: A konszolidáció problémái 1956 és 1958 között [Die Probleme der Konsolidierung von 1956 bis 1958], in: Társadalmi Szemle 1989, H. 8/9, S. 48-71.

133) Péteri, György: Purge and patronage: Kádár's counter-revolution and the field of economic research in Hungary, 1957-1958, in: Trondheim Studies on East European Cultures and Societies 2004, H. 3, S. 125-152.

134) Szakolczai, Attila: Repression and Restoration, 1956-1963, in: Congdon, Lee W./ Király, Béla K. (Hrsg.): The Ideas of the Hungarian Revolution. Suppressed and Victorious, 1956-1999, Boulder 2002, S. 167-193.

135) Szerencsés, Károly: „Az ítélet: halál." Magyar miniszterelnökök a bíróság előtt [„Das Urteil: Tod." Ungarische Ministerpräsidenten vor Gericht], Budapest 2002.

136) Weber, Wolfgang: Flüchtlingsaufnahme oder Transitland? Zur Regionalgeschichte ungarischer Flüchtlinge 1956/57 im österreichischen Bundesland Vorarlberg, in: Herausforderung Osteuropa, Wien 2004, S. 225-245.

137) Zinner, Tibor: A kádári megtorlás rendszere [Das System der Kádár'schen Vergeltung], Budapest 2001.

Emigration

138) Borbándi, Gyula: A magyar emigráció életrajza 1945-1985 [Biographie der ungarischen Emigration 1945-1985], 2 Bde., Budapest 1989.

139) Ehmann, Bea: Az emigráns lét kollektív élményuniverzumai [Das kollektive Erlebnisuniversum der Emigration. Ungarische Flüchtlinge von 1956 in der Schweiz], in: Kanyó, Tamás (Hrsg.): Emigráció és identitás. 56-os magyar menekültek Svájcban [Emigration und Identität. Ungarische Flüchtlinge von 1956 in der Schweiz], Budapest 2002, S. 119-134.

140) Kanyó, Tamás: A magyar forradalom és Svájc. Svájci 1956-os emlékek. Nyomkeresés [Die ungarische Revolution und die Schweiz. Erinnerungen von „1956"-ern in der Schweiz. Spurensuche], in: Ders. (Hrsg.): Emigráció és identitás. 56-os magyar menekültek Svájcban [Emigration und Identität. Ungarische Flüchtlinge von 1956 in der Schweiz], Budapest 2002, S. 173-189.

141) Kende, Péter: 1956 historiográfiája az emigrációban, 1956-1989 [Die Historiographie über 1956 in der Emigration, 1956-1989], in: Rainer, János M./ Standeisky, Éva (Hrsg.): Évkönyv [Jahrbuch] 10 (2002), Budapest 2002, S. 201-204.

142) Király, Béla/ Balogh, Piroska/ Vitek, Tamás (Hrsg.): Iratok az emigrációról [Schiften über die Emigration], Budapest 2003.

143) Király, Béla: A forradalom, az ENSZ és a forradalmi emigráció első akciói [Die Revolution, die UNO und die ersten Aktionen derrevolutionäre Emigration], in: Horváth, Miklós (Hrsg.): „Tizenhárom nap, amely..." Tanulmányok az 1956-os forradalom és szabadságharc történetéből [„Dreizehn Tage, die..." Studien zur Geschichte der Revolution und des Freiheitskampfes von 1956], Budapest 2003, S. 238-256.

144) Murber, Ibolya: Flucht in den Westen, 1956. Ungarnflüchtlinge in Österreich (Vorarlberg) und Liechtenstein, Feldkirchen 2002.

145) Soós, Katalin: 1956-os menekültek a statisztikai adatok tükrében [Die Flüchtlinge von 1956 im Spiegel der Statistik], in: Levéltári Szemle 2002, H. 3, S. 56-60.
145a) Sós, Péter J.: Magyar exodus. Magyar menekültek Nyugaton, 1956-1959 [Ungarischer Exodus. Ungarische Flüchtlinge im Westen, 1956-1959], Budapest 2005.

„Erbe" und „Nachwirkungen" des Volksaufstandes

146) Aczél, Tamás/ Méray, Tibor: The revolt of the mind: a case history of intellectual resistance behind the Iron Curtain, London 1960.
147) Boros, Géza: Emlékművek '56-nak [Denkmäler zu 1956], Budapest 1997.
148) Congdon, Lee: Rethinking Marxism: the Hungarian Revolution and Western Intellectuals, in: Ders./ Király, Béla K. (Hrsg.): The Ideas of the Hungarian Revolution. Suppressed and Victorious, 1956-1999, Boulder 2002, S. 101-111.
149) Deák, István: 1956 in Hungarian memory and public consciousness, in: Schmidl, Erwin A. (Hrsg.): Die Ungarnkrise 1956 und Österreich, Wien/ Köln/ Weimar 2003, S. 89-98.
150) Gosztony, Peter: Die langfristigen Auswirkungen des ungarischen Volksaufstandes und aktuelle Reflexionen darüber, in: Heinemann, Winfried/ Wiggershaus, Norbert (Hrsg.): Das internationale Krisenjahr 1956. Polen. Ungarn. Suez, München 1999, S. 501-513.
151) Kőrösi, Zsuzsanna/ Molnár, Adrienne: Mit einem Geheimnis leben. Die Schicksale der Kinder der Verurteilten von 1956, Herne 2005.
152) Lipták, Béla: A Testament of Revolution, Texas 2001.
153) Litván, György: Politikai beszéd 1956-ról – 1989 után [Politische Reden über 1956 – nach 1989], in: Rainer, János M./ Standeisky, Éva (Hrsg.): Évkönyv [Jahrbuch] 10 (2002), Budapest 2002, S. 258-263.
154) Rainer, János M.: A múlt feldolgozása és az „ötvenhatos hagyomány" [Die Aufarbeitung der Vergangenheit und die „Tradition von 1956"], in: Ders. (Hrsg.): Ötvenhat után [Nach 1956], Budapest 2003, S. 217-223.
155) Rainer, János M.: Múltunk kritikus kérdései [Die kritischen Fragen unserer Vergangenheit], in: Ders. (Hrsg.): Ötvenhat után [Nach 1956], Budapest 2003, S. 224-232.
156) Rainer, János M.: A rendszerváltás és ötvenhat [Der Systemwechsel und 1956], in: Ders. (Hrsg.): Ötvenhat után [Nach 1956], Budapest 2003, S. 206-215.
157) Rainer, János M. (Hrsg.): „Hatvanas évek" Magyarországon [„Sechziger Jahre" in Ungarn], Budapest 2004.
158) Ripp, Zoltán: Az ötvenhatos hagyományok és a politika [Die Traditionen von 1956 und die Politik], in: Mozgó Világ 2003, H. 8, S. 15-25.

159) Standeisky, Éva: Az írók és a hatalom, 1956-1963 [Die Schriftsteller und die Macht 1956-1963], Budapest 1996.

160) Szesztay, Ádám: Nemzetiségi kérdés a Kárpát-medencében, 1956-1962. Az ötvenhatos forradalom hatása a kelet-közép-európai kisebbségpolitikára [Nationalitätenfrage im Karpatenbecken, 1956-1962. Die Auswirkung der Revolution von 1956 auf die Minderheitenpolitik in Ostmitteleuropa], Budapest 2003.

Chronologien, Bibliographien und Lexika

161) Germuska, Pál/ Hegedűs, András B./ Lux, Zoltán (Hrsg.): 1956 enciklopédiája [Enzyklopädie von 1956] (CD-Rom), Budapest 1999.

162) Horváth, Miklós: 1956 hadikrónikája [Kriegschronik 1956], Budapest 2003.

163) Szesztay, Ádám: Irodalomjegyzék. 1956 a szomszéd országokban [Literaturverzeichnis. 1956 in den Nachbarstaaten Ungarns], in: Ders., Nemzetiségi kérdés a Kárpát-medencében, 1956-1962. Az ötvenhatos forradalom hatása a kelet-közép-európai kisebbségpolitikára [Nationalitätenfrage im Karpatenbecken 1956-1962. Die Auswirkung der Revolution von 1956 auf die Minderheitenpolitik in Ostmitteleuropa], Budapest 2003, S. 383-387.

164) Varga, László (Hrsg.): 1956. A forradalom kronológiája és bibliográfiája [1956. Chronologie und Bibliographie der Revolution], Budapest 1990.

Biographien

165) Horváth, Miklós: Maléter Pál [Pál Maléter], Budapest ²2002.

166) Huszár, Tibor: Kádár János politikai életrajza [Politische Biographie János Kádárs], Bd. 1: 1912-1956, Budapest 2001.

167) Huszár, Tibor: Kádár János politikai életrajza [Politische Biographie János Kádárs], Bd. 2: 1957-1989, Budapest 2003.

168) Kövér, György: Losonczy Géza 1917-1957 [Géza Losonczy 1917-1957], in: História 1990, H. 2, S. 32.

169) Kövér, György: Losonczy Géza 1917-1957 [Géza Losonczy 1917-1957], Budapest 1998.

170) Litván, György: Bibó István az 1956-os magyar forradalomban [István Bibó während der ungarischen Revolution von 1956], in: Rubicon 2004, H. 4, S. 42-46.

171) Méray, Tibor: Nagy Imre élete és halála [Leben und Tod von Imre Nagy], Budapest 1989.

172) Rainer, János M.: Nagy Imre. Politikai életrajz [Imre Nagy. Politische Biographie], Bd. 1: 1896-1953, Budapest 1996.

173) Rainer, János M.: Nagy Imre. Politikai életrajz [Imre Nagy. Politische Biographie], Bd. 2: 1953-1958, Budapest 1999.
174) Rainer, János M.: Nagy Imre, [Imre Nagy], Budapest 2002.
175) Stefka, István: Ötvenhat arcai [Die Gesichter von 1956], Budapest 2003.

Quellensammlungen

176) Békés, Csaba/ Byrne, Malcolm/ Rainer, János M. (Hrsg.): The 1956 Hungarian Revolution: A History in Documents, Budapest/ New York 2002.
177) Belényi, Gyula/ Varga, Lajos Sz. (Hrsg.): Munkások Magyarországon 1948-1956. Dokumentumok [Arbeiter in Ungarn 1948-1956. Dokumente], Budapest 2000.
178) Borhi, László (Hrsg.): Iratok a magyar-amerikai kapcsolatok történetéhez, 1957-1967. Dokumentumgyűjtemény [Dokumente zur Geschichte der ungarisch-amerikanischen Beziehungen 1957-1967. Dokumentensammlung], Budapest 2002.
179) Gál, Éva (Hrsg.): A „Jelcin-dosszié". Szovjet dokumentumok 1956-ról [Das „Jelzin-Dossier". Sowjetische Dokumente über 1956], Budapest 1993.
180) Gazdag, István (Hrsg.): 1956 dokumentumai Hajdú-Biharban [Dokumente zu 1956 im Komitat Hajdú-Bihar], Debrecen 1993.]
181) Gosztony, Peter (Hrsg.): Der ungarische Volksaufstand in Augenzeugenberichten, München 1981.
182) Hegedűs, András B. (Hrsg.): Döntés a Kremlben, 1956. A szovjet pártelnökség vitái Magyarországról [Entscheidung im Kreml 1956. Die Diskussionen in der sowjetischen Parteiführung über Ungarn], Budapest 1996.
182a) Izsák, Lajos/ Szabó, József (Hrsg.): 1956 a sajtó tükrében. 1956. október 22 – november 5. [1956 im Spiegel der Presse. 22. Oktober – 5. November 1956], Budapest 1989.
183) Kemény, István/ Lomax, Bill (Hrsg.): Magyar munkástanácsok 1956-ban [Ungarische Arbeiterräte 1956], Paris 1986.
184) Korányi, Tamás G. (Hrsg.): Egy népfelkelés dokumentumai 1956 [Dokumente eines Volksaufstandes 1956], Budapest 1989.
184a) Lipcsey, Ildikó (Hrsg.): Iratok a magyar-román kapcsolatok történetéhez. Magyar-román kapcsolatok, 1956. január-1958. január. Dokumentumok [Schriften zur Geschichte der ungarisch-rumänischen Beziehungen. Ungarisch-rumänische Beziehungen Januar 1956 – Januar 1958], Budapest 2004.
185) Orehova, Jelena/ Szereda, Vjacseszlav/ Sztikalin, Alekszandr (Hrsg.): Der KGB und die Errichtung des Kádár-Regimes. November 1956. Dokumente aus dem ehemaligen Archiv des ZK der KPdSU, in: Foitzik, Jan (Hrsg.): Entstalinisierungskrise in Ostmitteleuropa 1953-1956: Vom 17. Juni bis zum ungarischen

Volksaufstand. Politische, militärische, soziale und nationale Dimensionen, Paderborn 2001, S. 353-377.
186) Vida, István (Hrsg.): 1956 október Szabolcs-Szatmár megyében. Dokumentumok [Oktober 1956 im Komitat Szabolcs-Szatmár. Dokumente], Nyíregyháza 1989.
187) The 1956 Hungarian Revolution: A History in Documents, in: <http://www2.gwu.edu/~nsarchiv/ NSAEBB/NSAEBB76/>.

Dokumente

188) Die ungarische Lage und die Rechtsstaatlichkeit. Ergänzung zu dem im April 1957 veröffentlichten Bericht der Internationalen Juristen-Kommission, Haag 1957.
189) Bericht des Sonderausschusses der Vereinten Nationen zu den Ereignissen in Ungarn, Bonn 1957.
190) Informationsbüro des Ministerrats der Ungarischen Volksrepublik (Hrsg.): Die Konterrevolutionären Kräfte bei den Oktoberereignissen in Ungarn, 3 Bde, Budapest 1957 ff.
191) Nagy, Imre: A magyar nép védelmében. Vitairatok és beszédek 1955-1956 [Zum Schutz des ungarischen Volkes. Streitschriften und Reden 1955-1956], Paris 1984.

Memoiren

192) Borbándi, Gyula: Két világban. Életem és pályám [In zwei Welten. Mein Leben und meine Laufbahn], Budapest 2003.
193) Eörsi, István: Emlékezés a régi szép időkre [Erinnerung an die guten alten Zeiten], Budapest 1989.
194) Hegedűs, András: Élet egy eszme árnyékában [Leben im Schatten einer Idee], Budapest 1989.
195) Kopácsi, Sándor: Életfogytiglan [Lebenslänglich], Budapest 1989.
196) Kopacsi, Sandor: Die ungarische Tragödie, Frankfurt/M 1981.
197) Pongrátz, Gergély: Corvin köz 1956 [Corvin-Platz 1956], Budapest 1989.
198) Szücs, Miklós: Ezredes voltam 1956-ban a vezérkarnál [Ich war Oberst im Generalstab 1956], Budapest 1989.
199) Vásárhelyi, Miklós: Ellenzékben [In Opposition], Budapest 1989.

Autoren

Békés, Csaba: geboren 1957 in Nyírbátor (Ungarn). Lehramtsstudium der Fächer Geschichte und Englisch an der Attila-József-Universität in Szeged (JATE), Abschluss mit dem Diplom im Jahre 1983. Von 1983 bis 1987 Mitarbeiter am Neuen Ungarischen Zentralarchiv. Von 1987 bis 1991 als Archivar in der Széchényi-Bibliothek in Budapest tätig. Seit 1991 wissenschaftlicher Mitarbeiter am Institut zur Erforschung der Geschichte der Ungarischen Revolution von 1956 (1956er Institut) in Budapest. Seit 1998 Gründungsdirektor und Leiter des Forschungszentrums Geschichte des Kalten Krieges (www.coldwar.hu). Arbeits- und Forschungsschwerpunkte: Außenpolitik Ungarns seit 1945; Geschichte der Ost-West-Beziehungen; Ostmitteleuropa im Kalten Krieg. Redaktionsmitglied der Zeitschriften Cold War History und Journal of Cold War Studies.

Dömötörfi, Tibor: Geboren 1964 in Keszthely (Ungarn). Von 1984 bis 1989 Studium der Geschichte, Museologie sowie der ungarischen Sprache und Literatur an der Universität ELTE in Budapest, Abschluss als Diplom-Historiker und Diplom-Museologe. In den Jahren 1989 bis 1991 Redaktionsmitglied der Zeitschrift „História" der Ungarischen Gesellschaft für Geschichte und freier Mitarbeiter der Stiftung für Gegenwartsforschung in Budapest. Von 1991 bis 1994 Zweitstudium in den Fächern Soziologie und Politikwissenschaft an der Universität Augsburg. Anschließend Stipendiat der Volkswagen-Stiftung im Rahmen des internationalen Forschungsprojekts „Diktatur, Demokratisierung und soziale Anomie" an der Universität Augsburg bis 1997. In der Zeit von 1997 bis 2002 museologische Tätigkeit in Ungarn. Danach für kurze Zeit wissenschaftlicher Mitarbeiter in der Forschungsgruppe für Europäische Geschichte am Zentrum für Sozialforschung der Ungarischen Akademie der Wissenschaften. Seit 2003 als wissenschaftlicher Mitarbeiter am Institut für Geschichtswissenschaft der Ungarischen Akademie der Wissenschaften in Budapest tätig.

Kipke, Rüdiger: Geboren 1942 in Wolmirstedt (Sachsen-Anhalt). Von 1964 bis 1970 Studium der Rechtswissenschaft, Politikwissenschaft und Slawistik in Göttingen, Berlin (West) und Prag. Im Jahre 1974 Promotion zum Dr. iur. In der Zeit von 1974 bis 1977 wissenschaftlicher Referent einer Fraktion im Deutschen Bundestag, Bonn. Ab 1977 wissenschaftlicher Assistent für Politikwissenschaft und öffentliches Recht an der Gesamthochschule Siegen. Habilitation im Jahre 1984. Seit 1990 Professur für Politikwissenschaft an der Universität Siegen mit den Schwerpunkten „Politische Systeme und öffentliches Recht".. Gastprofessuren an der Karls-Universität Prag (1994-1997) und der Universität Leiden, Niederlande (2001), mehrmalige Gastdozenturen an der Universität Debrecen. Forschungsschwerpunkt: Politische Systeme und Politik der Länder Ostmitteleuropas.

Kiss, Sándor M.: Geboren 1943 in Budapest. Lehramtsstudium der Geschichte und der ungarischen Sprache an der Philosophischen Fakultät der Loránt-Eötvös-Universität in Budapest, Abschluss mit dem Diplom 1967. Danach wissenschaftlicher Mitarbeiter am Institut für Kriegsgeschichte in Budapest bis 1972. Tätigkeit als wissenschaftlicher Mitarbeiter am Institut für Volksbildung bzw. am Institut für Bildungsforschung von 1973 bis 1990. Nach der politischen Wende kurzzeitig Abteilungsleiter im Kabinettsbüro des Kultusministers. Rückkehr an das Institut für Kriegsgeschichte und dort tätig als wissenschaftlicher Mitarbeiter bis 1997. Abschluss der Promotion im Jahre 1996. Seit 1997 wissenschaftliche Tätigkeit an der Philosophischen Fakultät der Katholischen Péter-Pázmány-Universität, Historisches Institut, gegenwärtig Leiter des Instituts. Habilitation im Jahre 2004.

Schmidt-Schweizer, Andreas: Geboren 1964 in München. Von 1985 bis 1990 Studium der Geschichts- und Politikwissenschaft in München und in Freiburg i.Br., Abschluss mit dem Magister Artium 1992. Mehrjährige Studienaufenthalte in Ungarn. Stipendiat des Budapester Europa-Instituts (1991/ 1992) und des Landes Baden-Württemberg (1993-1995). Promotion im Jahre 2000 in Freiburg i.Br. Berufliche Tätigkeit u.a. für das Ungarische Institut und das Südost-Institut in München sowie für die Privathochschule „König Sigismund" in Budapest. Forschungsstipendium der Gerda Henkel-Stiftung für das Buchprojekt „Politische Geschichte Ungarns" von 2001 bis 2003. Wissenschaftlicher Mitarbeiter am Institut für Geschichtswissenschaft an der Ungarischen Akademie der Wissenschaften seit 2005.

Standeisky, Éva: Geboren 1948 in Pécs (Ungarn). Studium der Geschichte sowie der Russischen Sprache und Literatur von 1966 bis 1971 an der Eötvös-Loránd-Universität in Budapest. Im Jahre 1974 Promotion im Fach Geschichte an der Eötvös-Loránd-Universität. Von 1971 bis 1992 wissenschaftliche Mitarbeiterin am Institut für Parteigeschichte in Budapest. Kandidatin der Ungarischen Akademie der Wissenschaften im Jahre 1986. Seit 1993 wissenschaftliche Mitarbeiterin am Institut zur Erforschung der Geschichte der Ungarischen Revolution von 1956. Seit 2001 Universitätsdozentin an der Universität Debrecen. Schwerpunkte der wissenschaftlichen Arbeit: Ungarische Geschichte im 20. Jahrhundert; Ungarische Revolution 1956; Antisemitismus in Ungarn.

Vida, István: Geboren 1940 in Budapest. Studium der Geschichte und Philosophie an der Philosophischen Fakultät der Loránd-Eötvös-Universität (ELTE) in Budapest, im Jahre 1963 Abschluss mit dem Diplom. Ab 1963 wissenschaftlicher Mitarbeiter am Institut für Geschichtswissenschaft der Ungarischen Akademie der Wissenschaften, ab 1986 Leiter der Abteilung für Zeitgeschichte. Gründungsmitglied des politikwissenschaftlichen Lehrstuhls an der Juristischen Fakultät der ELTE, von 1985 bis 2000 dort Dozent. Habilitation im Jahre 2000. Von 2000 bis 2005 Leiter des Lehrstuhls für Politische Theorie am Historischen Institut der ELTE. Seit 2000 zusammen mit Mihály Bihari und Ferenc Gazsó Leiter der Werkstatt für Parteiforschung an der ELTE. Forschungs- und Arbeitsschwerpunkte: Ungarn nach dem Zweiten Weltkrieg; internationale Beziehungen seit 1945; Geschichte des Kalten Krieges; Politikgeschichte; Geschichte der Parteien in Ungarn; Parteiensysteme und Soziologie der Parteien.

Neu im Programm
Politikwissenschaft

Peter Becker / Olaf Leiße

Die Zukunft Europas
Der Konvent zur Zukunft der
Europäischen Union
2005. 301 S. Br. EUR 26,90
ISBN 3-531-14100-7

Jörg Bogumil / Werner Jann

Verwaltung und
Verwaltungswissenschaft
in Deutschland
Einführung in die
Verwaltungswissenschaft
2005. 316 S. (Grundwissen Politik Bd. 36)
Br. EUR 26,90
ISBN 3-531-14415-4

Jürgen Dittberner

Die FDP
Geschichte, Personen, Organisation,
Perspektiven. Eine Einführung
2005. 411 S. Br. EUR 24,90
ISBN 3-531-14050-7

Jürgen W. Falter / Harald Schoen (Hrsg.)

Handbuch Wahlforschung
2005. XXVI, 826 S. Geb. EUR 49,90
ISBN 3-531-13220-2

Eberhard Schneider

Das politische System
der Ukraine
Eine Einführung
2005. 210 S. Br. EUR 19,90
ISBN 3-531-13847-2

Bernhard Schreyer /
Manfred Schwarzmeier

Grundkurs Politikwissenschaft:
Studium der Politischen Systeme
Eine studienorientierte Einführung
2. Aufl. 2005. 243 S. Br. EUR 17,90
ISBN 3-531-33481-6

Klaus Schubert (Hrsg.)

Handwörterbuch des ökono-
mischen Systems der
Bundesrepublik Deutschland
2005. 516 S. Br. EUR 36,90
ISBN 3-8100-3588-2

Rüdiger Voigt / Ralf Walkenhaus (Hrsg.)

Handwörterbuch zur
Verwaltungsreform
2006. XXXII, 404 S. Geb. EUR 39,90
ISBN 3-531-13756-5

Wichard Woyke

Stichwort: Wahlen
Ein Ratgeber für Wähler, Wahlhelfer
und Kandidaten
11., akt. Aufl. 2005. 274 S. Br. EUR 14,90
ISBN 3-8100-3228-X

Erhältlich im Buchhandel oder beim Verlag.
Änderungen vorbehalten. Stand: Januar 2006.

www.vs-verlag.de

VS VERLAG FÜR SOZIALWISSENSCHAFTEN

Abraham-Lincoln-Straße 46
65189 Wiesbaden
Tel. 0611.7878 - 722
Fax 0611.7878 - 400